諸佛菩薩腹藏點眼儀式

諸佛菩薩腹藏點眼儀式

제불보살복장점안의식

원철 편저

소승 제불보살복장의 식집을、 조상경을 토대로 하고 대덕 큰스님들의 고견을 들어 후학들이

이해하기 쉽도록 한문에 한글을 달아 편찬하고 번역부분을 인용하고자 합니다。 본래무일물(本

來無一物) 최상승법(最上乘法) 본 바탕에 있어서는 좋은 생각이든 나쁜 생각이든 한 생각 일으

키면 일으킨 그 자체(自體)가 이미 무상(無常)이고 우상(偶像)이고 번뇌 망상(煩惱妄想)이고 파순

(波旬) 마군(魔軍)의 영력(領域)을 만든 것입니다。

부처님 정법안장(正法眼藏)을 어리석은 중생들에게 쉽게 전해주기 위해서는 내용있는 형식(形

式)을 갖추지 않으면 안 됩니다。 사람이 제아무리 준엄(俊嚴)하고 미인(美人)일지라도 마음속

이 어둡고 밝지 못하다면 밖으로 나타나는 모습이야 혐오(嫌惡)스러워 보이는 것과、굶주려

속이 비면 추워 보여 빈상(貧相)으로 보이듯이 등상불(等像佛) 역시 제아무리 원만상(圓滿像)으

로 조성(造成)이 잘 되었다 하더라도 오장육부(五臟六腑)와 혈(血)을 잘 갖추어 복장의식을 정

법안장(正法眼藏) 형상(形象)으로 조성하지 않는다면 우리들 마음에 숭배(崇拜)하는 마음의 중

심을 잡을 수가 없는 것입니다。 절에 등상불(等像佛)을 모시는 역사의 근거(根據)는 이미 부처

님 당시부터 우전왕(優塡王)이 부처님 출타시(出他時) 부처님을 대신하여 모신 것부터 전래(傳

來)되어 옵니다。 등상불(等像佛)을 모시더라도 법(法)다운 의식절차(儀式節次)에 의해서 모셔야

만 부끄럽지 않을 터인데 그동안 부처님의 상(像) 조성(造成) 복장점안의식집(腹藏點眼儀式集)을

쉽게 접할 수가 없어 아쉬웠습니다。 또 누구나 쉽게 이해하고 볼 수 있는 불복장(佛腹藏)과

점안 의식집(儀式集)이 동시에 엮어진 의식집을 접하기 어려워 아쉬워하는 마음과 후학(後學)

들에게도 등상불(等像佛) 복장의식(腹藏儀式)에 있어 우(愚)를 범하는 일이 없었으면 하는 마음

에 조상경(造像經)을 토대로 하였고, 대덕 큰스님 분들과 송찬우 거사께서 원문 번역하시고

고순호 법사가 편찬(編纂)하신 제불보살복장단의식(諸佛菩薩腹藏壇儀式) 집을 접하게 되어 복장점안

얻어 번역(飜譯) 본들을 취합 하여 의식에 관심있는 후학들이 이해하기 쉽도록 감히 복장점안

하고 너무도 오랫동안 재판(再版)이 없다가 1992년도 송찬우 거사님과 고순호 법사님의

의식집(腹藏點眼儀式集)을 편찬(編纂)하게 되었습니다. 옛날 조선시대에 이 책을 한번 출판(出版)

번역과 편찬 출판(出版)에 감사한 마음 전합니다. 조선시대에는 용허(龍虛), 화악(花嶽) 두 큰

스님의 원력(願力)과 더불어 사부대중(四部大衆) 및 영가(靈駕)까지도 동참(同參) 정성(精誠)을 보

낸 인원(人員)이 무려 천여 명을 헤아리게 되었다는 말씀에 감명을 받았습니다. 사람은 고금

(古今)이 있을지언정 불법(佛法)은 고금이 없다고 했습니다. 고금이 없는 부처님 법을 정성껏

법답게 모시고 법답게 모신 공덕(功德)으로 여래(如來)의 혜명자(慧命者)가 무수히 날 수 있는

발보리심자(發菩提心者)가 많기를 바라는 것이 소승이 편찬하는 바램이고 소망입니다.

목불(木佛)은 불을 제도하지 못하고,

토불(土佛)은 물을 제도하지 못하며,

동불(銅佛)은 용광로를 제도하지 못한다고 했으니

일체에 걸림이 없는 부처는 어디에 있는고?

佛紀 2569年 4月 廣川 觀音寺에서 圓澈

차 례

造像經

造像經

重刊造像經序

佛不待像而顯 今造像之有經 何哉 經云 優塡王 戀慕世尊 鑄金爲像

仰候世尊 猶如生佛 佛言 吾滅度後 若有衆生 造立形像 種種供養 必

得清淨三昧 佛像之說 蓋昉于是後世人 膜拜而頂禮者 瞻像而知佛緣

佛而求道 其所謂清淨三昧之 鈔像住佛壤之體

庶可因像而得地 則像亦不爲無助 粤自佛之滅度後 眞相侵遠世之造像

而敬事者 殆遍天下 於是乎有經 木雕泥塑 咸得儀式 然其歲久 經殘

呪語而或不成音 誦梵字而赤多有舛訛 非修道者 不能正之 聳虛師 爲

是之憂 於檀越 鳩其財聚工 鋟梓 詣華嶽而請之曰 師 今世實非師 無

以成經 蓋爲余正其訛 政其刊 嘉惠後引也 師欣然諾之 潛心費神 細閱

經文 昔人之引經綴緝處 闕誤疊倒者 遂皆一而整之 煥然爲一部全經

梵香樂鏡瓶傘蓋腹藏等屬曁夫眞言 梵譯之類按經照式 瞭然不紊 若夫

造像之時 便吾精神意想 圓融遂徹 先將一箇佛湧 出於蓮花寶座 得其

彷像者 此係造像者之能否 卽經外之旨也 世無華岳 其誰任其事成其經

非聳虛 亦無以出其意就其功 聳虛之誠 吁 赤至矣 其將傳之後世而無

已也 聳虛 從余遊久 遂懇弁首之文 余辭以病不獲 略書顯末以歸之

甲申 五月 下浣 雷庵 病夫 序文 觀音寺 圓澈 移記

14

부처님께선 상을 지니고 나타나는 것이 아닌데 지금 상을 조성하는 경이 있게 된 것은 무엇 때문일까.

경에 이르기를 「우전국왕이 세존을 연모하여 금을 녹여 상을 만들고 세존을 우러러 모시길 마치 살아계신 부처님과 같이 하자 부처님께서 말씀하시길 내가 멸도한 후에 만약 어떤 중생이 나의 형상을 만들어 세우고 여러 가지로 공양하면 반드시 청정한 삼매를 얻으리라」 하셨으니 불상을 조성한 것은 대체로 이에서 비롯되었다.

후세 사람으로 무릎을 끊고 이마를 조아려 예배하는 자는 상을 우러러 뵙고 부처님으로 알고 부처님을 통하여 도를 구하게 되었다.

그것은 이른바 청정 삼매의 현묘함이요 상주하여 파괴되지 않는 본체라 무릇 상으로 인하여 그것을 얻는다면 상 또한 도움이 없지 않은 것이다.

부처님께서 멸도하신 후로는 진상이 점점 멀어져 세상에서 상을 조성하여 공경히 섬기는 자가 천하에 두루하게 되었다. 이에 조상경이 있게 되어 나무에 새기고 진흙으로 소조하는 것이 모두 의식을 갖게 되었다.

그러나 그 세월이 오래 지남에 경도 잔멸하게 되었으니 말이 혹은 음률들을 이루지 못하고 범자를 지송함에도 또한 그릇됨이 많아 수도인이 아니면 그것을 바로잡을 수가 없게 되었다.

용허스님은 이것을 걱정하여 신도들에게서 그 재화를 모으고 공인을 모아 판에 새김에 화악에 나아가 청하여 말하길 스님 지금 세대엔 실로 스님이 아니면 경을 이룰 수가 없습니다. 어찌 저를 위하여 그 잘못을 바로 잡아 그것을 고쳐 간행하여 후세사람들에게 은혜를 베풀지 않으시렵니까 하였다.

스님은 흔연히 그것을 승낙하고 가만히 정신을 쏟아 경문을 자세히 열람하고 옛사람이 경을 인용하여 꿰메고 모은 것에서 빠지고 잘못되고 중복되고 전도된 것을 드디어 모두 끌어내 정리하니 환연히 하나의 완전한 경이 되었다. 무릇 향 약 거울 병 산개 복장 등속과 다못 진언 범자의 풀이까지도 경을 조사하여 의식에 반조하니 요연하여 문란하지 않게 되었다.

만약 무릇 상을 조성할 때에 나의 정신과 뜻을 원융하고 투철하게 하면 먼저 한 부처님이 연화보좌에서 용출하시고 그 방불한 형상을 얻게 될 것이다. 이것은 상을 조성하는 사람의 능력이 있고 없고에 딸린 것으로 경 밖의 지취인 것이다.

세상에 화악스님이 없었다면 그 누구가 그 일을 맡아 그 경을 이루었겠으며 용허스님이 아니라면 또한 그 뜻을 내어 그 공을 성취할 수 없었을 것이다. 용허스님의 정성은 아! 또한 지극하다. 그것은 장차 후세에까지 전해져 그침이 없으리라.

용허스님은 나를 따라서 고유한 지 오래되었으며 드디어 서문을 간청하였다. 나는 병으로 사양하였으나 마지 못해 간략히 전말을 서술하여 돌려 보낸다.

갑신년 오월 하순 뇌암이 병석에서 쓴 서문을 관음사에서 원철이 옮긴다.

16

重刊造像經 序

余 不徒不喜佛 又 不識彼岸津筏 未嘗爲佛氏作文字 鳳嵓有頌 白華

有記 不得已副聱虛師之請耳 蓋聱虛余所余愛也 愛基人 身佛而心儒也

儒之距佛 佛之道外倫而也 彼聱虛之畜在肚裏 炯然如明鏡臺 即向主之

一片丹也 飛錫八方 居無常處而蹔住行脚 輒爲聖人祝壽 須彌可傾 此

心不可移也 基敦倫如此 又 可以佛之徒而距之歟 一日謁余和南以告曰

佛家有造像經 自世尊以來 諸組師鏤頮範銅 象教象生 造之有法 法著

千經 但恨棄刻屢翻陶陰多舛 思浴梳洗整頓開示覺路縷 褐力綿未之果

辛資檀越之施 事可啚矣 遂抱卷就質於華嶽師 師頓受印契貫串寶乘 襄

然爲法界宗匠 其於剖古析經旨義纏纏可聽 今兹雔校扁搜遠證逐編而釐

之　誤者正　衍者刊　闕者補　仍成一部完書矣　貧道有戒嗣呂訓號影海者

善字書用其手淨寫　付之剞劂氏壽梓不住　布施　其將遍恒河沙而無量也

願得一次弁卷如二庵記頌之爲　余聞而感歎曰　師之信心至誠　固知之稱

矣　向主一念耿結于中　殄滅他不得　今又卷卷　於佛祖遺像　此赤儒家妥

揭先眞　與慕寄虔之意也　又　按本生經　思有四種　其二師長　其三國主　今師之

致慎於造像之法也　君子有言曰　或一髭髮不相似已　是別人　赤曷

爲主爲師　出於肝閉　吾所以愛師之心　愈久而愈摯也　會所不獲辭者　今

何可辭也　草率數語演出於庵記中來　余所冥感者　前後　同爾是彼也　無

鞏虛之誠力　無以倡之　無華嶽之該博　無以成之　二師其可謂有功於禪門

二師法名　芯芻誦之　不必書也　歲在關逢涒灘　月薤賓之下浣　白石居士

書于水城郡 閣海仙遊戲之所
서우수성군 각해선유희지소

나는 불교를 좋아하지 않을 뿐만 아니라 또한 피안으로 건너가는 나루터나 뗏목도 알지 못하므로 불씨(佛氏)를 위해서는 글을 짓지 아니하였다. 봉암사에 송(頌)이 있고 백화암에 기(記)가 있는 것은 부득이 용허스님의 청에 따른 것이다.

대체로 용허는 내가 아끼는 분인데 그분을 좋아하는 것은 몸은 불교에 담고 있기에 마음으론 유교를 좋아하기 때문이다. 유교가 불교를 멀리하는 것은 불교는 윤리를 소외하기 때문이다. 저 용허스님의 마음속에 쌓여 있는 것이 형언하기가 명경대와 같으나 즉 임금을 향한 일편단심인 것이다. 사방을 유람하면서 일정한 거처가 없이 잠시라도 행각을 멈추면 곧 성인을 위해서 축수하니 수미산은 가히 기울일지언정 이 마음만은 옳길 수가 없었다. 그 도타운 윤리가 이러할진대 불교도라 해서 또한 거절할 수 있겠는가. 하루는 나를 찾아와서 화남하고 말했다.

불가에는 조상경이 있어 세존 이래로 여러 조사가 부처님의 형상을 그리고 동으로 만들어 중생을 교화합니다. 그것을 만드는 데는 법이 있고 법은 경전에 나타나 있습니다만 단지 한스러운 것은 조각(棗刻)을 여러 번 번각(翻刻)하고 새긴 글씨가 잘못된 곳이 많다는 것입니다. 생각 같아서는 이를 깨끗이 정돈하여 깨달음의 길을 열어 보

이고 싶으나 남루하고 비천한 힘은 그 결과를 제대로 얻지 못하였습니다。다행이 단

월들이 보시에 의지하여 일을 도모할 수 있게 되었습니다。드디어 책을 안고 화악스

님께 나아가 질정(質正)하니 스님께서는 문득 받아 인계하고 경전을 관통하심이 번계

의 종장을 모은 듯하였고 그가 옛 경전의 지의(旨義)를 끊임없이 분석하는 것은 가히

들을 만하였습니다。

이제 이에 교정을 보는 데 있어서도 널리 찾고 멀리까지 증거를 좇아 편편이 정리

하니 잘못된 것은 바르게 되고 쓸데없는 것은 깎아내시고 빠진 것은 보충되어 한 권

의 완전한 책을 이루게 되었습니다。

빈도에게는 크게 법을 이을 제자로서 여훈이 있는데 호를 영해라고 합니다。글씨를

잘 써서 그의 손을 빌려 깨끗이 필사하여 판각하는 이에게 부탁하여 오래 전하도록

하고 보시에만 머물도록 하지 않았습니다。한번 보시고 두 암자에 기문(記文)과 송(頌)

을 쓴 것처럼 서문을 써 주시길 삼가 바랍니다。나는 듣고 감탄하여 말한다。스님의

신심과 지성은 본래 안 지가 여러 해가 되었다。

임금을 향한 일념은 중심에 꼭 맺혀 없애려 해도 되지 않았는데 지금은 또한 불조

(佛祖)의 유상(遺像)에 권권(眷眷)하니 이는 역시 유가(儒家)에서 선조 진영(眞影)을 걸어

놓고 흠모를 일으키고 정성을 드리는 의미인 것이다。군자가 말하기를 혹 수염이나

머리털 하나라도 서로 같지 않으니 어찌 불상을 조성하는 법을 조심하지 않으랴. 또 본생경을 살펴보았더니 은혜에 네 가지가 있는데 그 두 번째가 사장(師長)이요 그 세 번째가 임금의 은혜라. 지금 스님의 임금을 위하고 스승을 위하는 것은 진심에서 나온 것이며 나는 그 때문에 스님을 사랑하는 마음이 날이 갈수록 더욱 지극하여진다. 일찍이 사양해온 적이 없는데 지금 어찌 사양할 수 있겠는가. 암자의 기문(記文) 가운데에서 대충 몇 마디 말을 부연해 드러냈으나 나의 깊은 감회는 전후가 동일할 뿐이다. 용허스님의 정성스런 힘이 없었다면 먼저 시작하지 못했을 것이며 화악스님의 해박함이 없었으면 이루지 못했을 것이니, 두 스님은 선문(禪門)에 공이 있다고 말한다면 두 스님의 법명은 비구스님들이 외울 것이니 반드시 쓰지 않아도 될 것이다.

갑신년 음력 오월 하순 백석거사가 수성군의
각해 선유회 지소(閣海仙遊戲之所)에서 쓴 것을 원철이 옮기다.

부산 불교전시관 소장

觀夫斯典慕集 數本諸經 非爲聖旨一席全文 而引大藏一覽 則蓋此編
관부사전모집 수본제경 비위성지일석전문 이인대장일람 즉개차편

集出於近世而非古矣 然教中所謂法義因果信解修證之旨 自然符契矣
집출어근세이비고의 연교중소위법의인과신해수증지지 자연부계의

此意云何 夫此經文 造象品十五則中初一發起造像因由 則明傳法之有
차의운하 부차경문 조상품십오즉중초일발기조상인유 즉명전법지유

自來矣 餘皆證信造像功德 則明靈驗之眞實不虛矣 是爲信法也 自腹藏
자래의 여개증신조상공덕 즉명영험지진실부허의 시위신법야 자복장

壇義式 乃至五鏡五傘蓋等解釋 明即事顯理也 是爲解義也 自腹藏所入
단의식 내지오경오산개등해석 명즉사현리야 시위해의야 자복장소입

諸色乃至妙吉祥大敎王經爾時彌勒下五瓶五傘蓋五金剛杵等 數多分齊
제색내지묘길상대교왕경이시미륵하오병오산개오금강저등 수다분제

明依理成事也 是爲修行也 自不動尊呪 至點眼究竟之法 明理事圓融終
명의리성사야 시위수행야 자부동존주 지점안구경지법 명리사원융종

極之道是爲證果也 一經之始終本末如斯而已也 其中或有倒誤疊闕之處
극지도시위증과야 일경지시종본말여사이기야 기중혹유도오첩궐지처

梵字訛舛之失 豈編集者之草稿未定而然歟 又爲歷傳多手而然歟 若睹

如是存而不論 則不可爲傳世之法典也 故 散玆妄意刪補楷定 而兼付諸

眞言 及觀想儀 冀諸達者藏杏也

이 책의 찬집을 관찰해 보니 여러분의 제경(諸經)으로 성지가 한 자리 완전한 문장이

아니라 대장일람(大藏一覽)을 인용했으니 대충 이 편집은 근세에 나온 것이요 옛날은

아닌 것이다. 그러나 교중(教中)에 이르는 바 법의(法義)인 인과와 신행수증(信行修證)의 지

취에는 자연스럽게 들어맞는다. 이 뜻은 무엇인가. 무릇 이 경문의 십오칙 중 처음에

조상(造像)의 연유를 밝기한 것은 전법(傳法)의 유래가 있다는 것을 밝힌 것이며, 나머

지 모두 조상의 공덕을 증신(證信)한 것은 영험이 진실하여 헛되지 않음을 밝힌 것이

니, 이는 신법(信法)이다. 복장단(腹藏壇) 의식에서 오경(五鏡) 오산개(五傘蓋) 등의 해석

에 이르기까지는 사(事)에 즉(即)하여 이(理)를 밝힌 것이니, 이는 해의(解義)이다. 복

장에 들어가는 모든 물건에서 묘길상대교왕경 그때에 미륵 이하 오병(五瓶) 오산개(五

傘蓋) 오금강저(五金剛杵) 등의 많은 나눔은 이(理)에 의지하여 사(事)를 성취하는 것이

니, 이것은 수행이다.

부동존주(不動尊呪)로부터 점안구경(點眼究竟)의 법까지는 이(理)와 사(事)가 원융한 종극(終極)의 도(道)이니 이는 증과(證果)가 된다.

한 경의 시종본말(始終本末)이 이와 같다. 그중 혹 뒤바뀌고 잘못되고 빠진 부분과 범자(梵字)가 잘못된 실수가 있는 것은 아마도 편집자의 초고(草稿)가 정서(定書)되지 않아서 그렇게 된 것이거나 또는 여러 사람의 손을 거치는 동안에 그렇게 된 것은 아닐까. 만약 이와 같은 것을 보고도 놓아두고 논하지 않는다면 가히 후세에 전할 법전(法典)이 되지 못할 것이다. 그러므로 감히 이에 망령된 생각으로 지우고 보충하여 해정(楷正)하였으며 겸하여 관상의(觀想儀)를 덧붙였으니 모든 통달한 분들의 평가를 바란다.

大藏一覽經造像品十五則
대장일람경조상품십오칙

佛昇忉利安居久王慕尊顏刻像初
불이도리안거구왕모존안각상초

부처님께서 도리천에 올라가시어 오랫동안 안거하시자 왕이 존안을 흠모하여 불

상을 조각한 것이 시초

造像功德經云
조상공덕경운

조상공덕경에 말씀하셨다.

帝釋請佛昇忉利天度夏三月爲母摩耶說法 不言而去 爾時 優塡王 常
제석청불승도리천도하삼월위모마야설법 불언이거 이시 우전왕 상

懷渴仰而不得見 勒被國內 巧匠之人造佛形像 禮拜供養
회갈앙이불득견 륵피국내 교장지인조불형상 예배공양

제석천이 부처님께 도리천에 올라가시어 여름 석 달을 지내면서 어머니인 마야부인

을 위해 설법해주실 것을 청하니 부처님께선 말없이 올라가셨다. 그때에 우전왕이 항

상 부처님을 그리워하여 목마르게 우러러 보았으나 뵐 수가 없자 나라 안의 훌륭한

장인(匠人)에게 부처님의 형상을 조성케 하여 예배하고 공양하려 하였다.

毗首羯磨天 化爲匠者 卽白王言 但我工巧世中 爲上 卽選擇香木 肩
<small>비수갈마천 화위장자 즉백왕언 단아공교세중 위상 즉선택향목 견</small>

自荷負持 與天匠 操斧所木其 聲上撤三十三天 至佛會所以 佛神力 聲
<small>자하부지 여천장 조부소목기 성상철삼십삼천 지불회소이 불신력 성</small>

所及處 衆生聞者 罪垢煩惱皆得消除
<small>소급처 중생문자 죄구번뇌개득소제</small>

비수갈마천(제석천의 신하로 工作을 맡은 神)이 장인으로 변화하여 즉시 왕에게 말하되

단지 내 솜씨가 세상에서 제일이다 라고 하자 왕은 곧 향나무를 선택하여 어깨에 스

스로 메고 천장(天匠)과 더불어 도끼로 나무를 쪼개었다. 그러자 그 소리는 위로 삼십

삼천 도리천(忉利天)에까지 뻗쳐 부처님의 회상에 이르렀다. 그 때문에 부처님의 위신

력으로 그 소리가 미친 곳의 중생으로서 소리를 들은 이들은 죄구(罪)와 번뇌를 모두

없애버리게 되었다.

爾時 如來 種種欺王功德 遙授菩提之記
<small>이시 여래 종종기왕공덕 요수보리지기</small>

그때에 부처님께선 여러 가지로 왕의 공덕을 찬탄하시고 멀리서 보리(菩提)의 기별

을 주셨다.

帝釋白佛 今在人間 有人曾養生作佛像不 佛言 諸有曾經作佛像者

제석백불 금재인간 유인증양생작불상불 불언 제유증경작불상자

皆於過去己得解脫在天 衆中 尚 復無有 況於何處

개어과거기득해탈재천 중중 상 복무유 황어하처

제석천이 부처님께 여쭙길 어떤 사람이 일찍이 지난 세상에 불상을 조성하였는데도

지금 인간세상에 남아 있을까요 하자, 부처님께서는 일찍이 지난 날에 불상을 조성

한 모든 사람은 과거에 이미 해탈을 얻고 하늘의 무리들 가운데 있으므로 다시는 남

은 이가 없으니 어느 곳에 있겠는가 라고 하셨다.

入法華偈云 或以七寶成 鍮鉐赤白銅 白臘及鉛 錫 鐵木及與泥 或膠

입법화게운 혹이칠보성 수참적백동 백랍급연 석 철목급여니 혹교

漆嚴飾 彩畫作佛像 自作若使人 皆己成佛道 乃至童子戲 若草木及筆

칠엄식 채화작불상 자작약사인 개이성불도 내지동자희 약초목급필

或以指爪甲 而畫作佛像 如是諸人等 漸漸積功德 具足大悲心 皆己成

혹이지조갑 이화작불상 여시제인등 점점적공덕 구족대비심 개기성

佛道

불도

입법화게에 말씀하셨다. 혹은 칠보로 이루었거나, 놋쇠나 붉고 흰 동, 백철이나 남

불상을 만들되 스스로 했거나 남을 시켜 했거나 모두 이미 불도를 이루었다。내지는

주석、철과 나무 그리고 진흙이나 혹은 아교 칠로 장엄하게 꾸미거나 채색으로 그려

동자의 유희까지도、가령 풀과 나무 붓이나 혹은 손톱을 가지고 그림으로 불상을 그

린다 해도 이와 같은 모든 사람들은 점점 공덕을 쌓아 대비의 마음을 구족하고 이미

모두 불도를 이루었다。

觀佛三昧經云
관불삼매경운

관불 삼매경에 말씀하셨다。

佛昇忉利天上旣久時 優塡王 不勝戀慕鑄金爲像 聞佛當下 以像載之
불승도리천상기구시 우전왕 불승연모주금위상 문불당하 이상재지

仰候世尊猶如生佛 乃搖見佛足 步虛空蹈雙蓮華放大光明
앙후세존유여생불 내요견불족 보허공도쌍연화방대광명

부처님께서 도리천상에 오르신 지 이미 오래 되었을 때 우전왕은 연모함을 이기지 못

하여 쇠를 녹여 불상을 만들었다。부처님께서 내려오시리라는 소문을 듣고 상을 싣고

세존을 우러러 모시길 마치 살아계신 부처님과 같이 하였다。그러다가 부처님께서 허공

을 걸어 쌍으로 된 연꽃을 밟으실 때마다 큰 광명을 놓는 것을 멀리서 보게 되었다。

佛語像言(불어상언) 汝於來世(여어래세) 大作佛事(대작불사) 吾滅度後(오멸도후) 我諸弟子(아제제자) 付囑於汝(부촉어여) 若有(약유)

衆生(중생) 造立形像(조입형상) 種種供養(종종공양) 是人(시인) 後世必得念佛清淨(후세필득염불청정) 三昧(삼미)

부처님께서 상을 보고 말씀하시길 「너는 내세에 크게 불사를 지으리니 내 멸도 후의 나의 모든 제자들을 너에게 부촉한다. 만약 어떤 중생이 형상을 조립하고 여러 가지로 공양하면 이 사람은 후세에 반드시 염불청정삼매를 얻으리라」 하셨다.

佛古阿難(불고아난) 持我語遍告弟子(지아어편고제자) 我滅度後(아멸도후) 造佛形像(조불형상) 及畫佛跡(급화불적) 令人見之(령인견지)

心生歡喜(심생기희) 能滅恒河沙劫生死之罪(능멸항하사겁생사지죄)

부처님께서 아난에게 말씀하셨다. 「내 말을 잘 지니어 널리 제자들에게 알려라. 내가 멸도한 후 불형상을 조성하거나 부처님의 자취를 그려 사람들이 그를 보고 마음에 환희를 내면 능히 항하사겁의 생사의 죄를 멸하리라.

若造若修之妙利乃天乃佛之良因(약조약수지묘리내천내불지양인)

조성하거나 수행하거나 하는 것은 천상과 부처의 좋은 씨

造像功德經云　有人能於我法未滅盡來造像像者　於彌勒初會　皆得解

脫　當知此爲三十二相之因　能令成佛

조상공덕경에 말씀하셨다. 어떤 사람이 나의 법이 다하지 아니하였을 때 불상을 조성하면 미륵부처님의 처음 회상에서 모두 해탈을 얻으리라. 마땅히 알라. 이는 삼십이상을 갖추게 되는 씨요 능히 부처를 이루게 한다.

優塡王經云　王白佛言　作佛形像　當得何福　佛告　王言　此人　世世生

生　不墮惡道　天上人中　受福快藥　身體金色　面貌端正　人所愛敬　若生

人中　常生　帝王大臣長子賢善家子　毫尊富貴　若作帝王　王中特尊　若作

天主　天中最勝　過無數劫　當得成佛

우전왕경에 말씀하셨다. 왕이 부처님께 여쭈어 말하되 부처님의 형상을 만들면 마땅히 어떠한 복을 받습니까 하니, 부처님께서는 이런 사람은 세세생생에 악도에 떨

어지지 아니하고 천상 인간 중에 복과 쾌락을 받으리니 신체는 금색이며 면모는 단정

하여 사람들의 애경하는 바가 되리라. 만약 인간 중에 태어나면 항상 제왕이나 대신

장자 어질고 선한 집의 아들로 태어나도 만약 제왕이 되면 왕 중에서도 특히 존귀할

것이요 만약 천주가 되면 하늘 가운데에서도 제일 수승할 것이라 무수한 겁을 지나면

반드시 성불하리라 하고 말씀하셨다.

華嚴經云 普救衆生妙德夜神 於因地時 爲妙安 女勸修 故 壞佛像而
화엄경운 보구중생묘덕야신 어인지시 위묘안 여권수 고 괴불상이

復彩畵以寶莊嚴 發菩提心 由 普賢善知識故 從是以來 不墮惡趣 常生
복채화이보장엄 발보리심 유 보현선지식고 종시이래 부타악취 상생

天人王種 族中 衆相圓滿 常見諸佛 親近普賢 開悟成熟
천인왕종 족중 중상원만 상견제불 친근보현 개오성숙

화엄경에 말씀하셨다. 보구중생 묘덕야신이 인지(因地)때에 묘안녀가 보현보살의 행

원(行願)을 닦도록 권하고자 불상을 파괴하고는 다시 채색으로 그려 보배로 장엄하고

는 보리심을 발하였다. 보현선지식의 행원을 닦았기 때문에 이로부터는 악취에 떨어

지지 않고 항상 천상이나 인간의 왕족에 태어나 여러 상호(相好)가 원만하고 항상 모

든 부처님을 뵙고 보현보살을 친근하여 개오함이 성숙하였다.

造像功德經上云 憍梵婆提 昔爲牛身 追求水草右繞精舍 因見尊容

發歡喜心 築茲福故 今得解脫

조상공덕경 상에 말씀하셨다. 교범바제는 옛날 소의 몸이 되어 물과 풀을 구하다가 정사를 우측으로 돌았는데 이로 인하여 부처님의 존귀하신 용모를 뵙고 환희의 마음을 내었다. 이러한 복으로 인하여 지금 해탈을 얻게 되었다.

相不端嚴應有罪 盜將供養且無愆

상이 단엄치 않으면 응당 죄가 있고 도적이라도 공양만 한다면 허물이 없음.

諸經要集云 若像師造像不具相者 五百萬世中諸根不具 弟一用心爲

上妙果 又云 盜佛像者 並爲清淨供養 自念云 彼亦弟子 我亦弟子如是

之人 雖不語取供養皆不氾

제경요집에 말씀하셨다. 만약 불상을 만드는 사람이 상호를 구족하지 않게 한다면 오백만 세 중에 제공(諸根)을 구비하지 못하리니 제일로 마음 씀씀이가 상묘(上妙)한 과(果)가 된다. 또한 말씀하셨다. 불상을 훔친 자가 청정하게 공양하고 스스로 생각 하여 그도 또한 제자요 나도 또한 제자입니다 하면 이런 사람은 비록 말을 안 하고 불상을 훔쳐 공양하지만 계를 범한 것이 아니다.

불상 만드는 장인은 미리 값을 받지 말고 불단에 봉안 서로 타인을 위해야 함.

匠者不應逆取直佛檀安可互他爲
장자부응역취직불단안가호타위

佛在金棺敬福經云像主莫論道雇 經像之匠 莫云 客作造佛布施 二人
불재금관경복경운상주막론도고 경상지장 막운 객작조불포시 이인

佛言 不得取價直 如賣父母取財者 逆過三千 眞是天魔急 離吾佛法 非
불언 부득취가직 여매부모취재자 역과삼천 진시천마급 리오불법 비

獲福不可度量 受吾約勅 是眞 佛子 問 工匠之法作經像 得物合取直不
획복부가도량 수오약칙 시진 불자 문 공장지법작경상 득물합취직부

我眷屬飲酒食五辛之徒 不依聖教 雖 造經像 數如塵沙 其福 甚少 劫
아권속음주식오신지도 부의성교 수 조경상 수여진사 기복 심소 겁

燒之時 不入龍宮勞 而少功 不敬之罪 死入地獄 主匠無益 諸天不祐
소지시 부입용궁노 이소공 부경지죄 사입지옥 주장무익 제천부우

不如 不造直心禮拜得福無量
부여 부조직심예배득복무량

불재금관경복경에 말씀하셨다. 불상을 만드는 주인은 고용한다고 하지 말며 경판

이나 불상을 만드는 장인은 객으로서 불상을 조성하여 보시한다고 하지 마라.

두 사람이 얻는 복은 헤아리지 못하리니 나의 간략한 칙령만 받는다면 이는 참된

불자니라. 문기를 장인이 법답게 경판과 불상을 만들고 재물이나 값을 받아도 됩니

까. 부처님께서 말씀하셨다. 값을 받아서는 안 되니 부모를 팔아서 재물을 취하는 것

과 같아 거역되는 일이 삼천 가지가 넘으며 참으로 이는 천마(天魔)라 나의 불법(佛法)

에서는 급히 멀리해야 한다. 나의 권속이 술을 마시고 오신채(五辛菜)를 먹는 무리들

이 성스러운 가르침에 의지하지 않고 비록 경판과 불상을 만들어 그 수가 티끌이나

모래알 같더라도 겁화(劫火)가 타버려도 용궁에 들어가지 못하며 수고로우나 공이 작

아 불경(不敬)의 죄로 죽어서 지옥에 들어감이라 주인도 장인도 이익이 없고 여러 하

늘은 돕지 않나니 조성치 아니하고 직심으로 예배하여 복을 한량없이 받는 것만 같지

못하다.

又 罪福決疑經云 僧尼白依 或自捨財 及勸化物 擬佛受用 經營人
우 죄복결의경운 승니백의 혹자탑재 급권화물 의불수용 경영인

將此物造作鳥獸安形像前 槃上者 計損滿五錢直 犯逆罪 究竟不還 一

劫墮阿 鼻地獄 贖香油燈供養者無犯 佛不求利 無人堪消

또한 죄복결의 경에 말씀하셨다. 승니(僧尼)나 재가신도가 혹은 스스로 재물을 희사
하거나 다른 사람에게 권하여 화주한 물건으로 부처님께 수용하려고 함에 경영인이
이 물건으로 새나 짐승의 상을 만들어 불상 앞에 두거나 부처님 좌대 위에 두면 이것
이 오전(五錢)의 가치 정도에 해당한다 하더라도 범역(犯逆)한 죄로 필경 일겁에도 돌
아오지 못하고 아비지옥에 떨어지나 향이나 기름 등을 사서 공양한 사람은 죄를 범함
이 없다. 부처님께선 이익을 구하시진 않지만 이런 일을 감당하여 소멸시키는 사람은
아닌 것이다.

曾有造像心旣誠 立報使人目所擊

일찍이 불상을 조성하되 성심껏 하여 바로 받는 과보를 사람들에게 눈으로 직접 보
게 함

法苑云 魏 天平中 定洲 孫敬德 造觀音像 常加 禮事 復爲劫賊所加
법원운 위 천평중 정주 손경덕 조관음상 상가 례사 복위겁적소가

不勝考掠遂妄承罪 將斷死刑 夢一沙門 令誦救生觀世音經千遍得脫 有
부승고량수망승죄 장단사형 몽일사문 령송구생관세음경천편득탈 유

司執縛向市 且行且誦 臨刑滿千 刀斫自折 以爲三段 皮肉 不損 凡經
사집박향시 차행차송 림형만천 도연자절 이위삼단 피육 불손 범경

三換 刀折如初 官史驚異 具奏免死 敬德 放還見像 頂上有三刀痕 通
삼환 도절여초 관사경이 구주면사 경덕 방환견상 정상유삼도흔 통

感如此
감여차

법원주림(法苑珠林)에 말씀하셨다. 위나라 천평(天平) 중에 정주에 사는 손경덕은 관

음상을 조성하여 놓고 항시 예배하고 받들어 섬겼다. 후에 건적(封賊)을 만나 고문과

매를 못이겨 죄가 없는데도 어쩔 수 없이 죄가 있다고 하고 말해 사형을 당하게 되었

다. 꿈에 한 스님이 나타나 구세관세음경을 천 번 지송하여 죄를 벗어나도록 하였

다. 유사(有司)가 묶어 사형장인 시정거리로 향하니 가면서도 계속 외워 사형하려 함

에 이르러선 천 번이 되었다. 그러나 사형하는 칼이 꺾어지고 스스로 부러지길 세 번

에 피부도 살도 조금도 다치지를 않았다. 무릇 칼을 세 번이나 바꿨어도 처음과 같았

다。관리는 경이하여 갖추어 아뢰니 죽음을 면하였다。경덕이 풀려 돌아와 관음상을 보니 정상에 세 개의 칼맞은 흔적이 있었다。신통한 감응은 이런 것이다。

又隋時 凝觀寺僧法慶 開皇三年 造釋迦立像一軀 高一丈六尺 工
우수시 응관사승법경 개황삼년 조석가입상일구 고일장육척 공

猶未畢 慶身遂卒 其日有僧大智 死經三日而蘇云 閻王前見法慶 少間
유미필 경신수졸 기일유승대지 사경삼일이소운 염왕전견법경 소간

像至 王遽下 階作禮 像慰王曰 法慶造我未畢 奈何令死左右 答曰 法
상지 왕거하 계작례 상위왕왈 법경조아미필 나하령사좌우 답왈 법

慶命未合終而食料已盡 王曰 可給荷葉令終 其福業也 須臾法慶還活
경명미합종이식료기진 왕왈 가급하엽령종 기복업야 수유법경환활

所說亦同 常食荷葉 以爲佳味 餘食不下 像成之後 數年乃卒
소설역동 상식하엽 이위가미 여식부하 상성지후 수년내졸

또 수나라 때 응관사의 승려인 법경은 개황 3년에 석가모니부처님 입상 한 구를 조성하였는데 높이가 한 장 육 척이었다。그런데 공정을 채 마치지 못하여 법경은 마침 죽고 말았다。그날은 대지(大智)라는 승려가 있어 죽은 지 사흘이 지났는데 소생하여 말했다。염라왕 앞에서 법경을 보았는데 잠깐 사이에 불상이 이르러 왕은 급히 계단을 내려가 예를 올리자 불상이 왕에게 이르시기를 법경이 나를 조성하여 마치지 못

했는데 어찌하여 죽게 하였는가 하시자 좌우에서 대답하길 법경의 목숨은 아직 마칠

때가 안 되었으나 먹을 이미 다하였습니다 하였다. 왕은 말하길 연꽃잎을 주어

서 그 복된 일을 마치도록 하라 하였다. 잠깐 사이에 법경은 다시 살아났는데 말하는

바가 또한 같았다. 항상 연꽃잎을 먹어 맛있는 음식으로 삼고 다른 음식은 목에서 내

려가지 않았다. 상을 조성한 후 수년이 지나 죽었다.

불상에 박힌 구슬을 훔치려 하자 등신이 점점 솟아오르고 물러나서 애걸하자 머리

가 다시 수그러짐

擬盜像珠身漸聳　退求佛慇首還低
의도상주신점용　퇴구불민수환저

西域紀云　僧伽羅國精舍　有金像而肉髻以貴寶飾　焉　後有盜者　遂欲
서역기운　승가라국정사　유금상이육계이귀보식　언　후유도자　수욕

取寶　像漸高遠　盜既不果　退而歎曰　如來昔修菩薩行　起廣大心　發弘誓
취보　상점고원　도기불과　퇴이수왈　여래석수보살행　기광대심　발홍서

願　上自身命　下至國城　悲憫眾生　周級一切　今者如何　遺像憐寶　不明
원　상자신명　하지국성　비민중생　주급일체　금자여하　유상연보　부명

昔行　像乃俯首　而援寶焉　盜者敗露擒以白　王問所從得　盜者曰　佛自與
석행　상내부수　이원보언　도자패로금이백　왕문소종득　도자왈　불자여

我我非盜也 王以爲不誠 命使觀驗 像猶俯首 王念聖靈 不罪其人 再贖

珠寶 置於像頂 俯首至今

서역기에 말하였다. 승가라국(僧伽羅國)의 정사(精舍)에 금으로 된 불상이 있어 육계(肉髻)를 진귀한 보배로 장식하였다. 후에 어떤 도둑이 마침 그 보배를 훔치려 하였다. 불상은 점점 높아져 멀어지고 말았다. 도둑은 뜻을 이루지 못하자 물러나서 탄식하여 말하길 「여래께선 옛날에 보살행을 닦아 넓고 큰마음을 일으키시고 넓은 서원을 발하시어 위로는 자신의 생명과 아래로는 나라의 성(城)까지도 중생을 불쌍히 여기시어 일체를 두루 주시더니 지금엔 어찌하여 유상(遺像)이 보배를 아끼어 옛날의 수행을 밝히지 않습니까」라고 하였다. 불상은 이에 머리를 수그리어 보배를 주었다. 도둑은 이 일이 탄로되어 불잡혀가 자백하게 되었다. 왕은 어떻게 얻었는가를 물었다. 도둑은 「부처님께서 스스로 나에게 주셨지 내가 훔친 것이 아닙니다.」라고 하였다. 왕은 이에 진실이 아니라고 여기곤 사신에게 명하여 사실인가를 조사해 보라고 하였더니 불상은 아직도 머리를 숙이고 있었다. 왕은 성인의 신령스러움을 생각하곤 그에게 죄를 주지 아니하고 다시 보배구슬을 사서 불상의 이마 위에 안치하였다. 머리를 숙인 것은 지금까지 이르다.

眞儀在壁人何許黃葉藥呼名渠便知

진의는 벽에 있는데 사람은 어디 있는가 함에 황벽이 이름을 부르자 저가 문득 깨달음

傳燈云 襄相國名休 入寺燒香 因觀壁畵乃問 眞儀可觀高僧何在 僧

皆無對 襄曰 此間有禪人不曰 有一運師後住黃葉請相見曰 休有 一問

請下 一語師 曰請相公問喪擧前話 師震聲曰襄休襄應諾師 曰 在甚麼

處 襄當下知旨

전등록(傳燈錄)에 말하였다. 배상국의 이름은 휴(休)인데 절에 들어가 향을 사르고는 벽화를 보더니 「진의(眞儀)는 볼만하나 고승은 어디 있는가」하고 물었다. 스님들 모두가 대답이 없어 배휴가 「이곳엔 참선하는 사람이 없는가」하자 「한 분 희운(喜運)

스님이 계십니다」라고 대답하였다。 후에 황벽산에 머물면서 상견(相見)하기를 청하여

말하되 「휴(休)가 질문이 하나 있사온데 한 말씀 내려주십시오」 하자 스님은 말하길

「상공(相公)은 질문하여 주십시오」 하였다。 배휴가 전에 있었었던 일을 들먹이자 스님은

벽력같은 소리로 「배휴!」 하였다。 배휴가 「예」 하자 스님은 「어느 곳에 있는가」 하

였다。 배휴는 그 자리에서 뜻을 알아차렸다。

목불을 태우고 꾸지람을 듣자 이미 사리가 없다 무엇이 방해롭겠는가

因燒木佛遭訶責旣無舍利又何妨
(인소목불조가책기무사리우하방)

又云 丹霞禪師 宿慧林寺 大寒乃取木佛焚之 院 主訶責 師曰 我燒
(우운 단하선사 숙혜림사 대한내취목불분지 원주하책 사왈 아소)

取舍利 主曰 木頭何有 師曰 旣 無舍利再燒兩尊 院主看鬚隨墮落
(취사리 주왈 목두하유 사왈 기 무사리재소양존 원주간수타락)

또 말하였다。 단하선사가 혜림사에서 잘 때 몹시 추워 목불을 가져다 태웠다。 원주

스님이 나무라자 선사는 「내가 태워 사리를 거두련다。」 하였다。 원주스님이 말하길

「나무로 된 것에 어찌 있겠는가」 하자 선사는 「이미 사리가 없다면 나머지 두 존상

을 태우겠다」 하였다。 후에 원주스님은 수염이 떨어지는 것을 보았다。

未審魔徒何識見也示色像不堪崇

마구니들은 어떤 식견으로 색상(色像)은 숭앙받을 만하지 않다고 하는지 모르겠음

楞嚴經云 有一種陰魔起我慢者 不禮塔廟摧毀經 像 謂壇越言 此是

金銅或是土木 經是樹葉或是疊 花 肉身眞常不自恭敬 却崇土木實爲顚

倒 疑誤眾生 從其毀碎 入無間獄

능엄경에 말씀하셨다. 일종의 음마(陰魔)가 있어 아만을 일으킨 자가 탑묘에 예배하지 않고 경전과 불상을 파괴훼손하며 신도들에게 이르길 「이것은 금동(金銅)이며 혹은 흙과 나무이다. 경전은 나뭇잎이고 혹은 꽃잎을 포갠 것이다. 육신은 진실하고 영원한 것인데 스스로 공경치 아니하고 도리어 흙과 나무를 숭앙하니 이것은 전도된 것이다」라고 하며 중생을 의혹시키고 그르치는데도 이를 따라 훼손시키고 파괴하면 무간지옥에 들어간다.

有無活語千機變莫把死蛇一樣看

유(有)니 무(無)니 하는 살아있는 말이 천 가지로 변하니 죽은 뱀을 가지고 한가지

로 보지 말라

統要云　智藏禪師　因張拙秀大問　山河大地是有　是無　三世諸佛是有

是無　師皆日有　張云錯　師云先　輩參見什麽人來　張云　曾參百丈　凡有

問詰　皆云無　師云　先輩有甚血屬　日　有一山妻兩箇癡頑　又問　百丈有

甚血屬　云　百丈古佛和尚　莫謗渠好　師云待先輩得似百丈時　一切皆無

張俛首而已

통요(統要)에 말하였다. 지장선사는 장졸수재(張拙秀才)가 「산하대지는 있을까요 없을

까요 삼세제불은 있을까요 없을까요」 하는 물음에 대해 「모두가 있다」라고 하였다.

장(張)은 「틀렸습니다」라고 하였다. 선사는 말했다. 「선배는 어떤 사람을 참견하고

왔는가.」 장은 말하길 「일찍이 백장스님을 참방하였는데 묻고 따지기만 하면 모두

없다고 하였습니다」라고 하였다. 선사는 「선배는 어떠한 혈속(血屬)이 있는가」라고 물

었다. 장(張)은 말했다. 「소박한 처 하나와 어리석은 아들 둘이 있습니다. 선사는 또 물었다. 「백장스님은 어떠한 혈속이 있던가. 장은 말하길 「백장스님은 고불(古佛) 같은 화상(和尙)이 이십니다. 그를 비방하지 않는 것이 좋겠습니다」 하였다. 그러자 선사는 말했다. 「선배가 백장스님처럼 될 때를 기다려야 모두 없다네.」 장(張)은 머리만 숙이고 있을 뿐이었다.

목욕시킨 공덕상(功德相)으로 널리 중생이 청정한 몸을 갖길 원함

沐浴如來功德相　普願衆生淸淨身
목욕여래공덕상　보원중생청정신

浴像經云　問於浴像云何　佛言　應以牛頭栴檀　紫檀　多摩羅香　松送穹
욕상경운　문어욕상운하　불언　응이우두전단　자단　다마라향　송송궁

白壇鬱金龍腦　沉香　麝香　丁香　隨所得者　以爲湯水　置淨器中　先作方
백단울금룡뇌　침향　사향　정향　수소득자　이위탕수　치정기중　선작방

壇　敷妙　床座於上置佛　香水次第浴已　復以淨水淋洗　其浴　像者　各取
단　부묘　상좌어상치불　향수차제욕기　복이정수림세　기욕　상자　각취

少許浴像之水置自頭上　燒香供養　像初下水之時　應誦此偈　我今灌沐諸
소허욕상지수치자두상　소향공양　상초하수지시　응송차게　아금관목제

44

如來 <small>여래</small> 淨智莊嚴功德聚 <small>정지장엄공덕취</small> 五濁眾生令離垢 <small>오탁중생령이구</small> 願證如來淨法身 <small>원증여래정법신</small> 燒香之時 當 <small>소향지시 당</small>

誦斯偈 <small>송사우</small> 戒定慧解知見香遍十方刹常芬馥願此 <small>계정혜해지견향편십방찰상분복원차</small> 香雲亦如是 <small>향운역여시</small> 無量無邊作 <small>무량무변작</small>

佛事、亦願三途苦輪息 <small>불사 역원삼도고륜식</small> 悉令除熱得清涼 <small>실령제열득청량</small> 皆發無上菩提心 <small>개발무상보리심</small> 永出愛岸登 <small>영출애안등</small>

彼岸 <small>피안</small>

욕상경(欲像經)에 말씀하셨다. 불상을 목욕시키는 데는 어떻게 합니까 하고 물으니 부처님께서는 말씀하셨다. 마땅히 우두전단 자단 다마라향 송궁궁 백단 울금 용뇌 침향 사향 정향 곳곳에서 얻은 것을 가지고 탕수(湯水)로 만들어 깨끗한 그릇에 담아야 한다. 먼저 네모난 단(壇)을 만들고 오묘한 평상을 위에 펴고 불상을 안치한다. 향수로 차례로 목욕시키고 나서 다시 깨끗한 물로 시원하게 씻는다. 불상을 목욕시킨 사람은 불상을 목욕시킨 물을 조금 취하여 머리 위에 뿌리고 향을 사르며 공양한다. 불상에 처음 물을 뿌릴 때엔 응당 이런 게송을 외워야 한다. 내가 지금 목욕시킨 모든 여래는, 청정한 지혜로 장엄한 공덕의 무더기, 오탁의 중생들 더러움을 떠나게 하시어, 여래의 청정법신 증득하기 원합니다. 향을 사를 때에는 응당 이런 게송을 외워야 한다. 계정혜 해탈 지견향은, 시방국토 두루하여 언제나 향기로와, 원컨대 이 향운도 또한 이와 같이, 무량무변 불사를 지어지이다, 또한 삼악도의 괴로운 윤회는 쉬고, 번뇌의 열기는 벗어나 시원해지고, 모두가 위없는 보리의 마음 발해, 영원히 애욕의 강 벗어나 피안에 오르사이다.

這箇任從與麼浴　那箇還能可浴麼
저간임종여마욕　나치환능가욕마

이것은 마음대로 이처럼 목욕시키나 저것도 목욕시킬 수 있겠는가

統要云　遵布衲浴佛次藥山問　汝祗浴得這箇　還浴得　那箇麼　遵云　把
통요운　준포납욕불차약산문　여비욕득저치　환욕득　나치마　준운　파

통요(統要)에 말하였다. 준이 너절한 베조각으로 부처님을 목욕시키자 약산스님이 물었다. 「그대는 이것만 목욕시킬 뿐이지 저것도 목욕시킬 수 있겠느냐.」 준이 말했

將那箇來　藥　休去
장나치래　약　휴거

다. 「저것도 가져오겠습니다.」 약산스님이 말했다. 「쉬어 가라.」

育王作塔功非淺　眾生奉此福無涯
육왕작탑공비천　중생봉차복무애

46

아육왕의 탑 만든 공덕은 얕지 않고 중생이 이를 받드는 공덕은 가이 없음

阿育王經云　八國共分舍利　阿闍世王　得八萬四千以金函盛　作百歲燈

藏恒河中後阿育王得其國土　因於妬嫉　殺八萬四千宮人　阿育王　後　於

城外造立　地獄　治諸罪人　於是消散比丘化主　王卽信悟　問比起一塔　下

着舍利　當得脫罪耳　王卽尋覓舍利　見燈尚明　舍利旣出　燈亦盡滅　王怪

而問　蓮華比丘云　阿闍世王　裁量燈油至取舍利乃滅　又問道人　何處起

塔　道人曰　卽以神力左手　掩日光　作八萬四千道　散照閻浮提　所照之處

皆可起塔　作八萬四千　金銀瑠璃頗梨篋　盛佛舍利　又作八萬四千寶瓶

復盛此篋　又作無量百千幡幢繊盖供養之具　勅諸鬼神　於閻浮　提城邑聚

落滿一億家者　立塔一座　時有上座　名曰耶舍　王詣白言　我欲一日之中

立八萬四千塔遍閻浮提 上座答言 善哉剋十五日食時一時起畢
립팔만사천탑편간부제 상좌답언 선재극십오일식시기필

아육왕경에 말씀하셨다。 여덟 나라에 부처님의 사리를 공동 분배하였는데 아사세왕

이 팔만사천 개를 얻어 황금함에 넣고 백년 동안 켜질 등을 만들어 항하에 간직했

다。 뒤에 아육왕이 그 국토를 얻고 질투 때문에 팔만사천이나 되는 궁인을 죽였고 후

엔 성 밖에 지옥을 만들어 세우곤 죄인을 다스렸다。 이 때에 소산(消散) 비구는 왕을

교화하였는데 왕은 즉시 믿고 깨달아 비구 도인에게 물었다。「팔만사천이나 되는 궁

인을 죽인 죄도 속죄할 수 있습니까。」 도인이 말했다。「각각의 사람을 위하여 각기

한 개씩의 탑을 세우고 밑에 사리를 넣으면 마땅히 죄를 벗어날 수 있을 것입니다。」

왕은 즉시 사리를 찾았다。 아사세왕이 켜놓은 등불은 아직도 밝은 것을 보고 사리를

꺼내자 등불도 또한 꺼지고 말았다。

왕은 괴이하게 여겨 물으니 연화비구는 말했다。「아사세왕이 등불의 기름을 재량하

였기 때문에 사리를 꺼냄에 이르면 꺼지게 되는 것입니다。」 또한 도인에게 물었다。

「어느 곳에 탑을 세울까요。」 도인이 이르되 즉시 신통력으로서 왼손으로 햇빛을 가

리더니 팔만사천 개의 갈래를 만들어 염부제에 흩어 비추곤、「비치는 곳엔 모두 탑을

세워야 합니다。 팔만사천 개의 금 은 유리 파리로 된 함을 만들어 부처님의 사리를

넣고 다시 팔만사천 개의 보배병을 만들어 이 함을 넣고 무량한 백천(百千)의 번(幡)

산개(繖盖) 등의 공양구를 만들어 모든 귀신들에게 명하여 염부제의 성 읍 취락으로

일억 가구가 되는 곳에 탑 하나씩을 세워야 합니다」 하였다. 그때에 상좌(上座)가 있

어 이름을 야사라고 하였는데 왕이 찾아가 말하길 「나는 하룻동안에 팔만사천 탑을

세워 염부제에 두루하게 하고자 합니다」 하니 상좌는 답하여 말하되 「훌륭합니다」

하곤 능히 보름날 밤 먹을 때에 일시에 탑을 모두 세웠다.

十二因緣經云 有八人得起塔 一如來二菩薩 三緣覺 四羅漢 五阿那
십이인연경운 유팔인득기탑 일여래이보살 삼록각 사라한 오아나

含 六斯陀含 七湏陀洹 八輪王 若輪王以下起塔 安一露盤 即不得作禮
함 육사타함 칠정타원 팔륜왕 약륜왕이하기탑 안일로반 즉부득작례

非聖塔故 初果二露盤至如來八露槃己上 並是佛塔 安塔有其 三意一
비성탑고 초과이로반지여래팔로락기상 병시불탑 안탑유기 삼의일

表人勝 二令他信 三爲報恩 若是凡夫比丘 有德望者 亦得起塔 餘者不
표인승 이령타신 삼위보은 약시범부비구 유덕망자 역득기탑 여자부

合
합

십이인연경에 말씀하셨다. 여덟 사람이 있어 탑을 세웠는데 첫째는 여래、둘째는

보살、셋째는 연각、넷째는 아라한、다섯째는 아나함、여섯째는 사다함、일곱째는 수

다원、여덟째는 전륜성왕의 것이었다。전륜왕 이하는 탑을 세워 일노반(一露盤)에 안

치하였는데 예배를 안 하니 성스러운 탑이 아니기 때문이다 초과(初果)의 이로반(二露

槃)으로부터 여래의 팔로반(八露槃)에 이르기까지는 모두가 불탑(佛塔)이다。탑을 봉안

하는데 세 가지 뜻이 있으니 첫째는 사람이 훌륭하다는 것을 표시함이며、둘째는 다

른 사람에게 믿게 함이며、셋째는 은혜에 보답함이다。가령 범부 비구로서 덕망이 있

는 사람이면 탑을 세워도 되나 나머지는 합당치 않다。

浴像經云　清淨慧菩薩白佛若佛　在世親近供養　及　滅度後供養舍利
욕 상 경 운　청 정 혜 보 살 백 불 약 불　재 세 친 근 공 양　급　멸 도 후 공 양 사 리

此二種人功德等不　世尊答曰　佛　清淨身　能以香花幡盖香水沐浴飲食鼓
차 이 종 인 공 덕 등 부　세 존 답 왈　불　청 정 신　능 이 향 화 번 개 향 수 목 욕 음 식 고

樂歌詠　如來　以此功德回向　一切種智　所得功德無量無邊　乃至成　就菩
락 가 영　여 래　이 차 공 덕 회 향　일 체 종 지　소 득 공 덕 무 량 무 변　내 지 성　취 보

提　滅度之後　造佛形像如大麥等　造塔如菴羅菓　表利如針　盖如浮萍　持
제　멸 도 지 후　조 불 형 상 여 대 맥 등　조 탑 여 암 라 엽　표 리 여 침　개 여 부 평　지

佛舍利如芥子大　安置其中　所得功德　如我在世等無差別得　十五種功德
불 사 리 여 개 자 대　안 치 기 중　소 득 공 덕　여 아 재 세 등 무 차 별 득　십 오 종 공 덕

一得清淨念心　二得順法心　三得慙愧心　四得見如來　五發淨信心　六能

持正法　七如說修行　八得親諸佛　九諸佛國土隨喜受用　十生大家人所

尊重　十一纏生人中得念佛心　十二魔不能亂　十三能護正法　十四諸佛覆

護　十五成就法身

욕상경에 말씀하셨다. 청정혜보살이 부처님께 말씀드리되 「부처님께서 세상에 계실

때 친근하여 공양하는 것과 멸도하신 후에 사리에 공양하는 것 이 두 가지 사람들의

공덕은 같습니까 다릅니까? 하자 부처님께서는 대답하셨다. 부처님의 청정한 몸에

능히 향 꽃 번개(幡盖) 향수목욕 음식 고락(鼓樂) 가영(歌詠)으로 공양하면 여래께서 이

공덕을 일체종지(一切種智)에 회향하시니 얻은 바 공덕은 무량무변하여 내지는 보리(菩

提)를 성취한다. 멸도 후에 부처님의 형상을 보리쌀만 하게거나 탑을 암

라수 열매만하게거라도 찰간대를 바늘만한 크기라도 세우거나 일산을 부평초

만큼이라도 만들어 겨자씨만한 크기의 사리라도 그 가운데 봉안하면 一, 청정한 염심

(念心)을 얻고 二, 법에 순종하는 마음을 얻고 三, 부끄러워하는 마음을 갖게 되고

四、여래를 보게 되고 五、깨끗한 신심을 내게 되고 六、능히 정법을 지니고 七、부처님 말씀대로 수행하고 八、모든 부처님을 친근하게 되고 九、모든 부처님 나라를 따라 기뻐하여 수용하고 十、큰 집안에 태어나 사람들의 존중을 받으며 十一、사람 중에 태어나자마자 염불하는 마음을 얻고 十二、마구니가 뇌란치 못하며 十三、능히 정법을 수호하고 十四、모든 부처님께서 보호하시고 十五、법신을 성취하는 것이니라。

탑을 조성했다가 다시 파괴하여 큰 물고기의 과보 받고 탑을 도로 보수하여 천자의 영화를 누림

造塔復壞大魚報 故塔還修天子榮
조탑복괴대어보 고탑환수천자영

譬喩經云 昔有沙門 其家大富 造作塔寺 以栴檀 爲柱 七寶爲利 未
비유경운 석유사문 기가대부 조작탑사 이매단 위주 칠보위리 미

成之頃 有五百沙門 從遠方來而 國內有五百賢者 各各給與 袈裟 彼服
성지경 유오백사문 종원방래이 국내유오백현자 각각급여 가사 피복

寺主沙門言 我之功德 積若須彌而國人不助 但賤近貴遠 便以 火燒寺
사주사문언 아지공덕 적약수미이국인부조 단천근귀원 변이 화소사

萬里白似雪山 舌廣四萬 里赤似火山 目廣五萬里 時有五百人 入海採

塔後入地獄畜生 各九十劫 復作大魚 身長四十萬里 眼如日月 牙長二
탑후입지옥축생 각구십겁 부작대어 신장사십만리 안여일월 아장이

만리백사설산 설광사만 리적사화산 목광오만리 시유오백인 입해채

寶正 是先身給 五百沙門衣者 因緣宿對 其於張口飲水 舫卽從流甚疾
보정 시선신급 오백사문의자 인연숙대 기어장구음수 방즉종류심질

皆大恐怖 稱南無佛 魚聞其音 合口而聽 水住不流 魚乃淚出 不聞此音
개대공포 칭남무불 어문기음 합구이청 수주불류 어내누출 불문차음

其來甚久 不食命終 浮尸着岸 神生法家 墮地能言 便識夙命 奉滿八歲
기래심구 부식명종 부시착안 신생법가 타지능언 변식숙명 봉만팔세

得羅漢道 還詣海邊 見其故身 積雪如山 坐燒塔寺 百八十劫 在惡道中
득라한도 환예해변 견기고신 적설여산 좌소탑사 백팔십겁 재악도중

비유경에 말씀하셨다. 옛날에 어떤 사문(沙門)이 있었는데 그 집이 큰 부자였다. 탑

과 절을 지었는데 전단으로 기둥을 만들고 칠보로써 찰간을 만들어 아직 다 짓지 않

았을 때 오백의 사문이 먼 곳으로부터 왔다. 국내에는 오백의 현자(賢者)가 있었는데

각각 가사와 피복을 공급해 주었다. 절의 주인인 사문은 「나의 공덕을 쌓음은 수미산

만큼이나 되나 나라 사람들은 도와주질 않는다. 단지 가까이 있는 사람들은 천시하고

먼 곳의 사람들을 귀히 여긴다」 하곤 절과 탑을 불질러 버렸다. 후에 죽어 지옥과 축

생도에 들어가 각각 구십겁(九十)을 지내고 다시 큰 물고기가 되었는데 몸 길이는 사십만리에 눈은 일월(日月)과 같고 이빨의 길이는 이만리에 설산(雪山)처럼 희고 혀의 넓이는 사만리에 화산(火山)처럼 빨갛고 눈 넓이는 오만리였다. 그때에 오백 사람이 있어 바다에 들어가 보배를 채취하였는데 바로 이들의 전생 몸은 오백 사문에게 의복을 공급해준 사람들이었다. 속세의 인연으로 만나게 되자 그 고기는 입을 크게 벌리고 물을 들이켜 배가 매우 빠르게 빨려들어가 사람들은 크게 놀라고 무서워 나무불(南無佛)을 칭하였다. 고기는 그 소리를 듣고 입을 다물고 들으니 물은 정지하고 흐르지 아니하였다. 고기는 이에 눈물을 흘리며 「이 소리를 들은 지 심히 오래되었다」하곤 먹지를 않고 목숨을 마쳤다. 물에 뜬 시체는 해안에 닿고 정신은 불법(佛法)을 믿는 집안에 태어났다. 태어나 땅에 닿자마자 능히 말을 하고 바로 숙명(夙命)을 알았다. 나이 여덟 살이 차 아라한도(阿羅漢道)를 얻었는데 다시 해변으로 나아가 그의 옛몸에 쌓인 눈이 산 같음을 보곤 탑과 절을 태운 과보로 백팔십겁을 악도 가운데 있었음을 알았다.

出曜經云 출요경운 迦葉佛 가섭불 泥垣闍維之後 니원간유지후 以佛舍利起七 이불사리기칠 寶塔 보탑 經歷數世後 경역수세후 自 자

凋壤無補治者 瓶沙因地爲上首 告像人曰 佛世難遇 人身難得 雖得爲
조양무보치자 병사인지위상수 고상인왈 불세난우 인신난득 수득위

人 或隳邊地 生邪見家 我等叨幸何貪俗樂率九萬三千人共治故 塔乃同
인 혹타변지 생사견가 아등하행하탐속락솔구만삼천인공치고 탑내동

發願 不隳三塗及八難處共生人天 見釋迦文初會說法 皆得度脫 命終生
발원 부타삼도급팔난처공생인천 견석가문초회설법 개득도탈 명종생

天經歷數 世釋迦出與 九萬三千人生摩竭國 瓶沙作王 果符前 願
천경역수 세석가출여 구만삼천인생마갈국 병사작왕 과부전 원

출요경에 말씀하셨다. 가섭부처님께서 열반에 드시어 다비한 후 부처님의 사리로 칠보탑을 세웠는데 여러 세대를 지나면서 자연히 조락되고 파괴되었으나 고치는 사람이 없었다. 병사(瓶沙)가 인지(因地)에 상수(上首)가 되어 여러 사람에게 말하였다. 「부처님 세상은 만나기 어렵고 사람의 몸은 얻기 어렵다. 비록 사람이 된다 하더라도 혹은 변지(邊地)에 떨어져 사견가(邪見家)에 태어난다. 우리는 다행히도 불법(佛法)을 만났으니 어찌 세간의 즐거움을 탐할 것인가. 구만삼천 명을 이끌고 함께 옛 탑 고치곤 이에 함께 발원하길 「삼악도 및 팔난처(八難處)에 떨어지지 않고 함께 인간 천상에 태어나 석가모니불의 초회(初會) 설법을 듣곤 모두 도탈(度脫)하여 지이다」 하였다. 목숨을 마치곤 천상에 태어났는데 여러 세대를 지나 석가모니부처님께서 출흥(出興)하시

자 삼만구천 인은 마갈타국에 태어나서 병사(瓶沙)는 왕이 되었으니 결과는 전에 발원

한 것과 딱 맞았다.

탑의 꽃을 훔침으로 인해 부스럼이 별안간 생겼다가 다시 우두전단(牛頭栴檀)으로 보

상하자 몸이 다시 나음

因切塔花瘡遽作復償牛首體還安

百緣經云 拘樓孫佛時 有長者子 好色 見一淫女 心生耽着 無財可與

遂至塔中 盜花與之乃共夜宿 曉 曉見身體遽發惡瘡 痛不可言 喚醫療

治云 須牛頭 梅檀用塗瘡上 可得除愈 時長者子 即賣家宅 計得 金錢

滿六十萬 買香六兩 擬用塗瘡 心自思惟 即語醫言 我今所患乃是心病

即持所買牛頭梅檀擣以爲 末 入其塔中 發誓願言 如來往昔 修諸苦行

誓度 衆生隨其厄難 唯願慈悲除我此患 作是誓已 用香塗塔以償花價

求哀懺悔 瘡尋得瘥 毛孔香氣 綠此 功德 不墮惡道 生天人中 隨其行
구애참회 비심득새 모공향기 록차 공덕 부타악도 생천인중 수기행

處 蓮花承足身 諸毛孔 常有香氣 後悟無常成辟支佛
처 연화승족신 제모공 상유향기 후오무상성벽지불

백연경에 말씀하셨다. 구루손부처님 때에 어느 장자의 아들이 있어 여색(女色)을 좋아하였는데 한 음녀를 보고 마음에 탐착이 생겼으나 줄 재물이 없었었다. 드디어 탑 가운데 이르러 꽃을 훔쳐 그녀에게 주고 이에 함께 밤을 지냈다. 새벽에 일어나 보니 몸에 별안간 악한 부스럼이 생겨 아프기가 말할 수 없었었다. 의사를 불러 치료하게 하니 말하기를 「모름지기 우두전단을 부스럼 위에 바르면 가히 나을 수 있다」라고 하였다. 그때에 장자의 아들은 즉시 집을 팔아 금전 육십만 냥으로 전단향 여섯 냥을 사 부스럼 위에 바르려다가 스스로 마음에 생각하는 바가 있어 의사에게 말하길 「나의 지금 아픈 것은 마음의 병이다」라고 하고 산 우두전단향을 부셔 가루로 만들어 탑 속에 넣곤 서원을 발하여 말하였다.

「여래께선 옛날에 여러 가지 고행을 닦으시면서 중생을 그 액난에 따라 건지시겠다고 맹세하셨습니다. 오로지 원하옵나니 자비로써 저의 이 병을 없애 주시옵소서.」

이런 서원을 발하곤 향을 탑에 발라 꽃 갚을 보상하고 슬프게 참회를 구하니 부스럼

은 바로 치료되고 털구멍에선 향기가 났다。 이 공덕으로 해서 악도에 떨어지지 않고

천상 인간에 태어났으며 그 가는 곳을 따라 연꽃이 발을 받들어 피어나고 몸의 털구

멍마다엔 항상 향기가 있어 후에 무상(無常)을 깨달아 벽지불을 이루었다。

無終塔樣分明擧不透玄關蹉過來

무봉탑의 모습은 분명히 들었으나 현묘한 관문을 뚫지 못해 잘못 지나침

傳燈云 南陽忠國師 化綠將畢 乃辭代宗 宗曰 師滅度後 弟子將何所

記 師曰 造壇越造取一 無縫塔 曰 就師請樣 師良久曰 會麽 曰 不會

師曰 貧道去後 有侍者應眞 却知此事 後詔應眞入內 擧問前語 眞良久

曰 聖上會麽 曰 不會 眞述偈曰 湘之南潭之北 中有黃金充一國 無影

樹下合同船 琉璃殿上無知識

전등록(傳燈錄)에 말하였다。 남양충국사(南陽忠國師)가 화연(化綠)이 장차 다하려 하자

58

이에 대종(代宗)을 사직하였다. 대종은 말하였다. 「스님께서 멸도하신 후 제자는 장차 어느 곳에 공적을 기록할까요.」 스님은 말했다. 「신도에게 나아가 하나의 무봉탑(無縫塔)을 세워 주십시오.」 스님은 한동안 말없이 있더니 「알았습니까?」 하였다. 「모르겠습니다」 하니 스님은 「빈도가 간 후 응진(應眞)이란 시자(侍者)가 있어 이 일을 알 것입니다」 하였다. 후에 응진에게 조서를 내려 내전으로 들게 하고 전에 있었던 이야기를 들어 물었더니 응진은 한참 잠자코 있다가 「성상께선 아셨습니까?」 하였다. 왕이 「모르겠습니다」 하니 응진은 게송을 읊어 말하였다.

상수(湘水)의 남쪽 담수(潭水)의 북쪽, 중간엔 황금이 한 나라에 가득 찼네. 무영수(無影樹) 아래에서 함께 배를 탔으나, 유리전(琉璃殿) 위에서는 아는 사람이 없네.

조상경 끝

金剛阿闍梨觀想儀軌
금강아사리관상의궤

夫 阿闍梨沐浴淨衣 先入定習 金剛結跏 安坐證心 觀法無礙 然後觀
부 아사리목욕정의 선입정습 금강결가 안좌증심 관법무애 연후관

想 頸上現出大蓮華 蓮華變成 阿 〔梵〕字變成月倫 月倫變成 吽
상 경상현출대연화 연화변성 아 〔자〕자변성월륜 월륜변성 우

字 〔梵〕字 變成五股金剛 金剛杵移在舌上 舌根變成金剛不壞舌 次觀
자 〔자〕변성오고금강 금강저이재설상 설근변성금강불양설 차관

〔梵〕字變成月輪 月輪變成 〔梵〕字變成白色五股
〔자〕변성월륜 월륜변성 〔자〕변성백색오고

金剛杵 剛杵變成金剛不壞手 次觀 頂輪上有想 唵 〔梵〕字 爲身金剛 口
금강저 강저변성금강불양수 차관 정륜상유상 암 〔자〕 위신금강 구

二手變成阿 〔梵〕字 變成月輪 月輪變成 吽 〔梵〕字 爲心金剛 然後以車舌稱誦
이수변성아 〔자〕변성월륜 월륜변성 우 〔자〕위심금강 연후이차설칭송

中有想啊 〔梵〕字爲語金剛 心中有想 吽 〔梵〕字爲語金剛 心金剛
중유상아 〔자〕위어금강 심중유상 우 〔자〕위어금강

眞言加持 〔梵〕字爲語金剛 悉皆圓滿 以此手結一切印方得成就 故凡諸結印誦呪 先當淨
진언가지 〔자〕위어금강 실개원만 이차수결일체인방득성취 고범제결인송주 선당정

法界印呪 三昧耶戒印呪 然後一切印呪可也 設有人曾受佛戒 惡心破毀
법계인주 삼매야계인주 연후일체인주가야 설유인증수불계 악심파훼

60

不復淸淨者 若誦此呪一七遍 已破戒罪垢悉得淸 一切品還得如故 一切
부 복 청 정 자　약 송 차 주 일 칠 편　이 파 계 죄 구 실 득 청　일 체 품 환 득 여 고　일 체

檀法末經師受 誦呪七偏 即許行作佛成盜法
단 법 말 경 사 수　송 주 칠 편　즉 허 행 작 불 성 도 법

무릇 아사리는 목욕하고 옷을 깨끗이 하여 먼저 선상(禪床)에 들어가 금강처럼 가부좌를 하고 편안히 앉아 마음을 맑게 하여 법을 관찰함에 걸림이 없어야 한다. 그런 뒤에 관상(觀想)해야 하니 목 뒤에서는 큰 연꽃이 나타나고 연꽃은 아자(阿字)로 변해지고 아자(阿字)는 월륜(月輪)으로 변해지고 월륜은 훔자(吽字)로 변해지고 훔자(吽字)는 오고금강저(五股金剛杵)로 변해지고 금강저가 혀 위로 옮겨 오면 설근(舌根)은 금강처럼 파괴되지 않는 혀로 변해진다. 다음으로는 두 손이 변하여 아자(阿字)가 되고 아자(阿字)는 변하여 월륜(月輪)이 되고 월륜은 변하여 훔자(吽字)가 되고 훔자(吽字)는 변하여 오고금강저(五股金剛杵)가 되고 금강저는 변하여 금강처럼 파괴되지 않는 손이 된다. 다음은 정수리 위를 관하여 상상하되 옴자(唵字)가 신금강(身金剛)이 된다 하고、입안을 상상하되 아자(阿字)가 어금강(語金剛)이 된다 하고、아음속을 상상하되 훔자(心金剛)이 된다고 한다. 연후에 이 혀로 진언가지(眞言加持)를 칭송해야 모두 다 원만하며 이 손으로 일체의 인(印)을 맺어야 바야흐로 성취할 수 있다.

그러므로 무릇 인(印)을 맺어야 바야흐로 성취할 수 있다. 그러므로 무릇 인(印)을 맺고 주(呪)를 외움에는 먼저 정법계인주(淨法界印呪)와 삼매야계인주(三昧耶戒印呪)를 해야 이후의 일체 인주(印呪)가 가능해진다. 설사 어떤 사람이 일찍이 부처님의 계를 받고 악한 마음으로 파계하여 다시 청정하게 하지 못하더라도 이 주문을 한 번이나 일곱 번을 외우면 계를 파한 죄가 모두 청정해지며 모든 계품(戒品)이 옛날처럼 되돌아간다. 일체의 단법(檀法)을 스승을 통해 전해받지 못했더라도 이 주문을 일곱 번 즉시 작법(作法)을 행하도록 허락해도 도법(盜法)이 되지는 않는다.

諸佛菩薩腹藏壇儀式

壇者 都會義也 向何 又 以明答 陀羅尼集經云 壇者 都會義 又 具

眾德矣 具緣品上 同此說 曼陀羅 一味法界 謂大日經云 曼陀羅者 發

生諸佛極無 比義 諸佛依此 一味法界家生一味法界者無住實 相也 毗盧

遮那本地法身也 又 曼陀羅車輪周備之義 無過上味醍醐之義 醍醐者 佛

在常住不變之依 又 內胎之君 四方 四隅 如諸候令 第二院 又如朝廷

百僚 四方 四角 四柱 五色線 五根 五色 線等諸緣 表三十七助菩提法

也

으로서 다라니집경(陀羅尼集經)에는 말씀하시길 「단(檀)이란 두루 모인다는 뜻이며 또

단(檀)이란 두루 모인다는 뜻이다. 어디로 향할 것인가. 또 이에 대한 분명한 대답

여러 덕을 갖춘 것이다」 하셨고、구연품(具緣品)의 상(上)도 이 말씀과 같다.

만다라(曼陀羅)는 일미법계(一味法界)인데 대일경(大日經)에 이르시길 「만다라라는 것은

모든 부처님을 내는 극히 비할 바 없다는 뜻인데 모든 부처님은 이 일미법계(一味法界)

에 의지하여 나신다」라고 하였다. 또 만다라는 거륜(車輪)이 두루 구비한다는 의미이

며 또 최고의 맛을 지닌 제호(醍醐)의 뜻이기도 하다. 제호란 부처님께서 계시어 상주

불변(常住不變)하신다는 뜻이다. 또 내태군(內胎君)이 사방사우(四方四隅)인 것은 제후(諸

侯)가 제이원(第二阮)을 호령하는 것과 같고 조정(朝廷)의 모든 관료들과 같다. 사방(四

方) 사각(四角) 사주(四柱) 오색선(五色線) 오근(五根) 오색소(五色綃) 등 모든 외연(外緣)은

삼십칠조보리법(三十七助菩提法)을 표시한 것이다.

四方者 表四念處義 四角者 表四精勤義 四柱者 表四靜慮義 五色線
사방자 표사념처의 사각자 표사정근의 사주자 표사정려의 오색선

者 梵云蘇多嘖 又云修多羅 表五根 謂念進信定慧根者 此五根之用 貫
자 범운소다분 우운수다라 표오근 위념진신정혜근자 차오근지용 관

攝萬行 連持萬德義 五色綃索者菩薩大悲心中 四攝方便義 欲 縛有情
섭만행 연지만덕의 오색정색자보살대비심중 사섭방변의 욕 전유정

煩惱之習 五色綃者 長命不盡之義 藥師經 云 五色
번뇌지습 오색정자 장명부진지의 약사경 운 오색

사방(四方)이란 것은 사념처(四念處)를 나타내는 의미이고、사각(四角)이란 것은 사정

근(四精勤)을 나타내는 의미이고、사주(四柱)란 것은 사정려(四精慮)를 나타내는 뜻이

며、오색선(五色線)이란 범어(梵語)로 소다람(蘇多覽) 또는 수다라(修多羅)라고도 하는데

오근(五根)을 나타내는 것이다。 말하자면 염근(金根) 정진근(精進根) 신근(信根) 정근(定

根) 혜근(慧根)이라는 것인데、이 오근(五根)의 작용으로써 만행(萬行)을 모두 섭수하고

또 만덕(萬德)을 지닌다는 의미이다。오색소(五色綃)의 끈은 보살의 대비심 가운데 사

섭방편(四攝方便)의 뜻인데 중생 번뇌의 습기(習氣)를 뮤으려 하는 것이고、오색소(五色

綃)는 오래 살아 다하지 않는 뜻으로 약사경(藥師經)에는 오색(五色)이라 하였다。

大日經疏云 白是大日如來色 則一切衆生心源故 最爲中 降伏魔寃除
대일경소운　백시대일여래색　즉일체중생심원고　최위중　강복마원제

滅障盖 爲弟一 赤是寶幢如來 發菩提心之明道 爲第二 黃是沙羅五色 旣到金
멸장개　위제일　적시보당여래　발보제심지명도　위제이　황시사라오색　기도금

已成 正覺萬德開敷 皆至金剛實際 故爲第三 靑是無量壽佛色
이성　정각만덕개수　개지금강실제　고위제삼　청시무량수불색

剛實際故卽以方便 普賢大慈曼陀羅 如淨 虛空 其含萬德 故爲第四 黑
강실제고즉이방변　보현대자만다라　여정　허공　구함만덕　고위제사　흑

是穀音聲如來 所以 普門之跡皆爲現本之者 卽如來自證之智住大涅槃

若 捨加持神力 則一切心量衆生非其境界 是故至色幽玄 最後居 又 白

是寂殃色 佛部義故爲初 黃是增益色 蓮華部義故爲二 赤是降伏色 金

剛部義故爲三 靑是成辨諸事色 亦隨類之形故爲四 黑是攝置色 念怒部

類故爲五 問 何故曼天四菩薩明 答伊舍那方觀音主持義 涅槃黑底方文

殊主持義

대일경소(大日經疏)에는 말하였다.

○흰색은 대일여래의 색으로 즉 일체중생의 마음의 근원이 되기 때문에 가장 중심이 되고 마구니를 항복받고 번뇌를 없애 제일(第一)이 되고、

○붉은색은 보당여래가 보리심(菩提心)을 내어 도(道)를 밝힌 것으로 제이(第二)가 된다。

○누른색은 사라(沙羅)의 다섯 색이 성취되어 정각(正覺)을 이루고 만덕(萬德)을 열어

펼쳐 모두가 금강실제(金剛實際)에 이르기 때문에 제삼(第三)이 되며、

○ 푸른색은 무량수불의 색으로 이미 금강실제(金剛實際)에 이르러 즉 방편으로 보현(普賢)의 큰 자비인 만다라를 깨끗한 허공과 같이 하여 만덕(萬德)을 모두 포함하기 때문에 제사(第四)가 된다.

○ 검은색은 곡음성여래(穀音聲如來)께서 보문(普門)의 자취로써 다 현재 근본인 자를 위한 것이니 즉 여래 자증(自證)의 지혜로써 대열반에 안주하는 것이라, 만약 가지(加持)의 신력(神力)을 버린다면 일체의 심량(心量)과 중생은 그의 경계가 아니기 때문에 색이 그윽하고 현묘하여 가장 최후에 두는 것이다.

○ 또 흰색은 재앙을 가라앉히는 색으로 불부(佛部)의 뜻이기에 처음이 되고, 누른색은 이익을 증장시키는 색으로 연화부(蓮華部)의 뜻이기에 두 번째가 되고, 붉은색은 항복받는 색으로 금강부(金剛部)의 뜻이기에 세 번째가 되며, 푸른색은 모든 일을 판단하고 성취시키는 색으로 종류를 따라 형태를 나타내기 때문에 네 번째가 되고, 검은색은 포섭하여 안치하는 색으로 분노부(忿怒部)의 부류이기에 제오(第五)가 되는 것이다.

물길 「무엇 때문에 만천(曼天) 네 분 보살은 명(明)되는가.」 답하여 「저 사나(舍那)의 방향은 관음(觀音)이 주지(主持)한다는 뜻이며, 열반의 검은 방향은 문수(文殊)가 주지(主持)한다는 뜻이다.」

安像經云 若所造佛像 儀相關等 不可安像經讚 若相不圓 令彼衆生
안상경운 약소조불상 의상관등 부가안상경찬 약상부원 령피중생

現世未來得大苦怖 是故一心求造 云云 若造像畢己經久時 而不得安像
현세미래득대고포 시고일심구조 운운 약조상필기경구시 이부득안상

經讚 於其 後時反獲不吉 說復有人供養禮拜 終無福利 如無 智人相
경찬 어기 후시반획불길 설부유인공양례배 종무복리 여무 지인인상

不具 令彼世間而輕慢 是故 造像須具相 圓滿 令諸有情得大福利 所造
부구 령피세간이경만 시고 조상수구상 원만 령제유정득대복리 소조

佛像 面東安置 以黃衣盖復 阿闍利作觀想佛如一火聚 誦火聚眞言七遍
불상 면동안치 이황의개복 아개리작관상불여일화취 송화취진언칠편

擲白芥子若干
척백개자약간

안상경(安像經)에 말씀하셨다。만일 조성한 불상이 의상 (儀相)이 부족하는 등 불상을

봉안하고 경찬(慶讚)할 수 없거나 만일 상(相)이 원만치 못하면 저들 중생에게 현세나 미

래세에 큰 괴로움과 공포를 겪게 한다。이렇기 때문에 한마음으로 불상조성을 구해야

한다 등등。만약 조상(造像)을 마치고도 오랜 시간이 지나도록 봉안하고 경찬할 수 없다

면 그 후에 있어서 반대로 불길함을 얻게 된다。설사 다시 어떤 사람이 공양 예배한다

하여도 종래 복과 이익이 없으리니 마치 지혜 없는 사람이 상호(相好)도 구비치 못하여

세간 사람들이 업신여기게 하는 것과 같다. 이런 까닭으로 불상을 조성함엔 모름지기 상호를 원만히 갖추게 하여 모든 유정(有情)들이 큰 복과 이익을 얻게 하여야 한다.

만든 불상을 동쪽을 향하여 봉안하고 황의(黃衣)로 덮고 아사리는 관상(觀想)하되 부처님은 하나의 불무더기 같다고 생각하고 화취진언(火聚眞言)을 일곱 번 외우며 흰 개자 약간을 던져야 한다.

火聚眞言
화 취 진 언

唵 薩 縛 播 波 普 吒 那 訶 那 縛 日 羅 野 沙 婆 訶 (칠설)
옴 살 바 바 보 타 나 하 나 바 아 라 야 사 바 하

송 차 진 언 이 복 상 여 래 여 진 실 신
誦 此 眞 言 已 復 想 如 來 如 眞 實 身

이 진언을 외우고 나면 다시 여래가 진실한 몸과 같다고 생각하여야 한다.

복 장 제 물 해 석 분 제 이 과 설
腹 藏 諸 物 解 釋 分 齊 二 科 說

복장의 모든 물건을 해석과 분류의 두 과목으로 설한다.

夫物者事也 易曰通變之謂事 所以爲通變者理也 事之行處 理固存也

故 事得理融 理隨事變 唯除靈知絶隊之心 法身向上之理外 天下豈有

棄事獨存 之理 沒理自成之事也 凡所以像說之法太近於事 然更那裏自

有理 偏於事門 事偏於理門也 所以先 賢觀此腹藏之物 恐或後人着事

迷理 故先以約理解釋 後以擧事分齊 明理事無礙之道也 如下文 自腹

藏所入諸色 以下至終末五傘盖金剛杵 總爲擧事分齊也 上文 自腹藏壇

儀式 至腹藏所入諸色以上 卽爲約理解釋也 然其約理有關略故 引下經

文補釋也

대저 물(物)이란 것은 사(事)이다. 역(易)에는 말하길 「통하고 변함을 사(事)라 한다」고 하였다. 때문에 통하고 변하는 것은 이(理)이며 사(事)가 행하는 곳엔 이(理)는 본래 있는 것이다. 그러므로 사(事)는 이(理)를 얻어 융합하고 이(理)는 사(事)를 따라 변한다. 오직 절대영지(絶待靈知)인 마음과 법신향상(法身向上)의 이치 외엔 천하에 사(事)를 버리고 홀로 존재하는 이(理)나 이(理)를 버리고 스스로 이루는 사(事)가 어찌 있겠는가. 대개 불상을 시설하는 법이 사(事)에 지나치게 가까운 듯도 하나 가운데엔 스스로 이(理)가 있어 사문(事門)에 두루 하고 사(事)는 이문(理門)에 두루 하는 것이다. 선현(先賢)은 이 복장(腹藏)하는 물건들을 보고 혹 후세 사람들이 사(事)에 집착하여 이(理)를 잃을까 염려하여 먼저 이치를 잡아 해석하고 다음 사(事)의 한계를 들어 이(理)와 사(事)가 걸림없는 도리를 밝혔다. 아래의 문장에서와 같이 복장(腹藏)에 들어가는 모든 물건으로부터 끝의 오산개(五傘蓋) 금강저(金剛杵)에 이르기까지가 총체적으로 사(事)의 한계를 밝힌 것이다. 위의 문장에서 복장단의식(腹藏壇儀式)으로부터 복장에 들어가는 모든 물건 위까지는 즉 이치를 잡아 해석한 것이다. 그러나 그 이치적인 면은 빠뜨리고 생략함이 있어 아래의 경문(經文)을 인용하여 보충 해석한다.

腹藏儀式

腹藏儀式
복장의식

복장의식(腹藏儀式)은 후령통(喉鈴筒)을 조성하는 의식으로 사찰에서 비밀스럽게 행하는 밀교의식(密敎儀式)이다. 복장의식을 실행하기 앞서 중요한 과정은 제물예비다. 제물이란 후령통(喉鈴筒)을 조성하는 데 있어 필요한 물목(物目)들을 준비하는 과정으로 적게는 하루, 길게는 그 년이 넘는 시간이 필요하다. 복장의식의 순서는 의식단(儀式壇)을 세우는 결계개단(結界開壇)、각 방위(方位)의 법사(法師)가 모여 의식을 행하기 전에 단을 청정(淸淨)케 하고 정좌(正坐)하는 청중제회(淸衆齊會)、관상결인(觀想結印) 순으로 진행된다. 이와 같은 의식을 행한 뒤에 본격적인 복장물 조성에 앞서 삼화상과 신중 제불보살을 청하는 삼화상청、신중작법、증명창불을 청한다.

諸物預備
제물예비

예비해야 하는 물목(物目)은 크게 ① 후령통(喉鈴筒) 내에 납입하는 물목 ② 오보병(五寶瓶)에 납입하는 물목 ③ 황초폭자(黃綃幅子) 내에 납입하는 물목 세 가지로 나눌 수 있다. 복장의식(腹藏儀式)을 행하는 법사는 모든 물목을 항상 염두에 두고 사시사철 성심으로 준비하여야 한다.

① 喉領筒內納入物目
후령통 내 납입 물목

후령통(喉鈴筒)을 조성하기 위해 필요한 물목(物目)은 다음과 같다.

먼저 후령통(喉鈴筒)과 몸체에 붙이는 오방경이 필요하다. 후령통 내에 물목은 오륜종자(五輪種字)、입실지(入悉地)(化身呪)、출실지(出悉地)(報身呪)、준제구(准提九)(聖梵字)、사리 칠립과 사리함、무공심주(無孔心珠)와 무공심주함(無孔心珠函)이다.

○ 本佛 喉領筒
본 불 후 령 통

후령통(喉鈴筒)의 몸통에 진심종자(眞心鍾子)를 적는다. 적고 난 뒤 각 방위(方位)에 맞게 방경(方鏡)을 매다는데、몸통에는 사방경(四方鏡)을 매달고 후령통(喉鈴筒) 바닥에는 중방경(中方鏡)을 놓는다.

○ 幀畵 喉領筒
탱 화 후 령 통

통의 몸체는 오경(五鏡)을 매단 가운데 네모난 거울을 통 아래에 붙였고 또 진심종자(眞心鍾子) 다섯 글자를 따라 몸통에 네모난 거울로 소화 양의 대소를 살펴 오병(五

瓶)을 넣을 수 있도록 한다.

○ 五鏡
오 경

表五智謂 尊勝儀云 東方大圓鏡智 南方平等性智 西方妙觀察智 北
표오지위 존승의운 동방대원경지 남방평등성지 서방묘관찰지 북

方成所作地 中方方便究竟智 華嚴經中 普賢 入女來藏身三昧 觀五海
방성소작지 중방방편구경지 화엄경중 보현 입여래장신삼매 관오해

印 例比同
인 례비동

다섯 가지 지혜(智惠)를 표현하는 것이다. 존승의(尊勝儀)에는 동방쪽에 대원경지(大
圓鏡智)、남방에 평등성지(平等性智)、서방에 묘관찰지(妙觀察智)、북방에 성소작지(成所作
智)、중간에 방편구경지(方便究竟智)라 하였는데 [화엄경]에 보현보살(普賢菩薩)이 여래
장신삼(如來藏身三昧)에 들어가 오해인(五海印)을 본다고 한 것도 이것과 비교하면 같은
예이다.

五寶瓶
오 보 병

表大日如來五智寶謂 疏云 普賢是無盡願行寶瓶 慈氏是無盡饒益衆

生寶瓶 除蓋藏是無盡正智見寶瓶 大日如來是無盡性淸淨寶瓶 寶瓶者

萬法含容之義 以喻如來 又名普賢瓶 以此五寶瓶 成滿淸淨之水 灌注

一切衆生本淸淨心中 故則得法王之位

대일여래의 다섯 가지 지혜의 보배를 표하는 것을 소(疏)에서 말하길,

東方 靑色 마노보병(瑪瑙寶瓶) 보현보살은 한없는 원행(願行)의 보배병이요,

南方 黃色 마니보병(摩尼寶瓶) 자씨(慈氏) 보살은 한없는 중생을 요익하는 보배병이요,

西方 紅色 산호보병(珊瑚寶瓶) 제개장(除蓋障) 보살은 한없이 바른 지견(知見)의 보배병이요

北方 綠色 유리보병(琉璃寶瓶) 제악취(除惡趣) 보살은 한없는 대비방편의 보배병이요

中方 白色 수정보병(水晶寶瓶) 성청정(性淸淨)의 보배병이라

보배병이란 것은 만법(萬法)을 함용(含容)하는 뜻으로 여래를 비유한 것이며, 또 보현

병(普賢瓶)이라 하기도 하는데, 이 다섯 가지 보배병에 다 청정한 물을 가득 채워 모

든 중생의 본래 청정한 마음 가운데에 붇기 때문에 곧 법왕(法王)의 지위를 얻는다 라

고 하였다.

五穀
오곡

此長養終生菩提芽義 謂 五智之芽 又 申住行向地 五位之芽 生長義

大日經記云 五藥理五種過患以 五穀種 淨心田中 生長五智菩提善芽

又 此五穀地水火風空所成 表五佛種子 佛種子 法種子 智種子 寶種子

金剛種子 凡夫種子 於六道四生 循環往來五佛種子

대일경기(大日經記)에 말하기를 오곡의 종자가 깨끗한 심전(心田) 가운데서 오지보리

(五智菩提)의 착한 싹을 상징한다고 했다. 또 말하기를 십신(十信) 십주(十住) 십행(十行)

십회향(十廻向) 십지(十地)의 오위(五位)의 싹을 생장(生長)한다고 했다. 또 대일경기(大日經記)에서 말하였다. 오곡은 지、수、풍、화、공(地。水。風。火。空) 다섯 가지 부처

의 종자인 불종자(佛種子)、법종자(法種子)、지종자(智種字)、보종자(寶種字)、금강종자(金剛種字) 종자를 표시한다고 했다. 범부종자(凡夫種子)는 육도사생(六道四生)에서 순환 왕래

78

五香
오향

間 五分法身之香 今以戒定慧解奪知見香 遍滿法身與法界之義

表五佛香 佛香 法香 寶香 羯摩香 智香 瑜伽教云 以世間香 喻出世

磨香) 지향(智香)이다。 유가교(瑜伽教)에 말하기를 세간의 향으로 출세간(出世間)의 오분

다섯 가지 부처님의 향기를 표한 것이니 불향(佛香) 법향(法香) 보향(寶香) 갈마향(羯

법신(五分法身)의 향에 비유한다고 했는데 지금은 계(戒)、 정(定)、 혜(慧)、 해탈(解脫)、

해탈지견(解脫知見)의 향이 법신과 법계에 두루하고 충만하다는 의미이다。

五藥
오약

能理五種病患義 喻謂五藥理五藏之病 貪病多者以不淨觀教治 嗔病

多者 以慈非觀教治 癡病多者以智慧觀教治 慢病多者以兼心觀教治 疑

病多者以正念觀教治 加持五藥 表五佛藥 佛藥 法藥 寶藥 竭摩藥 智

藥以此爲五藥以沐浴 凡夫無量劫來 一切障染 皆得清淨 又獲五種吉

祥 佛吉祥 法吉祥 寶吉祥 竭摩吉祥 智吉祥

능히 이 오약은 다섯 종의 병환(病患)을 다스린다는 의미이다.

비유하면 다섯 가지의 약이 오장(五藏)의 병을 다스린다는 것을 말하니 탐하는 병이 많은 사람은 부정관(不淨觀)으로 다스리며 성내는 병이 많은 사람은 자비관(慈悲觀)으로 다스리며 어리석은 병이 많은 사람은 지혜관(智惠觀)으로 다스리며 게으른 병이 많은 사람은 겸심관(謙心觀)으로 다스리도록 가르치며 의심하는 병이 많은 사람은 정념관(正念觀)으로 다스리도록 가르친다. 또 다섯 가지 오약(五藥)을 지니는 것은 다섯 가지 부처가 되는 약을 표하는 것이니 곧 불약(佛藥) 법약(法藥) 보약(寶藥) 갈마약(竭摩藥) 지약(智藥)이다. 이것으로 다섯 가지 약을 삼아 목욕하면 범부(凡夫)의 무량겁래(無量劫來)의 모든 번뇌장(煩惱障)과 더러움이 청정해진다. 또한 다섯 가지 길상을 얻으니 불길상(佛吉祥) 법길상(法吉祥) 보길상(寶吉祥) 갈마길상(竭摩吉祥) 지길상(智吉祥)이다.

五吉祥草
오 길 상 초

五吉祥草 凡護魔供養 先以塗地壇 然後 用五草分爲十一位 先安八
오길상초 범호마공양 선이도지단 연후 용오초분위십일위 선안팔

方草 稍向東及北 餘方不得 次中安三位 卽表四佛四波羅密菩薩 中
방초 초향동급북 여방불득 차중안삼위 즉표사불사파라밀보살 중

安三草稍向身 表三寶三身 餘吉祥草 以灑水於壇 灑弟子之身 今入道
안삼초초향신 표삼보삼신 여길상초 이쇄수어단 쇄제자지신 금입도

場 及灑塗香壇中 所用之物 皆以五吉祥草 灑之表結基淨方及滅障染
량 급쇄도향단중 소용지물 개이오길상초 쇄지표결기정방급멸장염

오길상초(五吉祥草)는 무릇 호마공양(護魔供養)에 우선 지단(地壇)에 바르고 연후에 다섯 가지 풀을 십일위(十一位)로 나누어 먼저 팔방(八方)에 풀을 봉안하되 점점 동과 북쪽을 향하며 나머지 방향은 하지 않는다. 다음 중앙엔 삼위(三位)를 봉안한다. 여덟은 네 부처님과 네 바라밀보살을 표시하고 중앙에 봉안한 세 풀은 삼보와 삼신(三身)을 표시한다. 나머지 길상초는 단(壇)에 물을 뿌리고 제자의 몸에 뿌려 도량에 들어가게 하고 또 뿌리고 바른 향기로운 단(壇) 가운데에 쓰이는 물은 모두 오길상초로 뿌리는데 깨끗한 방향을 결성한다는 것과 번뇌장의 물듦을 없앤다는 것을 표시한다.

※ 다섯 길상초를 가지하니 구사、마하구사、실리구사 초는 세존께서 인지(因地)에 수행하실 때 항상 이 세 풀을 깔고 누우셨으며、 필추구사 실당구사 초는 세존께서 인지(因地)에 수행하실 때 항상 이 두 풀을 베고 누우셨다. 서역에는 다섯 길상초가 있지만 이 땅에는 인연이 없으므로 이윽고 이 땅의 다섯 가지 묘하고 향기로운 풀로 대신한다.

五供養 (오공양)

大日經記云 以世間 供喻法性供 塗香能淨垢穢息 災煩惱義花從慈悲
生花 燒香隨言則爲惠火所燒遍 薰法界義 關伽是際生死熱惱義得淸凉
也 食者無上 甘露不生不死味義 燈者 如來破暗傳無盡燈慧照法界義

대일경기(大日經記)에 말하였다. 세간의 법성(法性)의 공양에 비유한다. 바르는 향은 더러움에 깨끗하게 하고 재앙과 번뇌를 쉬게 한다는 의미이다. 꽃은 자비로부터 나는 꽃이고 태우는 향은 말을 따르 즉 자혜(慈惠)의 불에 태우는 것으로 널리 법계를 향기롭게 한다는 뜻이다. 알가(關伽)는 생사(生死)의 열뇌(熱惱)를 없애는 의미로 청량함을 얻는다는 것이다. 음식은 무상(無上)의 감로로 불생불사(不生不死)의 맛을 의미한다. 등(燈)은 여래께서 어두움을 깨트리고 무진(無盡)의 지혜 등을 전하여 법계를 밝힌다는 의미이다.

五輪種子圖

眞心種子圖

准提九字圖

入悉地圖

出悉地圖

如上諸圖入藏之時
慎勿差過方位也

유점사본 『조상경』 동국대학교 소장

五輪種子
오륜종자

東方 동방

暗字 암자　青色方形 청색방형　大圓鏡智 대원경지　從此字出生 종차자출생　安於臍下 안어제하

金剛部主阿閦佛 금강부주아축불

南方 남방

嚂字 람자　赤色三角形 적색삼각형　平等性智 평등성지　日月星辰 일월성진　火光焰 화광염　從此字出生 종차자출생

安於胸中 안어흉중

寶性部主寶生佛 보성부주보생불

西方 서방

畧字 밤자　白色圓形 백색원형　妙觀察智 묘관찰지　山河萬類 산하만류　從此字出生 종차자출생　安於口中 안어구중

蓮華部主無量壽佛 연화부주무량수불

北方 북방

唅字 함자　黑色半月形 흑색반월형　成所作智 성소작지　禾穀果實繁茂 화곡과실번무　從此字出生 종차자출생

安於額上 안어액상

羯摩部主不空成就佛 갈마부주불공성취불

中方
중방

坎字 黃色圓形無定也 方便究竟智人天長養顏色滋味 從此字
참자 황색원형무정야 방편구경지인천장양안색자미 종차자

莊嚴 安於頂上 如來部 呪毗盧遮那佛
장엄 안어정상 여래부 주비로자나불

동방의 암자는 청색이요 방형(方形)인데 대원경지(大圓鏡智)가 이 글자에서 출생하여 배꼽 아래에 봉안하니 금강부주 아촉불(金剛部主 阿閦佛)이다.

남방의 람자는 적색이요 삼각형인데 평등성지(平等性智)이다. 일월성신(日月星辰)의 빛이 이 글자에서 출생하여 가슴의 가운데에 봉안하니 보성부주 보생불(實性部主 實生佛)이다.

서방의 밤자는 백색이요 원형인데 묘관찰지(妙觀察智)이다. 산하만류(山河萬類)가 이 글자에서 출생하여 입속에 봉안하니 연화부주 무량수불(連華部主 無量壽佛)이다.

북방의 함자는 흑색이요 반월형이며 성소작지(成所作智)이다. 곡식 과일의 번성함이 이 글자에서 출생하여 이마 위에 봉안하니 갈마부주 불공성취불(羯磨部主 不空成就佛)이다.

중앙의 [범자] 참자는 황색이요 원형이나 일정함이 없다. 방편구경지(方便究竟智)이다. 인간 처상을 기르고 안색의 아름다움을 불어나게 하는 것이 이 글자에서 장엄된다. 정수리 위에 봉안하니 여래부주 비로자나불(如來部主 毗盧遮那佛)이다.

以五色絹 隨方色 造五輪形 以朱書各寫一字 又以白絹別爲一圓輪
이오색소 수방색 조오륜형 이주서각사일자 우이백소별위일원륜

却將五輪字隨方輪環膠粘圓輪內 然後 安於筒內 時必無散動混雜之弊
각장오륜자수방륜환교점원륜내 연후 안어통내 시필무산동혼잡지폐

也 下圖示之
야 하도시지

오색소(五色絹)로 방향색을 따라 쓴다. 오륜형(五輪形)을 만들고 붉은 글씨로 각각 한 글자씩 쓴다. 또 백소(白絹)로 따로 하나의 원륜(圓輪)을 만들어 오륜자(五輪字)를 방륜(方倫)에 따라 원륜 내에 아교로 붙인다. 그런 후 통 안에 봉안하는데 이때 반드시 흩어지거나 뒤섞이지 않도록 한다. 아래에서 도면으로 보이겠다.

眞心種子
진심종자

東 흠 (吽) 靑絹 阿閦如來
동　청초　아축여래

南 다락 (怛洛) 紅絹 寶生如來
남　홍초　보생여래

西 하릭 (訖哩) 白絹 彌陀如來
서　백초　미타여래

北 악 (惡) 黑絹 不空成就如來
북　흑초　불공성취여래

中 밤 (鑁) 黃絹 毘盧遮那如來의 種子이다.
중　황초　비로자나여래　종자

方書之輪書 則如五輪種子
방서지윤서　즉여오륜종자

以五色絹 隨方色 造五輪圓 以朱書各寫一字 又喉鈴筒八葉蓋上 隨
이오색소　수방색　조오륜원　이주서각사일자　우후령통팔엽개상　수

오색소(五色絹)로 방향색을 따라 오륜원(五輪圓)을 만들고 붉은 글씨로 한 글자씩 쓴

다。또 후령통(喉鈴筒)의 팔엽개(八葉蓋) 위에 방향을 따라 윤서(輪書)를 쓰는 것은 오륜

종자와 같다。

准提九聖梵字
준제구성범자

준제구성범자. 의미를 겸하여 해석함

옴

安頂上 唵字 三身意赤一切法本不生義也 解云 唵字是如來 極
안정상 옴자 삼신의적 일체법본불생의야 해운 옴자시여래 극

先門 三身圓滿 理事清 空色至眞 無起滅 由是名爲本不生
선문 삼신원만 리사청 공색지진 무기멸 유시명위본불생

「홈」정상에 안치한다.

「홈」자는 삼신(三身)의 뜻이고 또한 일체법이 본래 나지 않는다는 의미이다.

해석하여 말한다. 「홈」자는 여래의 극선문(極善門)이다. 삼신(三身)이 원만하

여 이사(理事)가 맑고 공색(空色)이 지극히 진실하여 기멸(起滅)이 없다. 이 때

문에 이름하여 본래 나지 않음이라고 한다.

자

安兩眼 左字 一切法不生不滅義也 解云左是如來妙覺門 三身
안양안 자자 일체법불생불멸의야 해운자시여래묘각문 삼신

清淨 如生先光明 寂照無生滅 是名爲不生不滅
청정 여생선광명 적조무생멸 시명위불생불멸

「자」 두 눈에 안치한다.

「자」자는 일체법이 남도 아니요 멸함도 아니라는 의미이다. 해석하여 말한다.

「자」는 여래의 묘각문(妙覺門)이다. 삼신(三身)이 청정하여 나기 전의 광명이 고요히 비추며 생멸이 없음과 같다. 이를 이름하여 불생불멸(不生不滅)이라고 한다.

安靜頸 嚛字
一切法無相無所得義也 解云 嚛是如來盡相門 三

身永滅同虛空 虛空自性無分別 由是名稱無所得

「례」 목에다 안치한다.

「례」자는 일체법에 모양도 없고 얻을 바도 없다는 의미이다. 해석하여 말한다. 「례」자는 여래의 진상문이다. 삼신이 길이 멸하여 허공과 같으니 허공의 자성은 분별이 없는 것이다. 이 때문에 얻을 바가 없다고 한다.

安於心 住字
一切法無生無滅義也 解云 注是如來至靜門 比彼

虛空不動轉無動之心 無增無滅 由是各爲無生無滅
_{허공불동전무동지 심 무증무감 유시각위무생무멸}

「주」 심장에 안치한다.

「주」자는 일체법에 남도 없고 멸함도 없다는 의미이다. 해석하여 말한다.

「주」자는 여래의 지정문(至靜門)이다. 차피(此彼)에 허공은 움직이거나 구르지 않듯이 동함이 없는 마음엔 늚도 없고 줆도 없다. 이 때문에 남도 없고 멸함도 없다고 한다.

安兩肩嚇字 一切無垢義也 解云 嚇是 如來本靜門 本靜之心
_{안양견례자 일체무구의야 해운 례시 여래본정문 본정지심}

無新靜不後 由是更靜無無垢
_{무신정불후 유시경정무무구}

「례」 두 어깨에 안치한다. 「례」자는 일체법에 더러운 때가 없다는 의미이다.

「례」자는 여래의 본정문이다. 본래 고요한 마음엔 새삼스럽게 고요한 마음이 없기에 뒤를 보지 않는다. 이 때문에 더러운 때가 없다는 것도 없다고 거듭 칭한다.

쥰

安臍中 准字 一切無等義也 解云 准是如來過重門 有何分別
안제중 준자 일체무등의야 해운 준시여래과중문 유하분별

等正中 等無等等 心本無計 由是名爲無等覺
등정중 등무등등 심본무계 유시명위무등각

「쥰」 배꼽 중앙에 안치한다.

「쥰」자는 일체법이 무등(無等)하다는 의미이다. 어찌 분별이 있겠는가. 등정각(等正覺) 중엔 등(等)이 무드등등(無等等)하여 마음에 본래 헤아림이 없다. 이 때문에 무등각(無等覺)이라고 한다.

제

安兩腋 提字 一切法無取無捨義也 解云 提是如來沒重之心 無
안양액 제자 일체법무취무사의야 해운 제시여래몰중지심 무

善惡 無善惡時 無差別 由是名爲無取捨
선악 무선악시 무차별 유시명위무취사

「제」 두 겨드랑이에 안치한다.
「제」자는 일체법이 취할 것도 없고 버릴 것도 없다는 의미이다. 해석해서

말한다。「쳬」자는 여래의 몰량문(沒量門)이다。한량이 없는는 마음엔 선악이 없
다。선악이 없을 때는 차별이 없다。이 때문에 취사가 없다고 한다。

安兩脛 娑婆字 一切法平等無言說義也 解云 娑婆是如來 大
안양경 사바자 일체법평등무언설의야 해운 사바시여래 대

定門 大定無相 本無名無相絶比諭 由是名爲無言說
정문 대정무상 본무명무상절비유 유시명위무언설

「사바」는 여래의 대정문(大定門)이다。대정(大定)은 모양이 없다。본래 이름도
없고 모양도 없기에 비유를 끊었다。이 때문에 언설이 없다고 한다。

「사바」자는 일체법이 평등하여 언설이 없다는 의미이다。해석해 말한다。

「사바」두 다리에 안치한다。

安兩足 訶字 一切法無因無果義也 解云 訶是如來絶證門 絶證
안양족 하자 일체법무인무과의야 해운 하시여래절증문 절증

之時 無先後 般若非本 赤非末 由是名爲無因無果
지시 무선후 반야비본 적비말 유시명위무인무과

「하」자는 일체법이 인(因)도 없고 과(果)도 없다는 의미이다。해석해 말한다。

「하」두 발에 안치한다。

「하」는 여래의 절증음문(絕證門)이다. 절증할 때에는 시간적으로 앞도 뒤도 없으며 반야는 근본도 지말도 아니다. 이 때문에 무인무과(無因無果)라고 한다.

또 상상으로 안포한 후에 모름지기 각 눈마다 일백팔 편씩 염송한다.

又想安布 然後 須念各眼
(우상안포 연후 수념각안)

○ 唵啊吽儀解
(암아훔의 해)

옴아훔의 의미 해석

頂上 [梵] 字則菩提不動也 口中 [梵] 字則不生般若也胸中 [梵] 字則觀四
(정상 / 자즉보리부동야 / 구중 / 자즉불생반야야흉중 / 자즉관사)

六法界也 又 [梵]唵字則 百萬乾坤一是呑也 阿字則 山河大地萬像森羅萬行
(육법계야 / 우 / 옴자즉 / 백만건곤일시탄야 / 아자즉 / 산하대지만상삼라만행)

覺也 吽字則一念不動遠源之到家也 又云 人人不知梵字 漢字是得 是
(각야 / 훔자즉일념부동원지도가야 / 우운 / 인인부지범자 / 한자시득 / 시)

外道人也 梵字者 字字點點 皆舍利也 可學梵書 如諺一一奉行始得矣
(외도인야 / 범자자 / 자자점점 / 개사리야 / 가학범서 / 여언일일봉행시득의)

정상(頂上)의 옴(唵)자는 보리(菩提)가 동하지 않는다는 것이며, 입속의 아(阿)자는 생멸하지 않는 반야이며, 가슴속의 흠(吽)자는 사륙법계(四六法界)를 관하는 것이다. 또 옴(唵)자는 백만의 건곤(乾坤)을 일시에 삼키는 것이며, 아(阿)자는 산하대지 삼라만상 만행(萬行)의 깨달음이며, 흠(吽)자는 한 생각도 동하지 않아 근원으로 돌이켜 자기 집에 도달한다는 것이다.

또 말한다. 사람마다 범자(梵字)를 알지 못하고 한자만을 옳게 여긴다면 외도인(外道스)이다. 범자는 글자마다 점점이 사리(舍利)이다. 때문에 범자를 배워 한글과 같이 일일이 받들어 행함이 옳을 것이다.

入悉地
입 실 지

아(阿) 바(嚩) 라(囉) 하(訶) 카(佉)

此五字 皆同上釋 一無着別 以行證爲異耳 謂上 之五字 各加上點
차오자 개동상석 일무착별 이행증위이이 위상 지오자 각가상점

是大空證果之義 此之五字 各加傍書 是爲萬行普賢法界 能呪枝葉 遍
시대공증과지의 차지오자 각가방서 시위만행보현법계 능주지엽 편

滿光明 入佛法界 故明爲入 此爲報身成就之義 故請佛文云 金剛蓮華
만광명 입불법계 고명위입 차위보신성취지의 고청불문운 금강연화

藏世界 不可設 究竟圓滿 無礙大藏 塵沙威德身 阿縛羅訶佉 法界主
장세계 불가설 구경원만 무애대장 진사위덕신 아박라가구 법계주

盧舍那佛 是爲大日王萬法之王
노사나불 시위대일왕만법지왕

이 다섯 글자는 모두 위의 해석과 같아 조금의 차별도 없기에 행증(行證)으로 차이를 여길 뿐이다. 말하자면 위의 다섯 글자에 각각 점을 더한다고 하는데 이는 대공증과(大空證果)의 의미이다. 이 다섯 글자의 각각 결의 획을 더하면 이것이 만행(萬行)의 보현법계(普賢法界)가 되기에 가지와 잎을 낳을 수 있고 광명(光名)을 두루 가득차게 해불법계(佛法界)에 들어갈 수 있기 때문에 입(入)이라고 한다. 이는 보신(報身)을 성취한다는 뜻이 되기 때문에 청불문(請佛文)에는 금강연화장세계(金剛蓮華藏世界) 구경원만(究竟圓滿) 무애대장(無礙大藏) 진사위덕신(塵沙威德身) 아바라하아카(阿縛羅訶坎) 법계주(法界主) 노사나불(盧舍那佛) 아바라 하 카법계(阿嚩羅訶佉法界) 주원만보신노사나불(主圓滿報身盧舍那佛)이라 하였으니 이가 대일왕(大日王)으로 만법(萬法)의 왕이 된다.

젼아(阿) ㅈ라(囉) ㅈ바(縛) ㅈ자(左) ㅈ나(那)

此五字義 具如文殊五智字陀羅尼經設 是文殊五智 皆如秘悉地中五
차오자의　구여문수오지자다라니경설　시문수오지　개여비실지중오

字之義 次第能生一切智慧故名爲出 此爲化身成就之義 故請佛文云娑
자지의　차제능생일체지혜고명위출　차위화신성취지의　고청불문운　사

婆世界 主化現無邊不稱數五獨劫中減壽百歲 阿羅縛左那一代教主釋迦
바세계　주화현무변부칭수오독겁중감수백세　아라박좌나일대교주석가

牟尼佛 是位一切佛母 又云報身故爲普賢行願 化身爲文殊智慧 合生法
모니불　시위일체불모　우운보신고위보현행원　화신위문수지혜　합생법

身 故文殊云我與大日王 於無央數劫中 産生 十八菩薩 五十五善知識
신　고문수운아여대일왕　어무앙수겁중　산생　십팔보살　오십오선지식

四十大將 堅牢地神 俾令麴育擁護無量衆生也 金剛頂梵本經云 十方갈
사십대장　견뢰지신　비령국육옹호무량중생야　금강정범본경운　시방 갈

中所有眞言 雖千萬億 唯有此三身眞言五字功德 不可比量 然若 誦秘
중소유진언　수천만억　유유차삼신진언오자공덕　불가비량　연약 송비

密悉地一遍 如轉大藏經一千遍 若誦入悉地一遍 如轉大藏經一千遍 若
밀실지일편　여전대장경일천편　약송입실지일편　여전대장경일천편　약

誦出悉地一遍 如轉大藏經一千遍 故云 觀照理性 骨堅體健 永無災障

及諸病苦 攝養長壽 或本師受如法布位 或輪王頂上戴乎天 冠中威布

千里萬國同泰 或守鎭摠戎 角之上題字 嚴擊聲遠開 妖氣潛滅 土地

神지 皆大歡喜風 調雨順 苗稼洪潤 人無災病 或念誦加持 戰鼓角之上

彼軍自生降伏 不損一人也

이 다섯 글자의 뜻은 문수오지자라경(文殊五智字羅經)에서 설한 바와 같이 갖추어져 있다. 문수의 오지(五智)는 모두 비밀실지(祕密悉地) 가운데 다섯 글자의 뜻과 같다. 일체의 지혜를 낼 수 있기 때문에 출(出)이라 한다.

이는 화신(化身)을 성취한다는 뜻이다. 그러므로 청불문에는 말하길 사바세계계주 화현무변 불가징수 오탁겁중 감수백세 아라바나 일대교주 석가모니불(娑婆世界主 化現無邊 不可稱數 五濁劫中 減壽百歲 阿羅縛左那 一代敎主 釋迦牟尼佛)이라 했는데 이것이 일체불모(一切佛母)이다. 또한 말하길 보신(報身)이기 때문에 보현(普賢)의 행원(行願)이 되고 화신(化身)

은 문수의 지혜가 되며 이를 합하여 법신(法身)을 낸다고 하였다. 그러므로 문수가 말하

길 나는 대일왕(大日王)과 함께 셀 수 없는 겁(劫) 동안 십팔보살(十八菩薩)과 오십오선지

식(五十五善知識) 사십대장(四十大將) 견뇌지신(堅牢地神)을 산생(産生)하여 한량없는 중생을

기르고 옹호하게 하였다고 했다. 금강정범본경(金剛頂梵本經)에는 시방의 게송 가운데 있

는바 진언이 천만억이라 해도 이 삼신진언(三身眞言)과 오자공덕(五字功德)에는 비량(比量)

이 되지 않는다고 하였다. 비밀실지(秘密悉地)를 한 편 외우면 대장경 일천 번을 외운

것과 같으며 입실지(入悉地)를 한 편 외우면 대장경 일천 편을 외운 것과 같으며 출실지

(出悉地)를 한 편 외우면 대장경 일천 편을 외운 것과 같으니라.

그러므로 이르길 이성(理性)을 관조하면 뼈와 몸이 강건하여 재앙 장애 병고(病苦)가

영원히 없어지고 섭양(攝養)하여 장수하게 된다. 혹은 본사(本師)에게 여법(如法)하게

포위(布位)를 받기도 하며 혹은 전륜왕의 정상(頂上)에 하늘을 이고 관(冠) 속에서 위엄

을 떨치면 천리만국(千里萬國)이 함께 편안하며 혹은 진지를 수비하는 총대장이 북과

호각위에 글자를 쓰고 장엄하여 치는 소리가 멀리 들리면 요망한 기운은 소리 없이

소멸하고 토지의 신기(神祇)도 모두 크게 환희한다. 그리하여 바람도 비도 순조로워

심은 곡식은 윤택하고 사람에겐 재앙과 질병이 없으며 호각 위에 가지(加持)하면 상대

방 군사가 스스로 항복하여 한 사람도 손상하지 않는다고 하였다.

五傘蓋

오산개

唯此五方色與五寶瓶方色定其位相同表圓融法門耶

이 다섯 일산의 방향색과 다섯 보배병의 방향색은

오로지 정해진 위치가 동일한데 원융한 법문을 표시하는 것이다.

白蓋瓶 灌頂則 滅十不善業 爲其白業一切煩惱 種子消滅無餘 青蓋

瓶 灌頂 獲一切勝事圓滿 黃蓋瓶 灌頂 黃一切世間出世間珍寶圓滿 紅

蓋瓶 灌頂 一切吉祥悉能解悟一切諸法綠蓋瓶 灌頂 得一切功德具足

백개병(白蓋瓶)으로 관정하면 십불선업(十不善業)을 소멸하는데 그 백업(白業)이 모든

번뇌(煩惱)의 종자(種子)를 없애 남기지 않게 된다. 청개병(青蓋瓶)으로 관정(灌頂)하면

모든 수승한 일이 원만해진다. 황개병(黃蓋瓶)으로 관정(灌頂)하면 모든 세간 출세간의

진귀한 보배를 원만히 얻는다. 홍개병(紅蓋瓶)으로 관정(灌頂)하면 모두가 길상하고 능

히 모든 법을 이해하고 깨닫는다. 녹개병(綠蓋瓶)으로 관정(灌頂)하면 모든 공덕을 구

족하게 얻는다.

服藏所入諸色 着此 諸色目線 一一 預備可矣
복장소입제색 착차 제색목록 일일 예비가의

東 方鏡 青絹 輪 報身 字 化身 彐字 青絹輪 字 青色馬瑙
동 방경 청소 류 보신 자 화신 자 청소류 자 청색마노

寶瓶 大麥 生金 人參 青木香 大黃 蒔蘿青介 青彩幡 青線 青時
보병 대맥 생금 인삼 청목향 대황 시라청개 청채번 청선 청시

花 矩舍草 青蓋 青帛杵
화 구사초 청개 청백저

南 三角鏡 紅絹 輪 報身 字 和身 字 紅絹輪 字 黃色 摩
남 삼각경 홍소 류 보신 자 화신 자 홍소류 자 황색 마

尼寶瓶 稷 眞珠 甘草 丁香 雄黃 柴芥 紅彩幡 紅線 紅時花 楸樹
니보병 직 진주 감초 정향 웅황 시개 홍채번 홍선 홍시화 추수

葉 麻訶矩舍草 黃蓋 紅帛杵
엽 마가구사초 황개 홍백저

西 圓鏡 白絹 輪 報身 字 化身 字 白絹輪 字 紅色 珊瑚
서 원경 백소 류 보신 자 화신 자 백소류 자 홍색 산호

寶瓶 稻 生銀 桂心 藿香 小黃 白芥 白彩幡 白線 白時花 夜合樹
보병　도　생은　계심　곽향　소황　백개　백채번　백선　백시화　야합수

葉 室利矩舍草 紅蓋 白帛杵
엽　실리구사초　홍개　백백저

北
북
半月鏡 黑絹 輪 報身 字 化身 字 黑絹輪字 錄色琉璃
반월경　흑소　류　보신　자　화신　자　흑소류자　록색유리

報瓶 菉豆 琉璃 訶梨 沉香 雌黃 蔓菁芥字 黑彩幡 黑線 黑時花
보병　록두　유리　가리　침향　자황　만청개자　흑채번　흑선　흑시화

梧桐樹葉 蕊蔿矩舍草 綠蓋 黑帛杵
오동수엽　필추구사초　록개　흑백저

中
중
圓鏡 黃絹 輪 報身 字 化身 字 黃消輪 字 白色水晶
원경　황소　류　보신　자　화신　자　황소륜　자　백색수정

寶瓶 麻字 琥珀 附子 亂香 牛黃 黃芥 黃彩幡 黃線 黃時花 檉樹
보병　마자　호박　부자　란향　우황　황개　황채번　황선　황시화　정수

葉 悉黨矩舍草 白蓋 黃帛杵
엽　실당구사초　백개　황백저

복장에 들어가는 예비 목록

동방경 청소 ○류 보신 ○자 화신 ○자 청소류 ○자 청색마노보병 대맥 생금
인삼 청목향 대황 시라청개 청개번 청시화 향수엽 구사초 정개 청백저.

남 삼각경 홍소 ○류 보신 ○자 화신 ○자 홍소류 ○자 황색마니보병
직 진주 감초 정향 응황 자개 홍채번 홍선 홍시화 추수엽 마하구사초 황개
홍백저.

서 원경 백소 ○류 보신 ○자 화신 ○자 백소류 ○자 홍색산호보병 도생은
계심 곽향 소황 백개 백채번 백선 백시화 야합수엽 실리구사초 홍개 백백저.

북 반월경 흑소 ○류 보신 ○자 화신 ○자 흑소란자 녹색 유리보병 녹두 유리
아리 침향 자향 만청개자 흑채번 흑선 흑시화 오동수엽 필사구사초 녹개
흑백저.

증 원경 황소 [梵] 자 화신 [梵] 자 황소류 [梵] 자 백색수정보병 마자 호박

부자 유황 우황 황개 황채번 황선 황시화 정수엽 실당구사초 백개 황백저.

一切如來全身舍利寶篋眞言
일체여래전신사리보협진언

白絹金書若干
백초금서약간

흰 비단에 금으로 약간을 쓴다.

唵 縛 日羅 婆 舍 迦 哩 哦 那 牟 羅 吽
옴 바 아라 바 샤 가 리 아 나 맘 라 흠

[梵字]

生紙書諸梵書若干佛腹盛爲限
생지서제범서약간불복성위한

생지(生紙)에다 금(金)으로 범서(梵書)를 써서 부처님 복장에다 성대히 채우는 것으로

한정한다.

兩面圓鏡
양면원경

二介 一介筒內五瓶低安之 一介五瓶口覆之
이개 일개통내오병저안지 일개오병구부지

원경(圓鏡)은 오보병의 각각 위 아래에 안치한다.

백소(白綃)로 2개를 만드는데 하나는 하면원경(下面圓鏡)으로 오병(五瓶) 아래 안치하

고、하나는 상면원경(上面圓鏡)으로 오병의 입구를 덮는 것이다.

五色線
오색선

長十尺 隨方色係五瓶口 畢竟合爲一絡 上出喉鈴筒八葉蓋口 又突出
장십척 타방색계오병구 필경합위일락 상출후령통팔엽개구 우돌출

八葉大紅蓮中央 又穿天圓中央畢竟 又上出黃綃幅子外 橫堅環結後 以
팔엽대홍연중앙 우천천원중앙필경 우상출황소폭자외 횡견환결후 이

准提呪竪裏 以法印呪橫緘 證明 某 謹封
준제주수리 이법인주횡함 증명 모 근봉

길이 열 자 방향의 색을 따라 오병(五瓶)의 입에 매고 끝나면 합해 한 선으로 만든

다。그리곤 후령통(喉鈴筒)의 팔엽개(八葉蓋) 입구로 나오게 한다。또한 팔엽개의 대연

화(大蓮花)의 중앙을 뚫고 또 천원(天圓)의 중앙을 뚫는다. 이것이 끝나면 황소폭자(黃絹幅子) 밖으로 나오게 하여 가로 세로로 두루 결합한 다음 준제주(准提呪)를 세로의 속에 법인주(法印呪)를 가로로 함봉하고 증명인 아무개는 삼가 봉안한다 라고 한다.

본문에 혹 오십 자라 한 것은 단장(壇場)을 결계(結界)할 때 쓴다.

本文或五十尺云者 結界壇場用之
본문혹오십척운자 결계단장용지

黃絹幅子一 황소폭자 하나
황소폭자일

方一尺五寸許也 사방한 자 오 척이면 된다.
방일척오촌허야

願文一度作成 원문 하나 작성(록기문).
원문일도작성

靑絹紅書 證明諸師 梓匠 給侍 檀越 緣化見開 隨喜助緣者 一一備
청소홍서 증명제사 재장 급시 단월 연화견개 수희조연자 일일비

書爲可之
서위가지

106

푸른 비단에 붉은 글씨로 증명한 모든 스님、만든 사람、심부름한 사람、신도、연

화(緣化)를 보고 듣고 따라 기뻐하여 도운 사람들을 일일이 기록하여 작성한다。

舍利七粒
사리칠립

以水晶琉璃等寶 大用之
이수정유리등보 대용지

수정 유리같은 보석으로 대용해도 된다。

舍利盒
사리합

圓二三分造之亦具八葉蓋
원이삼분조지역구팔엽개

둥글게 이삼분쯤으로 만들고 또한 팔엽개(八葉蓋)를 갖춘다。

喉鈴筒
후령통

具八葉蓋 蓋上中央通喉穴 筒體形可容五瓶許造之 塑像用圓圓瓶 書
구팔엽개 개상중앙통후혈 통체형가용오병허조지 소상용원원병서

팔엽개(八葉蓋)를 갖춘다。팔엽개의 위 중앙에 후혈(喉穴)을 통하게 하고 통의 체형은 오병(五瓶)을 용납할 정도로 만든다。소상(塑像)에는 둥근 통을 쓰고 탱화에는 모난 통을 쓴다。통 밖의 사면(四面)에는 사방주(四方呪)를 써서 사방을 표시한다。통의 덮개는 방위를 따라 진심종자(眞心種子)를 쓰되 조심하여 방위에 어긋나지 않도록 한다。

幀用方筒 筒外四面 書四方呪表四方 筒蓋隨方位書眞心種子 愼 勿着
정용방통 통외사면 서사방주표사방 통개수방위서진심종자 신 물착

謬方位也
류방위야

四方呪
사방주

筒外蓋書之 통 밖 상 덮개에 방향에 맞추어 쓴다。
통외개서지

東 阿 南 摩 西 羅 北 訶 범서로 쓴다。
동아 남마 서라 북하

五寶瓶內納入物目
오보병내납입물목

○ 후령통을 조성하는 데 있어 핵심적인 의식은 오보병을 조성하는 것이다. 오보병은 각 방위에 맞는 다섯 종류의 보병이며, 다섯 보병 안에 각각 열세 가지 물목을 납입한다. 오보병 안에 들어가는 물목은 오곡 오보 오약 오향 오황 오개자 오채번 오색사 오시화 오보리수엽 오길상초 오산개 오금강저로서, 이들은 각 방위와 계절, 색깔에 맞는 물목들이다. 열세 가지 물목들을 오방에 맞추어 보병에 납입, 각각 오색사로 방향에 맞추어 입구를 매고 오색을 각 합사하여 오보병을 단단하게 묶어 후령통에 납입 준비한다.

五方經
오방경

東方鏡　南三角鏡　西圓鏡　北半月鏡　中圓鏡
동방경　남삼각형　서원경　북반월경　중원경

若無金銀 代以好紙造成也 四方鏡 筒外隨方方懸之 中方鏡 筒低安
약무금은 대이호지조성야 사방경 통외수방방현지 중방경 통저안

之然安能懸之 膠粘無放也
지 연 안 능 현 지 교 점 무 방 야

만약 금이나 은이 없으면 좋은 종이로 대신 만든다. 사방경(四方鏡)은 통 밖에 방향

을 따라서 걸고 중방경(中方鏡)은 통 밑에 봉안한다. 그러나 어찌 그것을 걸 것인가.

아교(접착)로 붙여도 무방하다.

五方瓶
오 방 병

東 青色瑪瑙寶瓶
동 청색마노보병

南 黃色摩尼寶瓶
남 황색마니보병

西 紅色珊瑚寶瓶
서 홍색산호보병

北 綠色琉璃寶瓶
북 녹색유리보병

中 白色水晶寶瓶
중 백색수정보병

만약에 칠보가 없으면 오색종이로 대신 조성한다. 그 형은 두 치 반쯤으로 만든

다. 이 보병과 다섯 방향색을 위치를 바꾸면 원융할까.

七俱胝佛母大准提陀羅尼
칠구지불모대준제다라니

唵 左 隷 注 隷 准 提 娑婆 訶
옴 자 례 주 례 주 제 사바 하

ॐ ... (범자)

朱書准提呪二件 一件布字輪書而入喉鈴筒之內 一件黃消幅子畢裏
주서준제주이건 일건포자륜서이입후령통지내 일건황소폭자필리

後先此呪低大小稱幅子體一周回許裁之可也
후선차주저대소칭폭자체일주회허재지가야

준제주(准提呪)를 붉게 두 건을 쓴다. 한 건은 윤서(輪書)로 배열하여 후령통(喉鈴筒) 안에 붙인다. 또 한 건은 황소폭자(黃絹幅子)로 싼 후에 우선 이 주문을 폭자(幅子)에 세로로 싼다. 주문의 밑은 크고 작기가 들어맞는 폭자의 몸을 한 바퀴쯤 두르게 마름하면 된다.

文殊菩薩法印能消定業陀羅尼
문수보살법인능소정업다라니

唵 婆 計 陀 那 摩 娑 婆 訶
옴 바 계 타 나 마 사 바 하

陀羅尼集第六卷云 畢藏後此呪印封能消定業也黃絹幅子畢裹 後當以
다라니집제육권운 필장후차주인봉능소정업야황소폭자필리 후당이

此呪橫裏 基緘縫面書證明基謹封 呪低廣狹長短稱幅子之體一周回許裁
차주횡이 기함봉면서증명기근봉 주저광협장단칭폭자지체일주회허재

之愼勿過不及之弄誤
지신물과부급지롱오

다라니집 제6권에는 간직한 뒤에 이 주문을 인봉(印封)하면 정업(定業)을 소멸한다고 하였다. 황소폭자(黃絹幅子)로 다 싼 뒤에 이 주문을 가로로 싸고 그것을 함봉한 면에 증명인 아무개는 삼가 봉한다고 쓴다. 주문의 밑은 넓이 및 길이가 폭자의 몸에 맞도록 한 바퀴 두를 쯤 마름하여 넘치거나 모자라지 않도록 삼가야 한다.

一體如來全身舍利寶篋眞言
일체여래전신사리보협진언

文殊菩薩法印能消定業陀羅尼
문수보살법인능소정업다라니

七俱胝佛母大准提陀羅尼
칠구지불모대준제다라니

원문(願文)(錄記問) 원문(願文)과 증명(證明)한 금어연화대중(金魚緣化大衆)과 단월(檀越)

등을 푸른 천에 붉은 색으로 하나하나 글씨를 준비한다.

황소폭자(黃綃幅子) 규격(規格) 사방(四方)이 약 一尺 五寸이다.

如上腹藏諸物名目一百零數　子細尋察　一一預備　各封表其名　次第安

排於几床上　依下經文儀例　如法入藏愼勿臨時闕然錯亂顚倒也如　或腹

藏數多　如上諸物　依數增備　以一倒多　勿爲欠少苟且之境也又次喉鈴

筒內安立次第　黃綃幅子內安立次第　在下文也

위와 같이 복장하는 물건의 명목은 백여 가지나 된다. 자세히 살펴서 일일이 미리

준비하고 각각 그 명칭을 표시하여 차례대로 책상 위에 안배한다.

아래의 경문의례(經文儀禮)에 의하여 임시로하여 빠지거나 서로 뒤섞여 전도되지 않

도록 해야 한다. 혹 복장의 수가 많더라도 위와 같은 여러 물건을 수에 따라 늘려 준

비해 하나로써 많은 것에 비례할 것이며 부족하게 하거나 구차하게 해서는 안 된다.

또 후령통(喉鈴筒) 안에 안립(安立)하는 차례와 황소폭자(黃綃幅子) 내에 안립하는 차례

는 아래 문장에 있다.

腹藏壇衆會議
복장단중회의

腹藏造成之日先擇如識少門五員爲五方法師　又令善誦腹藏眞言少門
복장조성지일선택여식소문오원위오방법사　우령선송복장진언소문

二三員　爲誦呪法師　嚴淨道場肅静壇法　阿闍利　以吉祥草　分布十一位
이삼원　위송주법사　엄정도량숙정단법　아사리　이길상초　분포십일위

於壇中　先安八方草　稍向東　次安三位草於八方草之間稍向身皆表法也
어단중　선안팔방초　초향동　차안삼위초어팔방초지간초향신개표법야

阿闍利　以吉祥草　洒香水於諸弟子之身　令入道場　及洒於壇中諸物　表
아사리　이길상초　세향수어제제자지신　령입도량　급세어단중제물　표

結其淨方及滅障染也若佛事不廣　則亦可以知識一人總任五方法師之事
결기정방급멸장염야약불사부광　즉역가이지식일인총임오방법사지사

又　以誦呪一人亦能誦諸眞言　成就佛事矣　見其佛事廣略而設也　所謂佛
우　이송주일인역능송제진언　성취불사의　견기불사광략이설야　소위불

法隨時　此之謂也
법수시　차지위야

복장을 조성하는 날 우선 선지식(善知識)스님 다섯 명을 택하여 오방법사(五方法師)로

삼고 복장 진언을 잘 외우는 스님 두세 명으로 송주법사로 삼고 도량을 엄정히 하고

단법(壇法)을 정숙히 한다. 아사리는 길상초를 단 가운데 십일위(十一位)로 봉안하되 먼저 팔방초(八方草)를 봉안하여 점점 동쪽으로 향하게 하고 다음 팔방초 사이에 삼위(三位)를 봉안하여 점점 몸으로 향하게 하는데 모두가 법을 표한 것이다. 아사리는 길상초로 모든 제자들의 몸에 향수를 뿌려 도량에 들어가게 하고 또한 단 가운데 모든 물건에도 뿌리니 정방(淨方)을 결성하고 번뇌의 더러움을 없애는 것을 표하는 것이다. 만약에 불사(佛事)가 광대하지 않으면 또한 선지식 한 사람으로 오방법사의 일을 모두 맡아도 되고 송주법사 한 사람이 모든 진언을 외울 수 있다면 불사는 성취하는 것이다. 그 불사의 광대함과 간략함을 보아 시설한다. 소위 불법(佛法)이 때를 따른다 함은 이를 말하는 것이다.

妙吉祥大教王經
묘길상대교왕경

沙門 慈賢 譯

爾時 彌勒菩薩 共說偈言 白佛言 世尊 我等得見此壇作法 何行願修
이시 미륵보살 공설게언 백불언 세존 아등득견차단작법 하행원수

此法門 世尊告白 汝等先授 五瓶灌頂 當爲汝說秘要法門 彌勒菩薩等
차법문 세존고백 여등선수 오병관정 당위여설비요법문 미륵보살등

開是語已 白佛言 世尊 大慈哀愍我等 願授灌頂 世尊告白 汝等求受灌
개시어이 백불언 세존 대자애민아등 원수관정 세존고백 여등구수관

頂 吾爲汝等加持 五瓶 四寶末 五河水 五香末 五穀 五種子 五藏物
정 오위여등가지 오병 사보미 오하수 오향말 오곡 오종자 오장물

五色彩 五菩提樹葉 五時華 五吉祥草 五色線 五傘盖 生飯三分
오색채 오보리수엽 오시화 오길상초 오색선 오산개 생반삼분

묘길상대교왕경

사문 자현 역함

그때에 미륵보살이 게송을 말하며 부처님께 말씀드렸다. 세존이시어, 저희들은 이 단(壇) 만드는 법을 보았습니다만 어떤 행원으로 이 법문을 수행해야 합니까. 세존께

서 말씀하셨다. 너희들은 먼저 오병(五瓶)의 관정(灌頂)을 받도록 하라. 너희들을 위하여 마땅히 비요법문(秘要法門)을 설하리라. 미륵보살 등은 이 말씀을 듣고 나서 부처님께 말씀드렸다. 세존이시어, 대자비로 저희들을 불쌍히 여겨 주십시오. 관정을 주시기 바라옵니다. 부처님께서 말씀하시었다. 너희들이 관정 받기를 구하니 나는 너희들을 위해 오병(五瓶) 사보말(四寶末) 오하수(五河水) 오향말(五香末) 오곡(五穀) 오종자(五種子) 오장물(五藏物) 오색채(五色彩) 오보리수엽(五菩提樹葉) 소시화(五蒔花) 오길상초(五吉祥草) 오색선(五色線) 오산개(五傘蓋) 생반삼푼(生飯三分)을 가지(加持)하리라.

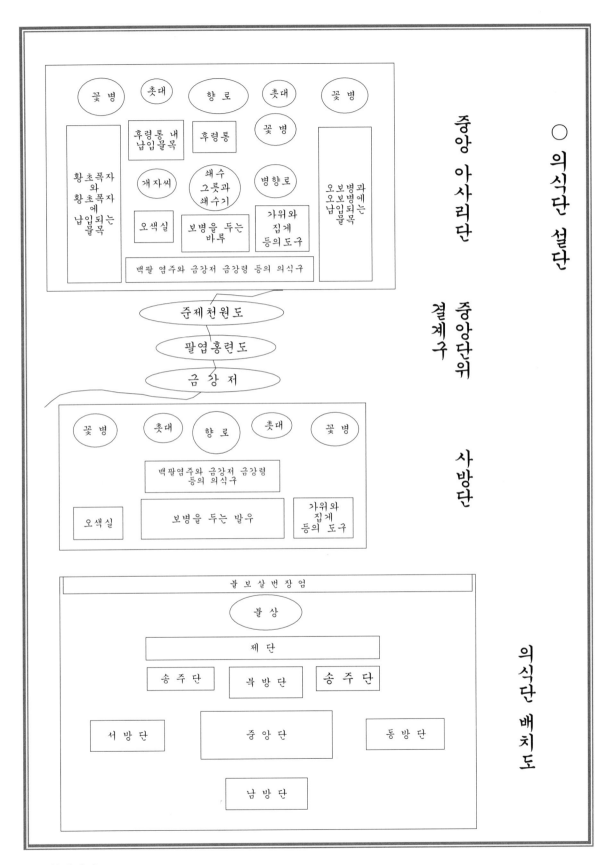

○ 의식단 설단

중앙 아사리단

| 꽃병 | 촛대 | 향로 | 촛대 | 꽃병 |

황초폭자와 황초폭자에 납입되는 물목	후령통 내 납입물목	후령통	
			꽃병
	개자씨	쇄수 그릇과 쇄수기	병향로
	오색실	보병을 두는 바루	가위와 집게 등의 도구	오보병과 오보병에 납입되는 물목

백팔 염주와 금강저 금강령 등의 의식구

중앙단위 결계구

준제천원도

팔엽홍련도

금 상 저

사방단

| 꽃병 | 촛대 | 향로 | 촛대 | 꽃병 |

백팔염주와 금강저 금강령 등의 의식구

| 오색실 | 보병을 두는 발우 | 가위와 집게 등의 도구 |

의식단 배치도

불보살번장엄

불 상

제 단

| 송 주 단 | 북 방 단 | 송 주 단 |

| 서 방 단 | 중 앙 단 | 동 방 단 |

남 방 단

○ 의식단 배치

의식단의 중앙에는 황색을, 동쪽에는 녹색, 남쪽에는 적색, 서쪽에는 백색, 북쪽에는 청색으로 설단하고 있으나 본 권은 조상경을 준하여 방향 색상을 둔다.

[조상경]에는 동방에 청색, 남방에 홍색, 서방에 백색, 북방에 흑색을 둔다고 하였으나 증기 밀교와 고려시대 복장유물에 맞춰 동방과 북방에 색을 달리 두었다.

1. 중앙 아사리단(中央阿闍梨壇)

중방 아사리단은 황색이며 같은 색의 꽃과 꽃병을 세 개 올려 장엄한다. 중앙단에는 병향로, 쇄수기, 금강저, 금강령, 염주 등의 의식구 외에도 후령통에 들어가는 모든 물목을 올려놓는다. 조상경에 발우에 칠 홉의 쌀을 담아 두라고 하였는데, 이것은 보병을 올려놓기 위함이다.

의식단 사방과 조성된 불상을 결계한 오색을 천장에서 의식단 정중앙인 아사리단 위에서 천원, 팔엽, 금강저 결계하여 마무리한다.

중앙단 위 결계구 차림표 천원 팔엽 금강저 결계 사방단(四方壇)

120

의식단설단(儀式壇設壇)

복장의식을 하기 위해서 가장 먼저 단을 차리는데 이를 설단(設壇)이라 한다.

사찰에서 의식을 행할 때는 법당 안에서 의식을 실행하므로 단을 결계(結界)하지 않아도 되지만 사찰에서 행하지 않을 경우 단 사방(四方)을 진언(眞言)과 오색사(五色絲)실로 결계(結界)한다. 의식을 행하기 앞서 단을 결계하고 불보살(佛菩薩)을 청하는 의식을 하는데 이를 위해 상단에 불보살번(幡)을 옹호단(壇)에 신중번(幡)을 삼화상(三和尙)단에 삼화상 번(幡)을 걸어 단을 세운다. 복장의식이 이뤄지는 단은 도량의 정 중앙에 각 방위에 맞게 꾸려진다. 복장단의 동쪽에 삼화상 단을 설단하고, 단장 바깥으로 생반(生飯) 삼분(三分)을 하기 위한 제단을 꾸린다. 단(壇)이란 범어에 말하기를 만나라(曼拏羅)라고 했다. 여기서 말하는 정단이란 모든 도량(道場)을 열 때 단(壇)을 세우는 까닭은 결계호사(細界護邪)를 위해서이다. 그러므로 지금 먼저 정중앙에 팔각단(八角壇)을 세우는 것은 팔정(八正)을 체구(體具)했음을 표한 것이다. 단 위에는 길상초로 십일위(十一衛)를 나누었다. 팔위(八位)를 팔방(八方)에 안치한 것은 네 부처와 네 보살을 표한 것이다. 길상초를 조금 동쪽과 북쪽으로 향하게 한 것은 원(圓)、창(彰)、사고(四枯)—북 사영(四榮)등 의 팔행(八行)이다. 중앙에 삼위(三位)를 안치한 것은 삼보(三寶)와 삼신(三身)을 표한 것이다. 길상초를 조금 몸 가까이 한 것은 몸 위에 본래 열반삼덕(涅槃三德)이 구현되었음을 표한 것이다.

● 莊嚴幡順次
장엄번순차

菩薩幡

① 南無道場教主 觀世音菩薩
나무도량교주 관세음보살

② 南無五部大曼多羅會上諸大菩薩摩訶薩
나무오부대만다라회상제대보살마하살

③ 南無喜鬘歌舞 內四供養菩薩
나무희만가무 내사공양보살

④ 南無北方業護牙眷 四大菩薩
나무북방업호아권 사대보살

⑤ 南無南方普光幢笑 四大菩薩
나무남방보광당소 사대보살

⑥ 南無中央寂而常照部 寶法羯摩 四婆羅密菩薩
나무중앙적이상조부 보법갈마 사바라밀보살

122

⑦ 南無西方蓮花部　妙觀察智　三摩地主　觀自在如來佛
나무서방연화부　묘관찰지　삼마지주　관자재여래불

⑧ 南無東方今剛部　大圓鏡智　加持主　阿閦如來佛
나무동방금강부　대원경지　가지주　아촉여래불

⑨ 南無大教主　清淨法身　毘盧遮那佛
나무대교주　청정법신　비로자나불

⑩ 南無法界主　圓滿報身　盧舍那佛
나무법계주　원만보신　노사나불

⑪ 南無娑婆教主　千百億化身　釋迦牟尼佛
나무사바교주　천백억화신　석가모니불

⑫ 南無南方寶性部　平等性智　灌頂主　寶生如來佛
나무남방보성부　평등성지　관정주　보생여래불

⑬ 南無北方毘首羯摩部　成所作智　廣大供養主　不空成就　如來佛
나무북방비수갈마부　성소작지　광대공양주　불공성취　여래불

菩薩幡

⑭ 南無東方金愛慈手　四大菩薩
나무동방금애자수　사대보살

⑮ 南無南方普光幢笑　四大菩薩
나무남방보광당소　사대보살

⑯ 南無西方法利因語 四大菩薩
나무서방법리인어 사대보살

⑰ 南無拘索鎖領 四攝菩薩
나무구색쇄령 사섭보살

⑱ 南無喜鬘歌舞內四 供養菩薩
나무희만가무내사 공양보살

⑲ 南無燒散燈塗外四 供養菩薩
나무소산등도외사 공양보살

三和尚幡

⑳ 南無爲作證明法師 西天國 百八代祖師 堤羅博陀尊者 指空大和尚
나무위작증명법사 서천국 백팔대조사 제라박타존자 지공대화상

㉑ 南無爲作證明法師 高麗國 恭愍王師 普濟尊者 懶翁大和尚
나무위작증명법사 고려국 공민왕사 보제존자 나옹대화상

㉒ 南無爲作證明法師 朝鮮國 太祖王師 妙音尊者 無學大和尚
나무위작증명법사 조선국 태조왕사 묘음존자 무학대화상

㉓ 唯願慈悲爲作證明 成就佛事之大願
유원자비위작증명 성취불사지대원

擁護壇莊嚴幡

㉔ 降臨道場擁護法筵之願
강림도량옹호법연지원

㉕ 奉請山川嶽瀆一切靈祈等衆
봉청산천옥독일체영기등중

㉖ 奉請下方帝釋天王
봉청하방제석천왕

㉗ 奉請北方毗沙門天王
봉청북방비사문천왕

㉘ 奉請南方毗盧勒叉天王
봉청남방비로륵차천왕

㉙ 奉請西方毗博叉天往
봉청서방비박차천왕

㉚ 奉請東方堤頭賴吒天王
봉청동방제두뢰타천왕

㉛ 奉請上方大梵天王
봉청상방대범천왕

㉜ 奉請下界當處土地護法善神
봉청하계당처토지호법선신

火聚眞言
화취진언

옴 살 바 바 보 타 나 하 나 바 라 야 사 바 하

降魔眞言
항마진언

옴 소 마 니 소 마 니 훔 하 리 한 나 하 리 한 나

흠 하 리 한 나 바 나 야 훔 아 나 야 혹

바 아 밤 바 아 라 흠 바 락

연화문 蓮花紋

삼지창 三支槍

○ 복장의식단(腹藏儀式壇)

상단은 불보살 번으로 장엄하고、번 앞으로 황색 천의를 덮은 불상을 안치하였다。

불상 앞으로 각종 과일 촛대 향로 꽃 등이 올라간 제단을 설단하였다。무대 중앙에는

동 남 서 북 중앙의 오방단을 각 방위에 맞게 설단하였으며 무대 사방을 오색실과 신

묘장구대다라니 화취진언 항마진언으로 결계한다。

　　五寶瓶
　　오 보 병

묘길상평등비밀최상관문대교왕경 제일권에는 해석하여 말하였다。

妙吉祥平等秘密最上觀門大教王經 第一卷 擇云
묘 길 상 평 등 비 밀 최 상 관 문 대 교 왕 경 　 제 일 권 　 택 운

◎ 東方靑色瑪瑙寶瓶 表金剛波羅蜜菩薩 以菩薩眞言 加持
　 동 방 청 색 마 노 보 병 　 표 금 강 바 라 밀 보 살 　 이 보 살 진 언 　 가 지

동방청색 마노보병은 금강바라밀 보살을 표시한다。그러므로 보살진언을 백팔 편

가지한다。

二羽金剛縛 忍願堅如針 名金剛心印
이 우 금 강 박 　 인 원 견 여 침 　 명 금 강 심 인

128

金剛波羅蜜菩薩眞言
금강바라밀보살진언

옴 살다바 바아리 훔 (백팔편)

보병을 가지하여 대관정을 받으면 금강 같은 파괴되지 않는 몸을 얻는다.

加持寶瓶 授大灌頂 獲金剛不壞堅固之身
가지보병 수대관정 획금강부양견고지신

誦呪法師 誦金剛波羅蜜菩薩眞言一百八遍後 阿闍利 以此五寶瓶共
송주법사 송금강바라밀보살진언일백팔편후 아사리 이차오보병공

盛一器 持吉祥草 洒水灌頂 呼瓶名云 東方青色瑪瑙寶瓶 東方法師
성일기 지길상초 세수관정 호병명운 동방청색마노보병 동방법사

應答受瓶 立於槃上東方位 阿闍利 又如是次次呼名云 南方某瓶 西
응답수병 입어반상동방위 아사리 여시차차호명운 남방모병 서

方某瓶 北方某瓶 中方某瓶 五方 法師 亦如上次次應答受瓶 立於
방모병 북방모병 중방모병 오방 법사 역여상차차응답수병 입어

本位 五瓶如法安位 後其下諸物 呼名應答 安布皆倣此
본위 오병여법안위 후기하제물 호명응답 안포개방차

송주법사(誦呪法師)는 금강반야바라밀보살 진언을 백팔 편 가지한다.

다음 아사리는 이 오보병(五寶瓶)을 한 그릇에 담고 길상초로 물을 뿌리고 관정(灌頂)하고 병(瓶)의 이름을 부르되 동방의 청색 마노병 하면 동방법사(東方法師)는 응답(應答)하고 병을 받아 반상(槃上)의 동방위(東方位)에 선다. 아사리(阿闍梨)는 또 이와 같이 차례로 이름을 부르되 남방의 무슨 병、서방의 무슨 병、북방의 무슨 병、중앙의 무슨 병 하면 오방(五方)의 법사는 역시 위와 같이 차례 차례로 응답하고 병을 받아 반상(槃上)의 제 위치에 선다. 다섯 병을 여법(如法)하게 안립한 후 그 아래의 모든 물건은 이름을 부르면 응답하고 안포(安布)하길 모두 이와 같이 한다.

◎南方黃色摩尼寶瓶 表寶生波羅蜜菩薩 以菩薩眞言 加持
남방황색마니보병 표보생바라밀보살 이보살진언 가지

남방 황색의 마니보병은 보생바라밀보살을 표시한다. 그러므로 보살진언을 (백팔 편)가지(加持)한다.

不改前印相 進力附忍願 名金剛寶印
불개전인상 진력부인원 명금강보인

130

寶生波羅蜜菩薩眞言
보생바라밀보살진언

옴 라다나 바아리 다랑 (백팔편)

加持寶瓶 授大灌頂 獲諸珍寶圓滿
가지보병 수대관정 획제진보원만

보병을 가지하여 대관정을 받으면 여러 진귀한 보배가 원만해짐을 얻는다.

誦呪法師 誦寶生菩薩眞言 百八遍 阿闍利 呼 南方瓶名 南方法師
송주법사 송보생보살진언 백팔편 아사리 호 남방병명 남방법사

應答受瓶 立於南方位
응답수병 입어남방위

송주법사가 보생보살진언을 백팔 편 외우면 아사리는 남방의 병 이름을 부른다. 남방법사는 응답하고 병을 받아 남 방위에 선다.

◎西方紅色珊瑚寶瓶 表蓮華波羅蜜菩薩 以菩薩眞言 加持
서방홍색산호보병 표연화바라밀보살 이보살진언 가지

서방의 홍색산호보병은 연화바라밀보살을 표시한다. 그러므로 보살진언을 백팔 편

二羽金剛掌 如蓮華開敷 進力如鉤形 禪智亦如是 峯各不相着
이우금강장 여연화개부 진력여구형 선지역여시 봉각불상착

名金剛法印
명금강법인

蓮華波羅蜜菩薩眞言
연화바라밀보살진언

옴 달마 바아리 하릭 (백팔편)

보병을 가지하여 대관정을 받으면 자수용 지혜의 몸을 얻는다。

加持寶瓶 授大灌頂 獲自受用智之身
가지보병 수대관정 획자수용지지신

誦呪法師 誦蓮華菩薩眞言一百八遍 阿闍利呼 西方瓶名 西方法師
송주법사 송연화보살진언일백팔편 아사리호 서방병명 서방법사

應答受瓶 立於西方位
응답수병 입어서방위

송주법사가 연화보살진언을 일백팔 편 외우면 아사리는 서방의 병 이름을 부른다。

서방법사는 응답하고 병을 받아 서 방위에 선다。

◎ 北方綠色琉璃寶瓶 북방녹색유리보병 表於佛瓶 표어불병 表羯摩波羅蜜菩薩 표갈마바라밀보살 以菩薩眞言 이보살진언

북방의 녹색유리 보병은 불병을 표시하고 갈마바라밀보살을 표시한다. 그러므로 보살진언을 일백팔 편 가지한다.

加持 (가지) 백팔편

二羽金剛縛 이우금강박 忍願壇慧竪 인원단혜수 是名羯摩印 시명갈마인

羯摩波羅蜜菩薩眞言 갈마바라밀보살진언

옴 갈마 바아리 음 (백팔편)

加持寶瓶 가지보병 授大灌頂 수대관정 獲五如來堅固之身 획오여래견고지신

보병을 가지하여 대관정을 받으면 오여래의 견고한 몸을 얻는다.

誦呪法師 송주법사 誦羯摩菩薩眞言一百八遍 송갈마보살진언일백팔편 阿闍利 아사리 呼 호 北方瓶名 북방병명 北方法師 북방법사

應答受瓶 응답수병 立於北方位 입어북방위

송주법사가 갈마보살진언 일백팔 편을 외우면 아사리는 북방의 병 이름을 부른다。

북방법사는 응답하고 병을 받아 북 방위에 선다。

◎中央白色水晶寶瓶 중앙백색수정보병 表於佛瓶 표어불병 表金剛根本波羅蜜菩薩 표금강근본바라밀보살 以菩薩眞言 이보살진언

加持 가지

증앙의 백색수정보병은 불병(佛瓶)을 표시하고 금강근본바라밀보살을 표시한다。그러므로 보살진언 일백팔 편을 가지한다。

二羽交八度 이우교팔도 峯交指縛內 봉교지박내 忍願如寶形 인원여보형 禪智右壓左 선지우압좌 伸而附進力 신이부진력

二掌虛於心 이장허어심 是名根本印 시명근본인

根本波羅蜜菩薩眞言
근본바라밀보살진언

옴 상가리 선디가리 우타니 가타야 살발달 사다야 사바하 (백팔편)

보병을 가지하여 대관정을 받으면 견고한 몸을 얻는다.

加持寶瓶 授大灌頂 獲堅固之身
가지보병 수대관정 획견고지신

◎ 五穀
오곡

東 大麥 南 稷 西 稻 北 菉豆 中 麻子
동 대맥 남 직 서 도 북 녹두 중 마자

阿闍利 以此五穀 共盛一器 灑水灌頂 誦呪法師 以阿閦如來眞言及
아사리 이차오곡 공성일기 쇄수관정 송주법사 이아촉여래진언급

金剛波羅蜜菩薩眞言等 各加持
금강바라밀보살진언등 각가지

아사리는 이 오곡을 한 그릇에 담고 물을 뿌리고 관정한다.

송주법사는 아촉여래진언 및 금강반야보살진언을 각기 일백팔 편을 가지한다.

옴 약수뱌 훔 (백팔편)

阿閦佛眞言 아촉불진언

옴 살다바 바아리 훔 (백팔편)

菩薩眞言 보살진언

旣加持已 기가지이 阿闍利 아사리 次此呼五穀名 차차호오곡명 五方法師 오방법사 亦次次應答 역차차응답 各分其穀 각분기곡

安五瓶內 안오병내 授大灌頂 수대관정 常住不滅儀也 상주불멸의야

이미 가지가 끝나고 아사리가 차례로 오곡의 이름을 부르면 오방법사(五方法師)는 차례로 응답하며 각기 그 곡식을 나누어 다섯 개의 병 안에다 봉안한다. 그리고 이 대관정을 받는 것이 상주불멸의 의식이다.

◎ 五寶 오보

東生金 동생금 南眞珠 남진주 西生銀 서생은 北琉璃 북유리 中琥珀 중호박

阿闍利 以次五寶 共盛一器 灑水灌頂 誦呪法師 以寶生佛眞言 及寶
아사리 이차오보 공성일기 쇄수관정 송주법사 이보생불진언 급보

生波羅蜜菩薩眞言等 各加持
생바라밀보살진언 등 각가지

아사리는 이 오보(五寶)를 한 그릇에 담고 물을 뿌리고 관정(灌頂)한다. 송주법사(誦

呪法師)는 보생불 진언과 보생바라밀보살진언 등을 각 백팔 편 가지한다.

寶生佛眞言
보생불진언

옴 라다나 삼바바 다락 (백팔편)

菩薩眞言
보살진언

옴 살다바 바아리 훔 (백팔편)

旣加持已 阿闍利 次此呼五寶名 五方法師 亦次次應答 各分其寶 安
기가지이 아사리 차차호오보명 오방법사 역차차응답 각분기보 안

五瓶內 授大灌頂 常住不滅儀也
오병내 수대관정 상주불멸의야

이미 가지가 끝나고 아사리가 동방의 보배로부터 차례로 오방(五方)의 보배 이름을 부르면 오방의 법사는 역시 차례로 응답하고 오보(五寶)를 나누어 다섯 병 속에 넣는다. 대관정을 받으면 금강의 몸을 얻는다.

◎ 五藥
오약

東人參 南甘草 西桂心 北阿利 中附子
동인삼 남감초 서계심 북아리 중부자

阿闍利 以次五藥 共盛一器 灑水灌頂 誦呪法師 以無量壽佛眞言 及
아사리 이차오약 공성일기 쇄수관정 송주법사 이무량수불진언 급

法波羅蜜菩薩眞言等 各加持
법바라밀보살진언등 각가지

無量壽佛眞言
무량수불진언
옴 아미다바 하릭 (백팔편)

菩薩眞言
보살진언
옴 살다바 바아리 훔 (백팔편)

旣加持已 阿闍利 自東方藥 次此呼五藥名 五方法師 亦次次應答 各
기가지이 아사리 자동방약 차차호오약명 오방법사 역차차응답 각

分其藥 安五瓶內 授大灌頂 獲法王之身
분기약 안오병내 수대관정 획법왕지신

넣는다. 대관정을 받으면 법왕의 몸을 얻는다.

이미 가지가 끝나고 아사리가 동방의 약으로부터 차례로 오방(五方)의 약 이름을 부르면 오방(五方)의 법사는 역시 차례로 응답하고 오약(五藥)를 나누어 다섯 병 속에

◎ 五香
오향

東 青木香 南 丁香 西 藿香 北 沈香 中 乳香
동 청목향 남 정향 서 곽향 북 침향 중 유향

阿闍利 以次五香 變爲細末 共盛一器 灑水灌頂 誦呪法師 念不空如
아사리 이차오향 변위세말 공성일기 쇄수관정 송주법사 염불공여

來眞言 及羯摩波羅蜜菩薩眞言等 各加持
래진언 급갈마바라밀보살진언등 각가지

아사리는 이 오향(五香)을 가지고 미세한 분말을 만들어 한 그릇에 담고 물 뿌리고

관정(灌頂)한다. 송주법사(誦呪法師)는 불공여래 진언과 갈마바라밀보살진언 등을 각

각 일백팔 편 가지한다。

옴 아모가 신데 악 (백팔편)

不空成就佛眞言
불공성취불진언

옴 살다바 바아리 훔 (백팔편)

菩薩眞言
보살진언

旣加持已 阿闍利 自東方香 次次呼五香名 五方法師 亦次次應答 各
기가지이 아사리 자동방향 차차호오향명 오방법사 역차차응답 각

分其香 安五瓶內 授大灌頂 獲如來五分法身香 所辦事業 皆得成就
분기향 안오병내 수대관정 획여래오분법신향 소판사업 개득성취

이미 가지가 끝나고 아사리가 동방의 향으로부터 차례로 오방(五方)의 향 이름을 부르면 오방(五方)의 법사는 역시 차례로 응답하고 오향(五香)을 나누어 다섯 병속에 넣는다。 대관정을 받으면 오분법신향(五分法身香)을 얻고 하는 일을 모두 성취한다。

◎ 五黃 (오황)

東 大黃 (동 대황)　南 雄黃 (남 웅황)　西 小黃 (서 소황)　北 雌黃 (북 자황)　中 牛黃 (중 우황)

五藏物 用一牛亂酪 不得用別牛及牛糞 阿闍利 以糞小便 共盛淨 器
(오장물 용일우란락 부득용별우급 아사리 이분소변 공성정 기)

灑水灌頂 然後 誦呪法師 以毘盧遮那佛眞言及 根本波羅蜜菩 薩眞
(쇄수관정 연후 송주법사 이비로자나불진언급 근본바라밀보 살진)

言等 各加持
(언등 각가지)

다섯 장물(藏物)은 한 소의 유락(乳酪)을 사용하고 다른 소의 것이나 화분을 사용해선 안 된다. 아사리는 분(糞)과 소변(小便)을 깨끗한 그릇에 함께 담고 물을 뿌리고 관정한다. 연후에 송주법사(誦呪法師)는 비로자나불진언과 근본바라밀보살진언 등을 각각 일백팔 편 가지한다.

옴 바알 다도밤 (백팔편)

毘盧遮那佛眞言 (비로자나불진언)

菩薩眞言
보살진언

옴 살다바 바아리 훔 (백팔편)

既加持已 阿闍利 自東方黃 次此呼五黃名 五方法師 亦次次應答 各
기가지이 아사리 자동방황 차차호오황명 오방법사 역차차응답 각

分其黃 於五瓶內 各置小許授大灌頂 得越輪廻 獲靑淨之身
분기황 어오병내 각치소허수대관정 득월윤회 획청정지신

이미 가지가 끝나고 아사리가 동방의 황으로부터 차례로 오황(五黃)의 황 이름을 부르면 오방(五方)의 법사는 역시 차례로 응답하고 오황(五黃)을 나누어 다섯 병 속에 넣는다. 대관정을 받으면 윤회를 초월하고 청정한 몸을 얻는다.

◎ 五芥子
오개자

東 蒔蘿芥子(배추씨)　南 紫芥子(갓씨)　西 白芥子(참깨)
동 시라개자　　　　　남 자개자　　　　서 백개자

北 蔓菁芥子(무씨)　中 黃芥子(대추씨)　각 방위에 맞는 씨앗 사용
북 만청개자　　　　중 황개자

阿闍利 以此五種芥子 先以淨水 各別淘汰共盛一器 洒水灌頂 誦呪
아사리 이차오종개자 선이정수 각별도재공성일기 세수관정 송주

法師 以十大明王眞言 各加持一
법사 이십대명왕진언 각가지일

아사리는 이 다섯 가지 개자를 우선 깨끗한 물에 씻어 찌꺼기를 깨끗이 없애고 한 그릇에 담아 물을 뿌리고 관정한다. 송주법사는 십대명왕진언을 일곱 편 가지한다.

◎ 東方熖曼怛迦大明王 阿閦化身眞言
동방도만달가대명왕 아촉화신진언

옴 바아라 구로다 훔훔훔 바탁바탁 바탁 염만다 구함 (칠편)

齧下脣 斜目視於印 右足似如鈎 左脚斜直立 而成鈎召印
설하순 사목시어인 우족사여구 좌각사직립 이성구소인

戒方背相鈎 禪智捻願 曲進神力度 壇慧似如鈎 向左而成印 以牙
계방배상구 선지염원 곡진신력도 단혜사여구 향좌이성인 이아

◎ 南方鉢羅扼也怛迦大明王 毘盧化身 眞言
남방발라니야달가대명왕 비로화신 진언

戒方進力背相鉤
계방진력배상구

同前禪智捻忍願 壇慧如前亦似鉤 餘相並同東明王
동전선지념인원 단혜여전역사구 여상병동동명왕

亦呼名爲鉤召印
역호명위구소인

바라 양다 구 함 (백팔편)

而號名爲法定印
이호명위법정인

檀慧進力而相鉤 禪智押戒忍方願 印向左而安立勢 餘相亦如東明王
단혜진력이상구 선지압계인방원 인향좌이안립세 여상역여동명왕

◎ 西方鉢納摩怛迦大明王 寶生化身 眞言
서방발납마달가대명왕 보생화신 진언

바나마나 구 함 (백팔편)

◎ 東南方陀枳羅惹大明王 不空化身 眞言
동남방타지라야대명왕 불공화신 진언

檀慧皆相鉤 禪智捻忍願 戒方進力竪 心左而安置 斜目而視之
단혜개상구 선지념인원 계방진력수 심좌이안치 사목이시지

餘相同北方 名爲最勝印
여상동북방 명위최승인

옴 락기 훔 악 (백팔편)

◎ 西南方寧羅能拏大明王 阿閦化身 眞言
서남방영라능나대명왕 아촉화신 진언

檀慧內相鉤 戒方曲入掌 忍願似微曲 進歷次微曲 禪智亦微曲 仰印
단혜내상구 계방곡입장 인원사미곡 진력차미곡 선지역미곡 앙인

以向口 張口牙須現 努目而視之 闊足而正立 號曰仰口印
이향구 장구아수현 노목이시지 활족이정립 호왈앙구인

옴 니라 바아라 나나 훔 (백팔편)

◎ 西北方摩訶摩羅大明王 阿閦化身 眞言
서북방마하마라대명왕 아촉화신 진언

禪智捻檀慧 六度而直豎 二羽而相交 以右而押左 努目而正視
선지념단혜 육도이직수 이우이상교 이우이압좌 노목이정시

齧唇小偏立 名爲大力印
설순소편립 명위대력인

옴 오아라 수라야 훔 (백팔편)

◎ 東北方阿左蘿曩他大明王　阿彌陀化身　眞言
동북방아좌라낭타대명왕　아미타화신　진언

二羽外相叉　印相如淨地　齧正於下唇　努目正視印　二足安立相
이우외상차　인상여정지　설정어하순　노목정시인　이족안립상

似闊而正立　號爲無動印
사활이정립　호위무동인

아자라 가리 마하바라 박하 흠흠흠 바탁 (백팔편)

◎ 下方縛羅播多羅大明王　阿彌陀化身　眞言
하방박라파다라대명왕　아미타화신　진언

二羽內相叉　禪智捻忍願　進力峯相合　仰峯而向下　印左努目視
이우내상차　선지념인원　진력봉상합　앙봉이향하　인좌노목시

偏齧於下唇　右存斜左足　名爲摧障印
편설어하순　우존사좌족　명위최장인

악달 바아라 다로라아 다리로 가야가라 노새사 가바라 가리 사다
미라 비마제 가로나 능가라미 가라 훔 (백팔편)

◎ 上倣塢瑟灑作訖羅羅縛里帝大明王 阿閦化身 眞言
상방오슬세작흘라라박리제대명왕 아촉화신 진언

不改前印相 印峯擧於相 合印向額左 努目而下視 齧唇與立相
불개전인상 인봉거어상 합인향액좌 노목이하시 설순여립상

同下方明王 名爲佛頂印
동하방명왕 명위불정인

옴 나모 사만다 가야바 가디바다 아라남 옴 슈례미 훔 사바하 (백팔편)

以十大明王眞言 旣加持已 阿闍利 次次呼五芥名 五方法師
이십대명왕진언 기가지이 아사리 차차호오개명 오방법사

亦次次應答受芥子 於五甁內 各置十粒 授大灌頂 獲於五力
역차차응답수개자 어오병내 각치십립 수대관정 획어오력

십대명왕진언을 가지하고 나서 차례로 다섯 개자의 이름을 부르면 오방법사도 또한 차례로 응답하고 개자를 받는다. 그리곤 다섯 병 안에 각각 열 알씩 안치하고 대관정을 받으면 오력(五力)을 얻는다.

◎ 五色綵幡
오색채번

東 青綵幡 南 黃綵幡 西 紅綵幡 北 綠綵幡 中 白綵幡

法師 以金剛手菩薩眞言 加持

此五色綵幡 表五佛身 阿闍利 及以五綵幡 共盛一器 洒水灌頂 誦呪

이 오색의 채번은 다섯 부처님의 몸을 표시한다. 아사리는 이 다섯 개의 채번을 한 그릇에 담고 물을 뿌리며 관정하면 송주법사는 금강수보살진언을 백팔 편 가지한다.

옴 바아라 바나예 사바하 (백팔편)

金剛手菩薩眞言

旣加持已 阿闍利 次此呼五黃名 五方法師 亦次次應答受幡 以此五

幡 安五瓶中 授大灌頂 獲名稱達開 一切生見開隨喜 所有煩惱自然

消滅

이미 가지가 끝나고 아사리가 차례로 다섯 번의 이름을 부르면 오방(五方)의 법사는

역시 차례로 응답하고 번을 받는다。 그리곤 이 다섯 개의 번을 다섯 개의 병 가운

데 안치하고 대관정을 받으면 명성과 칭찬이 멀리 소문이 나 일체 중생이 보고 듣

고 따라 기뻐하고 있는 번뇌가 자연히 소멸된다。

◎ 五色絲
오색사

東 青色線　南 黃色線　西 紅色線　北 綠色線　中 白色線
동 청색선　남 황색선　서 홍색선　북 녹색선　중 백색선

加持戒壇 用五色絲 及以繫瓶口 阿闍利 以此五色線 共於一處
가지계단 용오색사 급이계병구 아사리 이차오색선 공어일처

洒水灌頂 誦呪法師 以中方本尊隨求眞言 加持
세수관정 송주법사 이중방본존수구진언 가지

아사리는 이 오색사를 한곳에 놓고 물을 뿌리며 관정하고 송주법사는 중앙본존수구

진언을 일백팔 편 가지한다。 계단에 가지하여 오색사를 사용하여 병 입에 매단다。

길이는 열 자、방향의 색을 따라 오병(五瓶)의 입에 매고 끝나면 함께 모아 합사하

여 한 선으로 만든 후 후령으로 빼낸다。 그리곤 후령통(喉蜜筒) 위 팔엽개의 대연화

(華)의 중앙을 뚫고 또 천원(天圓)의 중앙을 뚫은 다음、오색사를 빼낸다。 이것이 끝

나면 황소폭자(黃絹幅子) 밖으로 나오게 하여 가로 세로로 두루 결합한 다음 준제주

(准提呪)를 세로로 법인주(法印泥)를 가로로 함봉하고 증명인 아무개는 삼가 봉안한다

고 한다.

옴 바아라 다도 바아라 소다라 반자 락가라 미다니나 훔다 (백팔편)

中方本尊隨口眞言
중방본존수구진언

旣加持已 기가지이 阿闍利 아사리 次此呼五色絲名 차차호오색사명 五方法師 오방법사 亦次次應答 역차차응답 各受其絲 각수기사

繫其瓶口 계기병구 安五瓶中 안오병중 表聰慧及表結界 표총혜급표결계 一切天魔無能得入 일체천마무능득입

이미 가지가 끝나고 아사리가 차례로 오색실의 이름을 부르면 오방(五方)의 법사는

역시 차례로 응답하고 각각 그 실을 받아 병 입에 매단다. 이 실은 총명한 지혜를

표시하고 한계의 결성을 표시하므로 일체의 천마가 들어가지 못한다.

◎ 五時花
오시화

東 青時花 南 黃時花 西 紅時花 北 綠時花 中 白時花
동 청시화　남 황시화　서 홍시화　북 녹시화　중 백시화

加持五時花 此土亦無以此方妙好時花代之 表五佛身花 表莊嚴 阿闍
가지오시화　차토역무이차방묘호시화대지　표오불신화　표장엄　아사

利以五時花 共盛一器洒水灌頂 誦呪法師 念虛空藏菩薩眞言 加持
리이오시화　공성일기세수관정　송주법사　념허공장보살진언　가지

오시화를 가지하되 이 땅에 이러한 꽃이 인연이 안 되어 없으므로 적시에 피어난 묘하고 좋은 꽃을 대용해도 된다. 이는 다섯 불신(佛身)을 표시하는 꽃이며 장엄을 표시하기도 한다. 아사리는 이 오시화를 한 그릇에 담고 물을 뿌려 관정하고 송주 법사는 허공장보살진언을 염하여 일백팔 편 가지한다.

虛空藏菩薩眞言
허공장보살진언

옴 오바야 훔 사바하 (백팔편)

旣加持已 阿闍利 次次呼五時花名 五方法師 亦次第應答 各受其花
기가지이　아사리　차차호오시화명　오방법사　역차제응답　각수기화

安五瓶內
안오병내

이미 가지하고 나서 아사리가 차례로 오시화의 이름을 부르면 오방법사는 또 한 차
례로 응답하며 그 꽃을 받아 다섯의 병 안에 안치한다.

◎ 五菩提樹葉
오보리수엽

東 香樹葉(향나무 잎)
동향수엽

西 夜合樹葉(지귀나무잎)
서 야합수엽

中 樫樹葉(석류나무잎)
중 정수엽

南 湫樹葉(버드나무、호두나무잎)
남 추수엽

北 梧桐樹葉(오동나무 잎)
북 오동수엽

世尊 於菩提樹下金剛座上 成等正覺 此土綠無故 以此方五樹代之
세존 어보리수하금강좌상 성등정각 차토록무고 이차방오수대지
(오수록기 미출처)

세존께선 보리수 밑 금강좌 위에서 등정각을 이루셨다. 이 땅에는 인연이 없기 때
문에 이곳의 다섯 나무로 대신한다. (다섯 나무의 연기는 출처를 찾지 못했다) (아
사리) 다섯 나뭇잎을 한 그릇에 넣고 물을 뿌려 관정한다.
(송주법사) 지장보살진언을 염하여 백팔 편 가지한다.

地藏菩薩眞言
지장보살진언

옴 살바니 바라나 미설 캄바예 훔 (백팔편)

旣加持已 阿闍利 次次呼五樹名 五方法師 亦次第應答 各受其葉 安
기가지이 아사리 차차호오수명 오방법사 역차제응답 각수기엽 안

五瓶內 與弟子 授大灌頂 想此五菩提樹下成正等覺
오병내 여제자 수대관정 상차오보리수하성정등각

가지하고 나선 아사리가 차례로 다섯 나무의 이름을 부르면 오방법사는 또한 차례로 응답하며 그 나뭇잎을 받아 다섯 병 안에 안치한다. 제자에게 대관정을 주며 이 다섯 보리수 아래에서 정등각을 성취했다고 상상한다.

◎ 五吉祥草
오 길상초

東 矩舍草
동 구사초

南 摩訶矩舍草 (풀의 제일 밑 부분 따풀 사용)
남 마하구사초

西 室利矩舍草
서 실리구사초

北 苾蒭矩舍草
북 필추구사초

中 悉黨矩舍草
실당구사초

(씨에 가까운 부분의 따풀을 오등분하여 사용)

加持五吉祥草 矩舍 摩訶矩舍 室利矩舍 世尊 因地修行時 常臥此三

草也 茲篛矩舍 悉黨矩舍 世尊因地修行時 常枕此二草也 西天有五

吉祥草 此土綠無 遂將此五方妙香草代之 阿舍利 先以五吉祥草 共

盛一器 洒水灌頂 誦呪法師 念吉祥草眞言 加持

다섯 길상초를 가지하니 구사、마하구사、실리구사는 세존께서 인지(因地)에 수행하

실 때 항상 이 세 풀을 깔고 누우셨으며、필추구사 실당구사초는 세존께서 인지(因地)에 수행하실 때 항상 이 두 풀을 베고 누우셨다。서역에는 다섯 길상초가 있지

만 이 땅에는 인연이 없으므로 이윽고 이 땅의 다섯 가지 묘하고 향기로운 풀로 대

신한다。(아사리)가 먼저 다섯 길상초를 한 그릇에 담고 물을 뿌려 관정하면

(송주법사)는 길상초진언을 염하여 백팔 편 가지한다。

○ 吉祥草眞言 (길상초진언)

옴 바아라 마하 구사 바미 다라모 기아비 선자 다망 (백팔편)

既加持已(기가지이) 阿闍利(아사리) 次次呼五吉祥草名(차차호오길상초명) 五方法師(오방법사) 亦次次應答(역차차응답) 受吉祥(수길상)

草安五瓶內(초안오병내) 與弟子(여제자) 授大灌頂(수대관정) 獲淸淨身(획청정신) 行住坐臥帶持恒浴吉祥(행주좌와대지항욕길상)

가지하고 나서 아사리가 차례로 다섯 길상초의 이름을 부르면 오방법사는 또한 차

례로 응답하며 길상초를 받아 다섯 병 안에 안치한다. 제자에게 관정하면 청정한

몸으로 행주좌와(行住坐臥)에 항상 목욕한 것처럼 길상하게 된다.

◎ 五傘蓋 (오산개)

東靑蓋(동청개) 南黃蓋(남황개) 西紅蓋(서홍개) 北綠蓋(북녹개) 中白蓋(중백개)

加持五傘蓋(가지오산개) 東靑(동청) 南黃(남황) 西紅(서홍) 北綠(북녹) 中白(중백) 阿闍利(아사리) 此等傘蓋(차등산개) 共盛一(공성일)

器 洒水灌頂 誦呪法師 以白傘蓋眞言 加持
기 세수관정 송주법사 이백산개진언 가지

다섯 산개인 동쪽 청、 남쪽 황、 서쪽 홍、 북쪽 녹、 중앙에 백색을 가지하면 아사리는 이들 산개를 한 그릇에 함께 담고 물을 뿌려 관정한다。 송주법사는 백산개진언을 일백팔 편 가지한다。

白傘蓋眞言
백산개진언

옴 살바바다 아다제 다라 보아 명가 삼보나라 사바라나 삼마예 훔 (백팔편)

旣加持已 阿闍利 次次呼五傘蓋易位之名 五方法師 亦次次應答 受
기가지이 아사리 차차호오산개역위지명 오방법사 역차차응답 수

五蓋 安五瓶內 運心以白傘蓋覆護六道苦 惱衆生 令得解脫
오개 안오병내 운심이백산개복호육도고 뇌중생 령득해탈

가지하고 나서 아사리가 차례로 다섯 산개의 위치를 바꾸는 명칭을 부르면 오방법사는 또한 차례로 응답하고 다섯 산개를 받아 다섯 병 가운데 안치한다。 그리곤 마음을 움직여 흰 산개가 육도에서 고뇌하는 중생을 덮고 보호하여 해탈하게 한다고

생각한다。

其五瓶口 各安金剛羯摩杵 然後 再念隨方本尊及隨方波羅蜜
기오병구 각안금강갈마저 연후 재염수방본존금수방바라밀

菩薩眞言 各加持 一百八遍 其瓶並依隨方 次第安置 加持生飯三分
보살진언 각가지 일백팔편 기병병의수방 차제안치 가지생반삼분

그 다섯 병의 입구엔 각각 금강갈마저를 안치하고 연후에 방향을 따라 본존진언과

바라밀보살진언을 각각 일백팔 편 가지한다。 그 병은 또한 방향에 따름을 의지하여

차례로 안치하고 생반 삼분을 가지한다。

◎ 金剛杵形
금강저형

以五色帛造之 彷佛五股闊陝也 生飯三分 諸說滔滔漫漫 未知副是也
이오색백조지 방불오고활협야 생반삼분 제설도도만만 미지부시야

오색의 비단으로 그것을 만들어 오고의 넓이와 방불하게 한다。 생반삼분에 대해선

설이 많아 어느 것이 옳은지 모르겠다。

◎ 앞에 언급한 바와 같이 후령통(喉鈴筒)을 조성(造成)하는 데 있어 핵심적(核心的)인

의식은 오보병(五寶瓶)을 조성하는 것이며 오보병은 각 방위에 맞는 다섯 종류의 보병이며、다섯 보병 안에 각각 열세 가지 물목(物目)들을 오방에 맞추어 납입 각각 오색사로 방향에 맞추어 입구를 매고 오보병을 한데 모아 오색을 합사(合絲)하여 단단하게 묶어 후령통 납입(納入)을 준비한다。

喉鈴筒內安立次第
후령통내안립차제

先安五輪種子 次安眞心種子 次安報身呪 次安化身呪 次安准提呪
선안오륜종자 차안진심종자 차안보신주 차안화신주 차안준제주

次安兩面圓鏡 次安五寶瓶 次安 舍利盒中有舍利七粒 次安無孔心珠
차안양면원경 차안오보병 차안 사리합중유사리칠립 차안무공심주

次以兩面圓鏡覆五瓶口 以其繫瓶口五色線合之 拔出於筒蓋喉鈴穴然
차이양면원경복오병구 이기계병구오색선합지 발출어통개후령혈연

後 筒蓋閉之筒底安中方圓鏡 次以地方 抱裏於筒 詳辨方位 次以八
후 통개폐지통저안중방원경 차이지방 포이어통 상변방위 차이팔

葉蓮仰面天圓下覆 而以五色線貫穿蓮華天圓之上 以天圓抱裏地方之
엽련앙면천원하복 이이오색선관천연화천원지상 이천원포이지방지

外令 天抱地外 然後以黃綃幅子畢封也
외령 천포지외 연후이황소폭자필봉야

먼저 하면원경(下面圓鏡)을 안립하고 다음으로 진심종자(眞心種子)를 안립한다. 다음은 보신주(報身呪)를 안립하고, 다음 화신주(化身呪)를 안립하고, 다음으로 오륜종자(五輪種子)를 안립, 다음으로 오색실을 합사한다. 합사한 실을 통의 덮개 후혈(喉穴)로 뽑아낸다. 연후에 통의 덮개를 막고, 통밑에 중방원경(中方圓鏡)을 안립하고, 다음으로 지방(地方)으로 통을 싸는데 방위를 잘 살펴야 한다. 다음으로 팔엽연(八葉蓮)으로 천원(天圓)을 위로 향하게 하고 아래로덮어, 오색실로 연화(蓮華) 천원(天圓)의 위를 뚫고, 천원으로 지방의 외부를 싸서 하늘이 땅의 밖을 싸게 한다. 그런 뒤 황소폭자(黃綃幅子)로 싸기를 끝낸 후 봉인한다.

오색실을 합사한다. 다음으로 상면원경(上面圓鏡)을 다섯 병 입구에 덮고, 오보병 입에 맨 사리 일곱알이 든 사리함(舍利盒)을 안립하고 다음으로 무공심주(無孔心珠)를 안립하고, 다음으로 사리 일곱알이 든 준제주를 안립한다. 다음으로 오보병(五寶瓶)을 안립하고, 심종자(眞心種子)를 안립한다. 다음으로 오보병

후령통 내부 물목구성도

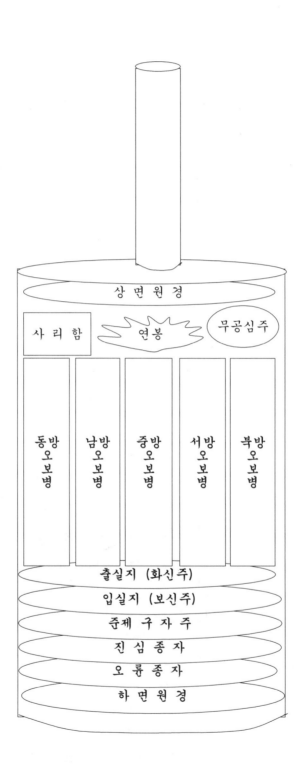

후령장엄 오보병을 고정한 다음후 뚜껑을 덮어 마감 후혈을 통해、 오색사를 빼낸다。 빼낸 오색사로 몸체 사방에 오방경 중 사방경을 고정시킨다。

상면원경

사리함　연봉　무공심주

동방오보병　남방오보병　중방오보병　서방오보병　북방오보병

출실지 (화신주)
입실지 (보신주)
준제 구자주
진심종자
오륜종자
하면원경

黃綃幅子內安立次第
황소폭자내안립차제

黃綃幅子 內 安立次第
황소폭자 내 안립차제

黃綃幅子內 先安願文（錄記文） 次安寶篋呪 次安天圓地方所裏喉鈴筒

以黃綃幅子包裹 並幅子頭及五色線合 而回之曲着於背後 因以五色線

半回竪裏半回橫裏 線盡然後 以准提呪竪封 以法印呪橫封 於南面書證

明 稱沙門謹封 後 奉安於壇上 宋呪法師 念 不動尊眞言 加持

황소폭자 안에 안립하는 차례

후령통(喉鈴筒) 조성(造成)을 마치면 황소폭자(黃綃幅子)에 후령통을 안립한다.

황소폭자(黃綃幅子) 위에 후령통을 안립한다. 그 위에 땅을 상징하는 열금강지방도를 안립한다. 오방경 중 원형을 한 중방경을 놓고 그 위에 후령통을 안치한다. 후령통 몸체 사방에는 오방경이 이미 고정되어 있다. 후령통 위에는 팔엽대홍련도를 안치한 후 하늘을 상징하는 천원도를 안치한다. 이때 천원도가 인쇄된 면이 아래를 향하도록 한다. 후령통 위에 안치되는 천원도는 후령통의 바닥면에 안치된 지방도까지 덮는다. 이는 하늘이 땅을 감싸는 형상을 의미한다. 마지막으로 황소폭자의 네 귀퉁이를 묶어 후령통을 이때 오색사을 반쯤 돌려 세로로 싸고 반쯤은 돌려 가로로 감싼다. 실이 다하고 나면 준제주를 세로로 봉하고 법인주를 가로로 봉하여 남면에다가 증명인 사문 ○○는 삼가 봉한다고 쓴다.

이후에 단상에 봉안하면 송주법사는 부동존진언을 염하여 일백팔 편 가지한다.

○ 황소폭자 내 물목 안립 순서 구성도

황소폭자(黃綃幅子) 규격(規格) 사방(四方)이 약 一尺 五寸이다.

一 황소폭자

二 원문 (錄記文) 안립

三 진신사리보협다라니 안립

四 열금강지방도 안립

五 후령통 아래 중방경 안립

六 후령통 몸체 사방경 고정

七 팔엽대홍련도 안립

八 천원도가 땅을 향하도록 안치

九 천원도로 후령통 감싸기

十 황초폭자의 네 귀퉁이를 묶음

十一 후혈의 오색실로 후령통 고정

十二 근봉지 봉함

十三 매듭을 땋아 마무리

十四 후령통 조성 완료

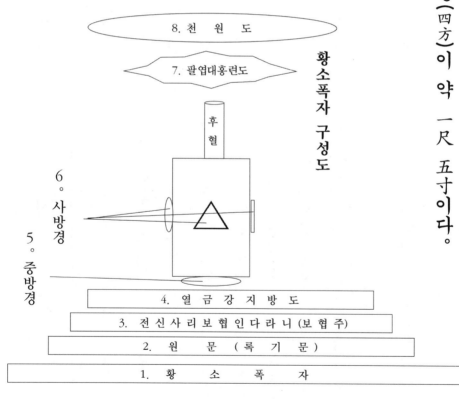

황소폭자 구성도

不動尊眞言
부동존진언

나모 사만다 바아라 남잔다 마하 노사나 스바다야 훔
다라다 함 마함 (백팔편)

旣 加持已 關伽供養後 入於佛腹中 正當臍輪而正立 以眞言梵書 充
기 가지이 알가공양후 입어불복중 정당제륜이정입 이진언범서 충

滿上下佐右 便無欹斜偃仰之境 初入藏之時 徐徐當察南北面背也 奉安
만상하좌우 변무의사언앙지경 초입장지시 서서당찰남북면배야 봉안

於香囊如之也
어향낭여지야

가지(加持)하고 나서 알가공양(關伽供養)한 뒤에 부처님의 복장 속에 넣되 뚝바로 배
꼽에 당하여 바르게 세우고 진언 범서(眞言 梵書)를 상하 좌우에 충만(充滿)하여 기울거
나 숙이지 않도록 해야 한다. 처음 복장(腹藏)에 넣을 땐 천천히 남북과 정면과 배후
를 살펴서 향주머니에 봉안(奉安)하되 이와 같이 해야 한다.

三悉地壇解釋 (삼실지단해석)

송나라 육조삼장 선무외 체본금강정경을 해석함

此而腹藏事 (차이복장사)

이 또한 복장에 관한 것이다.

秘密悉地 (비밀실지)

秘密悉地者 謂最初五法身也 (비밀실지자 위최초오법신야)

비밀실지는 최초의 다섯 법신을 말한다.

引 (인)

暗字者 是金剛部 於五藏中則肝 佛則東方阿閦 智則大圓境智 亦 (암자자 시금강부 어오장중즉간 불즉동방아촉 지즉대원경지역)

名金剛智 識則第八識 是謂金剛地輪 故山河大地從阿字出生 也 東 (명금강지 식즉제팔식 시위금강지륜 고산하대지종아자출생야 동)

暗字 青色方形 (암자 청색방형)

「암」자는 금강부로서 오장 중에서 주재하는 것은 간이며, 부처님으론 곧 동방의 아촉불이며, 지혜로는 곧 대원경이며 또한 금강지라고도 하고, 식으로는 곧 제8식에 해당한다. 이 것을 금강지륜이라 하는데 그러므로 산하대지가 「암」자에서 출생하는 것이다. 동방의 「암」자는 푸른색 방형이다.

밤字者 是蓮華部 主則肺 佛則西方無量壽智則妙觀察智亦名蓮華智 識則第六識 是金剛水輪 故山河萬類從比字出生也 西밤字 白

色圓形
색원형

「밤」자는 연화부이다. 주재는 곧 폐이며、부처님으론 곧 서방의 무량수불이며 지혜로는 곧 묘관찰지이며 또는 연화지라고도 한다. 식으로는 곧 제6식이며 이는 금강수륜이므로 산하의 만류가 이 글자에서 출생한다. 서방의 「밤」자는 백색 원형이다.

람字者 是寶生部 主則心 佛則南方寶生 智則 平等性智亦名灌頂智 識則第七識 是爲金剛水輪 故金玉珍寶日月星衆火珠 光明 從

比字出生也 南覽字 赤色三角形
비자출생야 남람자 적색삼각형

「람」자는 보생부이다. 주재는 심장이며、부처님으로는 곧 남방의 보생불이고、지혜로는 곧 평등성지이며 또한 관정지라고도 한다. 식으로는 곧 제7식이다. 이것은 금강화류이기 때문에 금옥의 진귀한 보배、일월성상、화주의 광명이 이 글자에서 출생한다. 「람」자는 적색 삼각형이다.

唅字者 是羯摩部 主則腎 佛則北方不空成就 智則成所作智 亦名
함자자 시갈마부 주즉신 불즉북방불공성취 지즉성소작지 역명

羯摩智 識則前五識是爲金剛風輪 故百穀花類 從比字出 生也 北唅
갈마지 식즉전오식시위금강풍륜 고백곡화류 종비자출 생야 북함

字 黑色半月形
자 흑색반월형

「함」자는 갈마부이다. 주재하는 것은 신장이고、부처님으로는 곧 북방의 불공성취불이며 지혜로는 곧 성소작지 또는 갈마지라고도 하며 식으로는 곧 전오식이다. 이는 금강풍륜이기 때문에 백곡과 꽃 종류가 이 글자에서 출생한다. 북방의 「함」자는 흑색 반월형이다.

坎字者 是佛部 主則脾 佛則中方大日王 智則法界出生智亦名方便

究竟智 識則如來藏識 是爲大空輪眞空無上而 具衆 妙人 天藏養言

色顏滋美端正相貌福德富貴 從比字出生也 中坎字 黃色圓形

「참」자는 불부이다. 비장을 주재하고、부처님으로는 곧 중앙의 대일왕여래이며、지혜로는 곧 법계출생지 또는 방편주성지라고도 한다. 식으로는 곧 여래장식이다. 이는 대공륜인 진공부상으로 모든 오묘함을 구족하였으므로 인간 천상을 장양하고 안색을 아름답게 하고 단정한 상모 부귀 복덕이 이 글자에서 출생한다. 중앙의 「참」자는 황색 원형이다.

上來五字者 是爲金剛般若 亦名五字福田 亦名五分法身 一切萬法攝

於五字 故尊勝佛頂頌云 五字卽是五輪智 五智爕成五分身 五輪盡攝法

界輪 三密卽三身故也 比五字輪卽是四輪와之法身 故般若理趣經云 從

比磁流出四輪王也(비자류출사륜왕야) 又菩提心輪云(우보리심륜운) 從四智出四波羅蜜菩薩(종사지출사바라밀보살) 爲生育三世(위생육삼세) 故(고)

一切賢聖之母四波羅蜜菩薩卽四輪王也(일체현성지모사바라밀보살즉사륜왕야) 比五智輪是爲法身成就之義(비오지륜시위법신성취지의) 故(고)

不空請佛文云(불공청불문운) 常住法界(상주법계) 眞言宮中般若海會(진언궁중반야해회) 五倫寶網世界(오륜보망세계) 清淨法身(청정법신)

法性身(법성신) 暗㘍覽唅坎(암밤람함감) 大教主(대교주) 毘盧遮那佛(비로자나불) 是爲大日王如來(시위대일왕여래)

이상의 다섯 글자는 금강반야 또는 오자복전(五字福田) 또는 오분법신(五分法身)이라 말하며 모든 만법이 다섯 글자에 포섭된다. 그러므로 존승불정(尊勝佛頂)에 이르기를 「다섯 글자는 오륜지(五輪智)이다」라고 하였다. 오지(五智)는 오분신(五分身)으로 변화하여 오륜(五輪)은 법계륜(法界輪)을 다 포섭하는데 이는 삼밀(三密)이 바로 삼신(三身)이기 때문이다. 이 오자륜(五字輪)은 즉 사륜왕(四輪王)의 법신(法身)이다. 그러므로 반야이취경(般若理趣經)에는 「이 글자에서 사륜왕(四輪王)을 유출(流出)한다」하였다. 또 보리심론(菩提心論)에는 「사지(四智)를 따라 네 바라밀보살이 출생하여 삼세(三世)의 일체 현성(賢聖)을 생육하는 어머니가 된다」고 하였는데 네 바라밀보살이 바로 사륜왕(四輪王)인 것이다. 이 오지륜(五智輪)이 법신(法身)을 성취한다는 의미 때문에 불공청불문(不空請佛

文)에는 「상주법계 진언궁중 반야해회 오륜보망세계 청정법신 법성신 암밤남함캄 대

교주 비로자나불(常住法界 眞言宮中 般若海會 五輪寶網世界 清淨法身 法性身 暗鑁囕啥坎 大教主 毗

盧遮那佛)」이라 하였는데 이가 대일왕여래(大日王如來)인 것이다.

阿(아) 縛(바) 羅(라) 訶(하) 佉(카)

入悉地
입 실 지

比五字 皆同上釋 一無着別 以行證爲異耳 謂上之五字 各加上點 是
비오자 개동상석 일무착별 이행증위이이 위상지오자 각가상점 시

大空證果之義 比之五字 各加傍書 是爲萬行普賢法界 能生枝葉 遍滿
대공증과지의 비지오자 각가방서 시위만행보현법계 능생지엽 편만

光明 入佛法界 故明爲入 比爲報身成就之義 故請佛文云 金剛蓮華藏
광명 입불법계 고명위입 비위보신성취지의 고청불문운 금강연화장

世界 不可說 究竟圓滿 無礙大藏 塵沙威德身 阿縛羅訶佉 法界主 盧
세계 불가설 구경원만 무애대장 진사위덕신 아박라하거 법계주 노

舍那佛 是爲大日王萬法之王
사나불 시위대일왕만법지왕

이 다섯 글자는 모두 위의 해석과 같아 하나도 차별이 없고 행증(行證)이 다를 뿐

이다。 말하자면 위의 다섯 글자 각각의 위에 점을 더한다는 것인데 이는 대공증과(大空證果)의 의미이다。 이 다섯 글자에 각각 획을 더하면 만행(萬行)의 보현법계(普賢法界)가 되며 능히 가지와 잎을 발생하여 광명이 두루 원만、 부처님의 법계에 들어간다。 그 때문에 「입(入)이라고 한다。 이는 보신(報身)을 성취한다는 의미이기 때문에 청불문(請佛文)에는 金剛蓮華藏世界 不可說 究竟圓滿 無礙大藏 塵沙威德身 阿縛羅訶坎 法界主 盧舍那佛」라 하였는데 이가 대일왕(大日王)으로 만법의 왕인 것이다。

出悉地 (출실지)

阿(아) 〔siddham〕 羅(라) 〔siddham〕 縛(바) 〔siddham〕 左(자) 〔siddham〕 那(나)

比五字義 (비오자의) 具如文殊五智字陀羅尼經說 (구여문수오지자다라니경설) 是文殊五智 (시문수오지) 皆如秘蜜悉地中 (개여비밀실지중)

五字之義 (오자지의) 次第能生一切慧故名爲出 (차제능생일체혜고명위출) 比爲化身成就之義 (비위화신성취지의) 故請佛文云娑 (고청불문운사)

婆世界主化現無邊不可稱數五獨劫中減壽百歲 (바세계주화현무변불가칭수오독겁중감수백세) 阿羅縛左那一大敎主釋 (아라박좌나일대교주석)

迦牟尼佛 是爲一切佛母 又云報身故爲普賢行願 化身爲文殊智慧 合生

法身 故文殊云我與大日王 於無量數劫中 産生 十八菩薩 五十五善知

識 四十大將 堅牢地神 俾今鞠育擁護無量眾生也 金剛頂梵本經云 十

方个中 所有眞言 雖千萬億 唯有比三身眞言五字功德 不可比中 然若

誦秘蜜地一遍 如轉大藏經一千遍 若誦入悉地一遍如轉大藏經一千遍

若誦出悉地一遍 如轉大藏經一千遍 故云 灌照理性 骨堅體健 永無災

障 及諸病苦 攝養長壽 或本師受如法布位 或輪王頂上戴乎天 冠中威

布千里萬國同泰 或守鎭總戎 鼓角之上題字 嚴擊聲遠聞 妖氣潛滅 土

之身紙 皆大歡喜風調雨順 苗稼洪潤 人無災病 或念誦加持 戰鼓角之

上彼軍自生降伏 不損一人也

이 다섯 글자의 의미는 문수오지다라니경(文殊五智陀羅尼經)에 설한 바와 같이 갖추어져 있다. 이 문수의 오지(五智)는 모두 비밀실지(秘密悉地) 가운데 오자(五字)의 의미와 같은데 차례로 일체의 지혜를 발생하기 때문에 출(出)이라고 한다. 이는 화신(化身)을 성취한다는 뜻이다. 그러므로 청불문(請佛文)에 말하길 「사바세계주 화현무변 불가칭 수오탁겁중 감수백세 아라바자나 일대교주석가모니불(娑婆世界主 化現無邊 不可稱數五濁劫中 減壽百歲 阿羅縛左那 一代教主釋迦牟尼佛)」이라고 하였는데 이것이 일체불모(一切佛母)인 것이다. 또한 말하길 보신(報身)이기 때문에 보현(普賢)의 행원(行願)이 되고 화신(化身)은 문수의 지혜가 되며 이를 합하여 법신(法身)을 낸다」고 하였다. 그러므로 문수가 말하길 「나는 대일왕(大日王)과 함께 셀 수 없는 겁 동안 십팔보살(十八菩薩)과 오십오선지식(五十五善知識) 사십대장(四十大將) 견뢰지신(堅牢地神)을 산생(産生)하여 한량없는 중생을 기르고 옹호하게 하였다」고 했다. 금강정범본경(金剛頂梵本經)에는 「시방의 게송 가운데 있는바 진언이 천만억이라 해도 이 삼신진언(三身眞言)과 오자공덕(五字功德)에는 비량(比量)이 되지 않는다」고 하였다. 비밀실지(秘密悉地)를 한 편 외우면 대장경을 이 천 편을 외운 것과、 입실지(入悉地)를 한 편 외우면 대장경 일천 편을 외운 것과 같으며 출실지(出悉地)를 한 편 외우면 대장경을 일천 권을 외운 것과 같으니라. 그러므로 이르길 「이성(理性)을 관조하면 뼈와 몸이 강건하여 재앙 장애 병고(病苦)

174

가 영원히 없어지고 섭양(攝養)하여 장수하게 된다. 혹은 본사(本師)에게 여법(如法)하게 포위(布位)를 받기도 하며 혹은 전륜왕의 정상(頂上)에 하늘을 이고 관(冠) 속에서 위엄을 떨치면 천리만국(千里萬國)이 함께 편안하며、혹은 진지를 수비하는 총대장이 북과 호각 위에 글자를 쓰고 장엄하여 치는 소리가 멀리 들리면 요망한 소리 없이 소멸하고 토지의 신기(神祇)도 모두 크게 환희한다. 그리하여 바람도 비도 순조로워 심은 곡식은 윤택하고 사람에겐 재앙과 질병이 없으며 호각 위에 가지(加持)하면 상대방 군사가 스스로 항복하여 한 사람도 손상하지 않는다」고 하였다.

佛菩薩點筆方 八眼
불 보 살 점 필 방 　 팔 안

불보살을 점필하는 방향

람 呼 慧眼時 安眼上 혜안을 부를 때 눈 위에 안치함.
호 혜안시 안안상

함 呼 天眼時 安眼晴 천안을 부를 때 눈망울에 안치함.
호 천안시 안안청

캄 呼 肉眼時 安眼下 육안을 부를 때 눈 아래 안치함.
호 육안시 안안하

밤
호呼 법안시法眼時 안미상安眉上 법안을 부를 때 눈썹 위에 안치함.

암
호呼 불안시佛眼時 안미간安眉間 불안을 부를 때 눈썹 중간에 안치함.

훔
호呼 십안시十眼時 안흉중安胸中 십안을 부를 때 가슴 중간에 안치함.

아
호呼 천안시千眼時 안구중安口中 천안을 부를 때 입속에 안치함.

옴
호呼 무진안시無盡眼時 안정상安頂上 무진안을 부를 때 정상에 안치함.

五如來種子 오여래종자

옴唵
흠吽
다랑怛朗
하릭紇哩
악惡

四波羅蜜菩薩種子 사바라밀보살종자

람嚕
함含
마암麽暗
다駄

176

内八菩薩種子
내팔보살종자

㐲里 가리
日朗 아랑
佉 카
仰 앙
伐江 캉
三 삼
吽 흠
銘 명

外八菩薩種子
외팔보살종자

惡 악
或 혹
佉 카
覽 람
罟 밤
朗 랑
唅 함

鉤索鎖鈴種子
구색쇄령종자

藥 약
吽 흠
罟 밤
或 혹

十大明王種子
십대명왕종자

藥 약
波羅 바라
波陀 바다
尾吒 미닥
例 네
麼 마
惡 악
怛禮 다례
縛 바

列金剛王 금강왕을 나열함
열금강왕

악 金剛王如來 (금강왕여래)

밤 普賢菩薩 (보현보살)

작 日精菩薩 (일정보살)

바 金剛藏菩薩 (금강장보살)

참 文殊菩薩 (문수보살)

잠 月精菩薩 (월정보살)

밤 釋迦如來 (석가여래)

샹 盧舍那佛 (노사나불)

챰 虛空藏菩 (허공장보살)

하릭 阿彌陀佛 (아미타불)

부 藥師如來 (약사여래)

메 彌勒菩薩 (미륵보살)

아 慈惠菩薩 (자혜보살)

빙 精進菩薩 (정진보살)

잉 出現知菩薩 (출현지보살)

아　光網菩薩　（광망보살）

악　堅固力菩薩　（견고력보살）

람　金剛鏁菩薩　（금강쇄보살）

함　寶印手菩薩　（보인수보살）

가심　地藏菩薩　（지장보살）

삭　觀世音菩薩　（관세음보살）

삼　大勢至菩薩　（대세지보살）

수　禪定菩薩　（선정보살）

밤　最精進菩薩　（최정진보살）

天漢六通三明
천한육통삼명

天眼明 宿命明 漏盡明
천안명 수명명 누진명

함 呼天眼通時 安眼睛
호천안통시 안안청
천안통을 부를 때 눈동자에 안치함

하 呼天耳通時 安兩足
호천이통시 안양족
천이통을 부를 때 두 다리에 안치함

사바 呼他心通時安脛中
호타심통시안경중
타심통을 부를 때 두 다리에 아치함

제 呼神鏡通時 安兩腋
호신경통시 안양액
신경통을 부를 때 두 겨드랑이에 안치함

쥰 呼宿命通時 安臍中
호숙명통시 안제중
숙명통을 부를 때 배꼽 가운데 안치함

례 呼漏盡通時 安兩肩
호누진통시 안양견
누진통을 부를 때 양어깨에 안치함

天王十五王五通五力
천 왕 십 왕 오 통 오 력

창한다.

오통은 위와 같이 중위 누진통의 전 부처를 부를 때 누진통 전의 중·하가 동시에

五通如上中位漏盡通之前 唱不時 漏盡通前中下 同唱
오 통 여 상 중 위 누 진 통 지 전　창 불 시　누 진 통 전 중 하　동 창

례 呼神通力時 安兩肩
　호 신 통 력 시　안 양 견
신통력을 부를 때 양 어깨에 안치함

주 呼勇猛力時 安胸中
　호 용 맹 력 시　안 흉 중
용맹력을 부를 때 가슴 중에 안치함

례 呼慈悲力時 安頸上
　호 자 비 력 시　안 경 상
자비력을 부를 때 목 위에 안치함

자 呼菩薩力時 安口中
　호 보 살 력 시　안 구 중
보살력을 부를 때 입속에 안치함

옴 呼如來力時 安頂上
　호 여 래 력 시　안 정 상
여래력을 부를 때 정상에 안치함

182

佛說佛母般若婆羅蜜多大明觀想義
불설불모반야바라밀다 대명관상의

서천의 역경삼장이며 조봉대부시광록경 전법대사로서 자목을 하사받은 시호는 조서를 받들어 번역함

爾時 世尊 普爲一切修出世間最勝悉地者 宣說佛母般若婆羅蜜多 大
이시 세존 보위일체수출세간최승실지자 선설불모반야바라밀다 대

點筆論在下文 점필론은 아래 글에 있음
점필론재하문

明觀想法 波大明呪曰
명관상법 파대명주왈

그때에 세존께선 널리 모든 출세간최승실지를 닦는 이들을 위하여 불모반야바라밀
다 대명관상법을 널리 설하셨는데 그 대명주는 이렇게 말씀하셨다.

나모 바라바데 아라바라 바라미 다예 아바리미 다우나예 바 지바
사라예 살바다타 아다야 나바리 보리다예 사다바 사라예 다야타
살바다타 아다야 나바리 보리다예 사다바 사라예 다야 타 옴 제
솜디 삽디 미아예 사 바하

如是大明　有大功德　最上最勝不可思議　諸修瑜伽行者　若欲觀想此大

明文字　求悉地法　先當發起　大菩提心　然後　依法　於自心上想淨月輪

於月輪中　觀想提字　從臍輪轉於心　而住其字　黃色即是般若波羅蜜多菩

薩根本心字　如是想已　復想此字即成般若波羅蜜多菩薩　想此菩薩　想身

眞金色有其六臂　相好圓滿　種種莊嚴　頂戴花冠　最上二手　結說法印　其

印以二手　作合掌　二中指　入掌內　指面相合　二大指及二頭指　各各指

面相捻　餘指不動　成印餘手　持般若波羅蜜多經　優鉢羅華燦吉帝等　依

法觀想　如是想已　又復　諦想　般若波羅蜜多大明　最上甚甚從無我生　由

如是觀般若波羅蜜多無我生　故即一切法　無我平等　以如是平等　故即從

般若波羅蜜多　出生無邊諸文字相　文字相者　攝一切相　修瑜伽行者　若

開唵提二字 當於頂上 而作觀想 若開唵詣二字 當於舌端 而作觀想 若
개 암 리 이 자 당 어 정 상 이 작 관 상 약 개 암 예 이 자 당 어 설 단 이 작 관 상 약

開唵添二字 當於二耳輪 而作觀想
개 암 첨 이 자 당 어 이 륜 이 작 관 상

復次 修諭伽行者 若欲觀想此佛母般若波羅蜜多 大明文字 應當諦誠
복 차 수 유 가 행 자 약 욕 관 상 차 불 모 반 야 바 라 밀 다 대 명 문 자 응 당 체 성

於自心上 觀想八葉大紅蓮華成曼挐羅 於八葉位 分布 觀想大明文字 是
어 자 심 상 관 상 팔 엽 대 홍 연 화 성 만 나 라 어 팔 엽 위 분 포 관 상 대 명 문 자 시

諸文字 各於方位 不相問雜於蓮華
제 문 자 각 어 방 위 불 상 문 잡 어 연 화

이와 같은 대명주(大明呪)에는 큰 공덕(功德)이 있어 최상최승하고 불가사의하다. 모

든 유가(瑜伽)를 수행하는 사람들이 대명문자(大明文字)를 관상(觀想)하고 실지법(悉地法)

을 구하고자 하면 우선 큰 보리심(菩提心)을 발기(發起)해야 한다. 그런 후에 법에 의

지하여 자기의 마음 위에 청정한 월륜을 상상하며 가운데에서 「제」자가 배꼽에서 심

장으로 구른다고 상상하고 그 글자에 안주(安住)하는데 황색(黃色)은 즉 반야바라밀로

서 보살의 심자(心字)이다. 이와 같이 상상하고 나면 다시 이 글자가 반야바라밀다 보

살을 이룬다고 상상한다. 이 보살을 상상함엔 몸은 진금색(眞金色)이요 여섯 팔이 있

으며 상호(相好) 원만하여 갖가지로 장엄하였고 머리에는 화관(花冠)을 썼으며, 제일

위 두 손은 설법인(說法印)을 맺었고、 그 인(印)을 두 손으로 합장하도록 하되 두 개의

중지(中指)는 손바닥 안으로 들어가 손가락의 면이 서로 합하며、 두 대지(大指)와 두

두지(頭指)는 각각 손가락의 면이 서로 비비고、 나머지 손가락은 움직이지 않으며、 인

(印)을 이룬 나머지 손은 반야바라밀경과 우발라화삭길제(優鉢羅華爍吉帝) 등을 잡았다고

상상한다。 법에 의한 관상(觀想)을 이처럼 상상하고 나선 반야바라밀다의 대명(大明)은

최상심심(最上甚深)하고 무아(無我)에서 발생하고 자세히 상상한다。 이와 같이 반야바라

밀다는 무아(無我)에서 발생하고 관상하기 때문에 즉 일체법이 무아(無我) 평등하며 이

처럼 평등하기 때문에 반야밀다에서 가이없는 모든 문자의 모양을 출생한다。 문자의

모양은 일체의 모양을 포섭한다。 유가(瑜伽)를 수행하는 사람이 「옴、제」의 두 글자를

들거든 정상에서 관상해야 하며 「옴、예」의 두 글자를 들거든 두 귀에서 관상해야 하

며、 「옴、첨」의 두 글자를 들거든 두 귀에서 관상해야 한다。 또 유가를 수행하는 사람이 「옴、제」의 두 글자를

문자(佛母般若波羅蜜多大明文字)를 관상하고자 하면 응당 자세하고 진실하게 자기 마음에

서 팔엽대홍련화(八葉大紅蓮華)를 관상하여 만다라(曼茶羅)를 이룬다。 그리곤 팔엽(八葉)

의 위치에 분포하고 대명문자(大明文字)를 관상한다。 이 모든 문자를 각각 방위가 연화

에서 서로 뒤섞이지 않도록 한다。

팔엽대홍련화(八葉大紅蓮華)

東葉位想安布
동엽위상안포

東南葉想安布
동남엽상안포

南葉想安布
남엽상안포

西南葉想安布
서남엽상안포

東葉位想安布
나 拏
모 謨 二字

東南葉想安布
바 波
아 娥
바 嚩
제 帝 四字

南葉想安布
아 阿
라 哩也
바 鉢
라 呪也
파 播
라 囉
미 彌

西南葉想安布
다 馱
예 曳 九字

阿
바 波
리 哩
미 彌
다 馱
우 虞

羅
예 曳 八字

西葉 想安布
서엽 상안포

縛(바) 訖底(디) 縛(바) 蹉(사) 羅 曳(예)

西北葉想安布
서북엽 상안포

薩(살) 哩嚩(바) 怛(다) 他(라) 誐(아) 多(다)

倪也(야) 那(나) 波(바) 哩(리) 布(보) 邏(라)

曳(예) 十四字

北葉 想安布
북엽 상안포

薩(사) 捶(다) 嚩(바) 蹉(사) 邏(라) 曳(예) 六字

東北葉想安布
동북엽 상안포

怛(다) 寧(나) 他(타) 三字

此八葉位次第想已 於蓮華中心 當想安布
차팔엽위차제상사 어연화중심 당상안포

唵(옴) 提(제) 二字

188

復於蓮花內圍 分布八位
복어연화내위 분포팔위

東位 想 率魯 一字
동위상 숙

東南位想 底 一字
동남위상 디

南位想 沙密哩 一字
남위상 삽

西南位想 底 一字
서남위상 디

西位想 尾 一字
서위상 미

西北位想 惹 一字
서북위상 아

北位想 曳 一字
북위상 예

北位想 娑婆 訶 二字
북위상 사바 하

동쪽 잎의 위치에는 「(悉曇字)」 두 글자를 관상으로 안포하고、

동남쪽 잎에는 「(悉曇字)」 네 글자를 관상으로 안포하고、

남쪽 잎에는 「(悉曇字)」 아홉 글자를 관상으로 안포하고、

서남쪽에는 「(悉曇字)」 여덟 글자를 관상으로 안포하고、

서쪽에는 「(悉曇字)」 여섯 글자를 관상으로 안포하고、

서북쪽에는 「(悉曇字)」 十四字 열네 글자를 관상으로 안포하고、

북쪽 잎에는 「(悉曇字)」 여섯 글자를 관상으로 안포하고、

동북쪽 잎에는 「(悉曇字)」 세 글자를 관상으로 안포하고、

동쪽 위치엔 「(悉曇字)」 한 글자를 관상하고

이 여덟 잎의 위치를 차례로 관상하고 나선 연화(蓮華)의 중심에서 「(悉曇字)」 두 글자를 관상으로 안포해야 한다. 다시 연화의 안에 에워싸며 팔위(八位)에 분포한다。

동남 위치엔 「𑀕」 한 글자를 관상하고

남쪽 위치엔 「𑀕」 한 글자를 관상하고

서남 위치엔 「𑀕」 한 글자를 관상하고

서쪽 위치엔 「𑀕」 한 글자를 관상하고

서북 위치엔 「𑀕」 한 글자를 관상하고

북쪽 위치엔 「𑀕」 한 글자를 관상하고

동북 위치엔 「𑀕 𑀕」 두 글자를 관상한다。

如_여是_시 觀_관想_상大_대明_명文_문字_자 各_각安_안布_포已_이 卽_즉當_당依_의法_법 想_상文_문字_자眞_진理_리法_법文_문 或_혹復_복依_의

法_법憶_억念_념 持_지誦_송 於_어一_일三_삼時_시 依_의法_법布_포壇_단 持_지誦_송一_일百_백八_팔遍_편 或_혹一_일千_천八_팔十_십遍_편 若_약一_일

月_월 或_혹六_육月_월乃_내至_지 一_일年_년 不_불間_간斷_단者_자 卽_즉得_득最_최上_상勝_승悉_실地_지法_법 又_우復_복 若_약開_개 若_약持_지 若_약

誦_송者_자是_시人_인當_당得_득開_개持_지具_구足_족證_증空_공三_삼摩_마地_지 如_여是_시佛_불母_모般_반若_야婆_바羅_라蜜_밀多_다大_대明_명 最_최上_상

甚深 有大功德修瑜伽行者 應當作法 如是觀想

심심 유대공덕수유가행자 응당작법 여시관상

이와 같이 대명문자(大明文字)를 관상(觀想)하여 안포하고 나선 즉시 마땅히 법에 따라 문자진리법문(文字眞理法門)을 관상(觀想)해야 하며 혹은 다시 법에 의해 억념지송(憶念持誦)해야 한다. 하루에 세 때 법에 의하여 단(壇)을 베풀고 일백팔 편이나 혹은 일천팔십 편을 지송(持誦)하되 한 달이나 혹은 육개월 내지 일년을 간단(間斷)하지 않으면 최상승의 실지법(悉地法)을 얻으리라. 또 듣거나 갖거나 외우면 이 사람은 마땅히 구족증공삼마지(具足證空三摩地)를 얻으리라. 이와 같이 불모반야바라밀다대명(佛母般若波羅蜜多大明)은 최상심심(最上甚深)하고 큰 공덕이 있으니 유가행(瑜伽行)을 닦는 사람은 응당히 작법(作法)하고 이와 같이 관상(觀想)해야 한다.

一切如來 秘密 全身舍利 寶篋 陀羅尼

일체여래 비밀 전신사리 보협 다라니

娜謨 悉底哩也地尾迦喃 薩嘌嚩怛佗糱多喃 唵 部尾婆嚩那嚩 怛佗糱多 馱都馱梨 鉢捺輪婆 梨嚩者 者者嚧 祖魯祖魯 馱羅薩嚩 怛佗糱多

나모 자저리야지미 가남 살표부달타 아다남 옴 부미바바나바 다타아다 다도다리 바나맘바 리바자 자자조 조로조로 다라살바 다타아다

192

嚩地 惹也 嚩梨 歔祖梨 沙麼羅 怛佗檗多 達摩 斫訖羅鉢 羅末嘌哆 娜
바디 아야 바리 모조리 사마라 다라아나 달마 자가라바 라말다 다

嚩日羅 冒地 滿拏 孕迦羅 孕訖里帝 薩嚩怛佗 檗多地 瑟底 冒駄野
바아라 모디 만나 링가라 링가이데 살바다타 아다디 모디 야

冒駄野 冒地冒地 沒地沒地 三冒駄你 三冒駄野 在羅在羅 在羅都 薩
모다야 모디모디 몰디몰디 삼모다니 삼모다야 자라자라 자라도 살

嚩嚩羅拏 輪薩嚩波發 彌俄帝 戶盧戶盧 薩嚩戍迦尾檗帝 薩嚩怛佗檗
바바라나 살바바발 미아뎨 호로호로 살바슈가미아뎨 살바다타아

多檗里那野 嚩日里 抧三 婆羅 三婆羅 薩嚩怛佗 檗多 虞四野 駄羅抳
다하리나야 바아리 니삼 바라 삼바라 살바다타 아다 우햐야 다라니

歔抳哩 沒地弟 蘇沒地弟 薩嚩怛佗 檗多地 瑟地駄都檗陛 沙嚩訶 三
몬데리 몬데제 소몬데제 살바다타 아다디 지도도알베 사바하 삼

摩耶 地瑟地帝 娑嚩訶 薩嚩怛佗 檗多 紇里那野 駄都冒捺梨 沙嚩訶
마야 지뎨뎨 사바하 살바다타 아다 하리나야 다도모나리 사바하

蘇鉢羅 地瑟地多 檗都閉 怛佗檗多 地瑟地帝 戶魯戶魯 吽吽 沙嚩訶
소바라 지지다 아도베 다타 지지뎨 호로호로 흠흠 사바하

唵 薩嚩怛佗 檗多塢瑟拏 沙駄都 冒捺羅尼 薩嚩怛佗 檗多沙駄都尾
옴 살바다타 아다옷지 사다도 모나라니 살바다타 아다사다도미

部使多 瑟地帝 吽吽 沙嚩訶
보시다 디지뎨 흠흠 사바하

옴 바아라 바사 가리아니 맘라 훔 (세 번)

小寶篋陀羅尼
소보협다라니

일체여래 비밀전신사리 보협다라니

나모 자라다미 가남 살바다타 아다남 옴 보미 바바나 바리바자리

자자대 조로조로 다라살바 다타아다 다도다리 바나맘 바바디아야

바리 모조리 사마라 다타아나 달마 자가라 바라말다 다바아라 모

디 만나 링가라 링가이뎨 살바다타 아다디 지뎌 모다야모다야 모

디모디 몯댜몯댜 삼모다니 삼모다야 자라자라 자라도 살바바라나

니살바바바 미아뎌 호로호로 살바슈가 미아뎌 살바다타아다 하리

나야 바아리 니삼 바라 삼바라 살바다다 아다 우햐 다라니 모다리

몬뎨 소몬뎨 살바다타 아다디 지다다도알볘 사바삼마야 디지뎨 사

바하 살바다타 아다 하리나야 다도모다리 사바하 소바라 디지다

194

아다볘 다타아다 디지뎨 호로호로 훔훔 사바하 옴 살바다타 아다

옷니 사다도 모나라니 살바다타 아다사 다도미 보시다 디지뎨 훔

흠 사바하

　소보협다라니

옴 바아라 바샤 가리아나 맘라 훔 (세번)

三十七尊說
삼십칠존설

華嚴入法界品 官字卷 清涼疏云 以理推之 皆是如來海印所現 何緣
화엄입법계품 관자권 청량소운 이리추지 개시여래해인소현 하연

不說自所現佛 而說他耶 故知賢首佛等 皆本師矣 鈔以 理推 下 第七
불설자소현불 이설타야 고지현수불등 개본사의 초이 리추 하 제칠

結成正義 十方諸佛 皆我本師 海印頓現 且法華分身 有多淨土 如來何
결성정의 십방제불 개아본사 해인돈현 차법화분신 유다정토 여래하

不指己淨土 而今別往彌陀妙喜思之 故知賢首彌陀佛 皆本師矣 何怪
불지기정토 이금별왕미타묘희사지 고지현수미타불 개본사의 하괴

輪 言賢首者卽壽量品中 過百萬阿僧低刹 最後勝蓮華世界之 如過百萬

阿僧低刹 最後勝蓮華世界之如來也 經中偈云 或見蓮 華勝 妙刹 賢首

如來住其中 若此不是歎本師者 說他如來在他國土 爲何用 那 且如也

總持敎中 亦說三十七尊 皆是遮耶 一佛所現 謂毘盧遮那 如來 內心證

自受用 成於五智 從四智 流四方如來 謂大圓鏡智 流出 東方閦如來

平等性智 流出南方寶生如來 妙觀察智 流出西方無量壽 如來 成所作

智 流出北方不空成就如來 法界淸淨智 卽自當毘盧遮那 如來 言三十

七者 五方如來 各有四大菩薩 在於左右 復成二十 謂中 方毘盧遮那如

來 四大菩薩者 一金剛波羅密菩薩 二寶波羅密菩薩 三 法波羅密菩薩

四羯摩波羅密菩薩 東方阿閦如來 四菩薩者 一金剛薩埵菩薩 二金剛

王菩薩 三金剛愛菩薩 四金剛善哉菩薩 南方寶生如來 四菩薩者 一金

剛寶 二金剛威光 三金剛幢 四金剛笑 四方無量壽亦 名觀自在王如來

四菩薩者 一金剛法 二金剛利 三金剛因 四金剛語 北方不空成就如來

四菩薩者 一金剛葉 二金剛法 三金剛藥叉 四金剛拳 巳上總有二十

五也 及四攝八供養 故三十七 言四攝者 卽鉤索鎖鈴 八供養者 卽香

華燈塗戲歌舞 皆上有金剛下有菩薩 然 此三十七尊 各有種子 皆是

本師智用流出 與令經中海印頓現 大意同也

삼십칠존설(三十七尊說)

화엄입법계품(華嚴入法界品) 관자권(官子卷) 청량소(淸凉疏)에는 말하였다. 「이치로 추

리한다면 모두가 여래의 해인(海印)에서 나타난 것이다. 무슨 인연으로 자체에서 출현

한 부처님을 말씀하지 않고 다른 것을 말씀하셨는가. 그러므로 현수불(賢首佛)등이 모

두 우리의 본사(本師)라는 것을 알아야 한다.

이를 초(鈔)에서는 「이치로 추리한다면의 아래 일곱 번째는 바른 의미를 결론짓고 성립시킨 것으로서 시방(十方)의 모든 부처님이 다 우리 본사(本師)의 해인(海印)에서 홀연히 나타났다」고 한 것이다.

또 법화(法華)의 분신(分身)에도 많은 정토(淨土)가 있는데 왜 자기의 정토를 가리키지 않고 미타(彌陀)와 묘희(妙喜)에 따로 가서 생각하게 하였겠는가. 그러므로 현수불(賢首佛)과 미타불(彌陀佛)이 모두 본사(本師)라는 것을 알아야 한다. 다시 무엇을 괴이하게 여기겠는가. 현수(賢首)라고 한 것은 즉 무량품(無量品) 가운데 백만아승지구토를 지난 최후의 승련화세계(乘輦華世界)의 여래인 것이다. 경(經) 중의 게송에 이르길 「혹은 연화승묘(蓮華勝妙) 세계에 현수여래께서 그 속에 안주하심을 보았다 하자. 이처럼 본사를 찬탄하지 않았다면」라고 한 것은 다른 여래가 타방(他方)의 구토에 계심을 말해서 어디에 쓰겠는가 한 것이다. 또 총지교(總持教) 같은 데에서도 말하길 삼십칠존(三十七尊)이 모두 비로자나불(毘盧遮那佛) 한 부처님의 나타나신 바라고 하였다. 말하자면 비로자나여래의 내심(內心)에서 증오(證悟) 자수용(自受用)이 오지(五智)를 이룬다 함이다. 이 가운데 사지(四智)를 따라 사방(四方)의 여래가 유출(流出)하는데 말하자면 대원경지(大圓鏡智)에서는 동방의 아촉여래(阿閦如來)가 유출하고, 평등성지(平等性智)에서는 남방의 보생여래(寶生如來)가 유출하고, 묘관찰지(妙觀察智)에서는 서방의 무량수여래(無量壽如來)가 유출하고, 성소작지(成所作智)에서는 북방의 불공성취여래(不空成就如來)가 유출하며, 법계청정지(法界淸淨智)는 즉 비로자나여래 스스로의 당체(當體)인 것이다.

삼십칠존(三十七尊)이라는 것은, 오방여래(五方如來)에 사대보살(四大菩薩)이 좌우에 있어 이십(二十)을 이루니, 중방(中方) 비로자나불의 사대보살을 말하자면 첫째 금강바라밀보살(金剛波羅蜜菩薩) 둘째 보바라밀보살(寶波羅蜜菩薩) 셋째 법바라밀보살(法波羅蜜菩薩) 넷째 갈마바라밀보살(羯磨波羅蜜菩薩)이며, 동방 아촉여래의 네 보살은 첫째 금강살타보살(金剛薩埵菩薩) 둘째 금강왕보살(金剛王菩薩) 셋째 금강애보살(金剛愛菩薩) 넷째 금강선광보살(金剛善哉菩薩)이며, 남방 보생여래의 네 보살은 첫째 금강보(金剛寶) 둘째 금강위광(金剛威光) 셋째 금강당(金剛幢) 넷째 금강소(金剛笑)이며, 서방 무량수여래는 또한 관자재왕여래(觀自在王如來)라고도 하는데 네 보살은 첫째 금강법(金剛法) 둘째 금강리(金剛利) 셋째 금강인(金剛因) 넷째 금강어(金剛語)이며, 북방의 불공성취여래의 네 보살은 첫째 금강엽(金剛葉) 둘째 금강법(金剛法) 셋째 금강약차(金剛藥叉) 넷째 금강권(金剛拳)으로 이상 총체적으로 스물다섯이며, 사섭(四攝)과 팔공양(八供養)이 있기 때문에 삼십칠이 된다. 사섭을 말한다면 구(鉤) 색(索) 쇄(鎖) 령(鈴)이며, 팔공양은 향(香) 화(華) 등

(燈) 도(塗) 희(戱) 만(鬘) 가(歌) 무(舞)인데、모두가 위에는 금강이 있고 아래에는 보살이 있다。

그러나 이 삼십칠존(三十七尊)에 각각 종자(種子)가 있어 모두가 본사(本師)의 지혜 작용에서 유출한다 하였는데 지금 경전 가운데에서 해인(海印)에서 홀연히 나타난다는 것과 대의(大意)는 같다고 하겠다。

一 中方佛部 二 東方金剛部 三 南方寶生部 四 西方蓮華部
일 중방불부 이 동방금강부 삼 남방보생부 사 서방연화부

五 北方羯摩部 （淸凉疏所辨）
오 북방갈마부 　청량소소변

又 一 佛部 諸佛之部 二 蓮華部 菩薩之部 三 金剛部 金剛之部 四
우 일 불부 제불지부 이 연화부 보살지부 삼 금강부 금강지부 사

寶生部 諸天之部 五 羯摩部 鬼神之部 （准提經所立）
보생부 제천지부 오 갈마부 귀신지부 　준제경소입

又　白是寂災色佛部義　黃是增益色蓮華部義　赤是降伏色金剛部義
우　백시적재색불부의　황시증익색연화부의　적시강복색금강부의

淸是成辨諸事色隨類之形　黑是攝置色忿怒部類 （造像經所說）
청시성변제사색수류지형　흑시섭치색분노부류 　조상경소설

오부류(五部類)

첫째 중방의 불부(佛部)

둘째 동방의 금강부(金剛部)

셋째 남방의 보생부(寶生部)

넷째 서방의 연화부(連華部)

다섯째 북방의 갈마부(羯磨部)

이상은 청량소(淸凉疏)에서 판단한 것임.

또 첫째 불부(佛部) — 모든 부처님의 부(部)

둘째 연화부(連華部) — 보살의 부(部)

셋째 금강부(金剛部) — 금강의 부(部)

넷째 보생부(寶生部) — 모든 하늘의 부(部)

다섯째 갈마부(羯磨部) — 귀신의 부(部)

이상은 준제경(准提經)에서 세운 것임.

또 백(白)은 재앙을 가라앉히는 색으로 불부(佛部)의 의미이며

황(黃)은 이익을 증가하는 색깔로서 연화부(連華部)의 의미이며

적(赤)은 항복의 색깔로서 금강부(金剛部)의 의미이며

청(淸)은 모든 일을 판단하고 이루는 색깔로서 종류(種類)를 따르는 형태이며

흑(黑)은 포섭하여 안치하는 색깔로서 분노부(忿怒部)의 종류(種類)이다.

이상은 조상경(造像經)에서 말한 것임.

202

○ 황소폭자 내 물목 안립 순서 구성도

황소폭자 (黃絹幅子) 규격 (規格) 사방 (四方)이 약 一尺 五寸이다。

一 황소폭자

二 원문 (錄記文) 안립

三 진신사리보협다라니 안립

四 열금강지방도 안립

五 후령통 아래 중방경 안립

六 후령통 몸체 사방경 고정

七 팔엽대홍련도 안립

八 천원도가 땅을 향하도록 안치

九 천원도로 후령통 감싸기

十 황초폭자의 네 귀퉁이를 묶음

十一 후혈의 오색실로 후령통 고정

十二 근봉지 봉함

十三 매듭을 땋아 마무리

十四 후령통 조성 완료

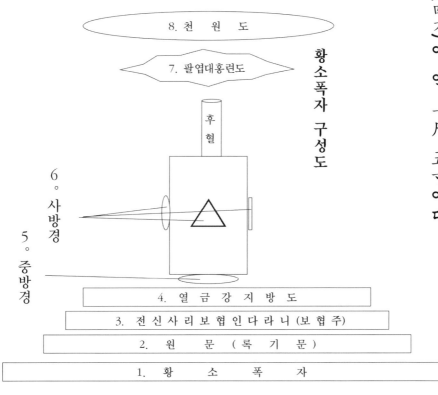

황소폭자 구성도

8. 천 원 도

7. 팔엽대홍련도

후혈

6. ○ 사방경

5. ○ 중방경

4. 열 금 강 지 방 도

3. 전 신 사 리 보 협 인 다 라 니 (보 협 주)

2. 원 문 (록 기 문)

1. 황 소 폭 자

佛象造成緣記文

佛紀　年　月　日　三峯山下　觀音寺

彌陀殿

彌陀尊像　新造成　腹藏　發願同參記

願以此功德　普及於一切　我等與衆生

當生極樂國　親見無量壽　皆共成佛道

伏願

主上殿下壽萬歲

王妃殿下壽齊年

世子邸下壽千秋

佛像施主萬善莊嚴

法界含昊九蓮化生

仰惟

三寶證明功德

各各　施主者　名單收錄

伏願以此刊經功德奉爲

至上殿下新天永命壽崇岡陵

中壼殿下慈雨溥洽仙李長春

南星邸下輔翼萬機光啓王室

　　王后金氏仙駕逍遙蓮藥地安養慧心

綏嬪邸下朴氏仙駕見佛受記惠蔭邦家

和嬪邸下尹氏仙駕快昇異天堂轉證大法

抑願

百職忠萬民樂　　泰山礪黃河帶

時雨若時陽若　　宗社安如磐石

將此勝因結緣檀信法界羣生咸登彼岸

永明都尉癸丑生洪氏　　延壽增福子孫滿堂

淑善翁主癸丑生李氏　　兩位

道光四年甲申六月　日金剛山榆岾寺藏板

伏願以此刊經功德奉爲

主上殿下祈天永命壽崇岡陵
中壺殿下慈雨溥洽仙李長春
前星低下輔翼萬機光啓王室
孝懿王后金氏仙駕逍遙藥地安養慧心
綏嬪低下朴氏仙駕見佛受記惠陰邦家
和嬪低下尹氏仙駕快昇天堂轉證大法

仰願
百職忠萬民樂　泰山礪黃河帶
時雨若時陽若　宗社安如磐石
拎此勝因結緣檀信信法界羣生咸登波岸

施主秩　貫盧富聰　伏爲　蓮谷道華　伏爲
　　　　　　亡父 ○○　母○○氏　兩位

淑善翁主 ○生 ○氏
尚宮臣 ○生 ○氏　兩位　延壽增福子孫滿堂
尚宮臣 ○生 ○氏　尚宮臣 ○生 ○氏
尚宮臣 ○生 ○氏　別提臣 河敬鎬

永明都尉 ○生 ○氏

大持殿德敏　인勸施主 ○生 ○氏　比丘○○　信士淨淳
化主 仁坡當 珎圓　比丘 德旬　清信女 朴氏　決心
校正書梵華岳知濯　刻工山人 最談同業 勝敏　案手元　載亨
證明 惠谷定俊　尹啓昌　戒定　印經勝定
持殿 首座最仁　田慶錫　性直　俊秀
都監 慕恩萬讚　供主 比丘性岑　舒悟　抱宣
別座 麟圓讚植　典座比丘 處閑　治木 李完吉　寫字影海呂訓
都化主 聳虛碩旻　外都監 比丘 大洪　賀木　韓光三

道光 四年 甲申 六月 日 金剛山 楡岾寺 藏板

복원이 차 천경공덕봉위

주상전하기천영명수숭강릉
중호전하자양부험성이장춘
전성저하보익만기광계왕실
효의왕후김씨선가소요약지안양혜심
수빈저하박씨선가견불수기혜음방가
화빈저하윤씨선가쾌승당전증대법

앙원
백직충만민락 태산여황하대
시양약시양야 종사안여반석
랄차승인결연단신신법계군생함등파안

시주질 관허부총 복위 연곡도화 복위
　　　　망부 ○○ 모○○씨 양위

숙선옹주 ○생 ○씨
상궁신 ○생 ○씨 양위 연수증복자손만당
상궁신 ○생 ○씨 상궁신 ○생 ○씨
상궁신 ○생 ○씨 별제신 하경호

영명도위 ○생 ○씨

대지전덕민 인권시주 ○생 ○씨 비구○○ 신사정형
화주 인파당 진원 비구 덕순　청신녀 박씨 결심
교정서범화악지탁 각공산인 최담동업 승민 채수원 재형
증명 혜곡정준 윤계창 계정 인경승정
지전 수좌최인 전경석 성직 준수
도감 모은만찬 공주 비구성잠 서오 포선
별좌 인원찬식 전좌비구 처한 치목 이완길 사자영해여훈
도화주 용허석민 외도감 비구 대홍 빈목 한광삼

도광 사년 갑신 유월 일 금강산 유점사 장판

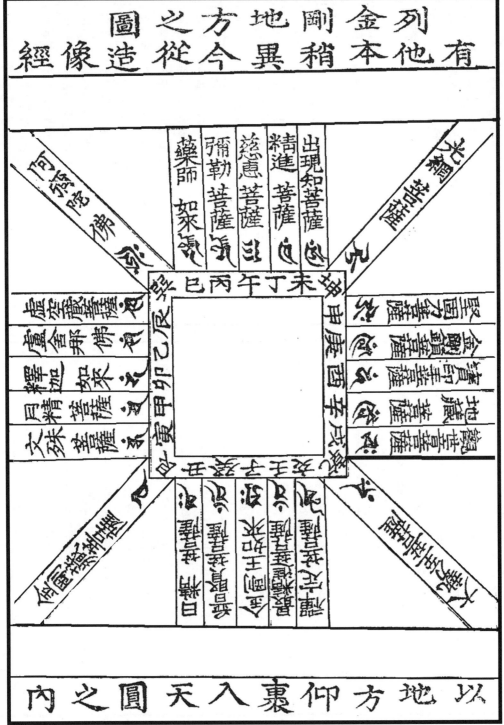

1、열금강지방도(列金剛地方圖)

※ 유점사본 조상경 동국대학교 소장

206

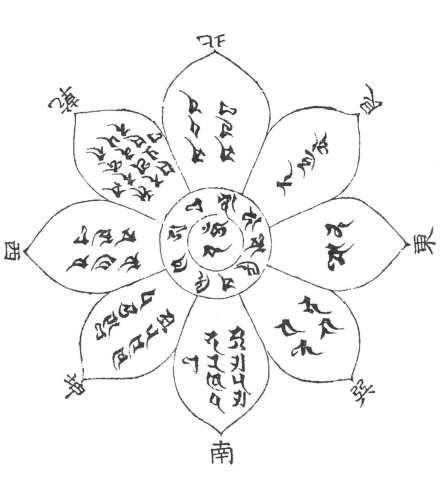

八葉大紅蓮之圖

2、팔엽대홍련지도(八葉大紅蓮之圖)

※유점사본 조상경 동국대학교 소장

이 팔엽대홍련이 북쪽을 우러러 보게 후령통의 뚜껑 위에 천원(天圓)이 아래를 펼친다.

以此八葉
大紅蓮仰
敷於筒盖
之上天圓
之下所謂
八葉盖者
喉鈴筒之
盖也非此
大紅蓮也

准提九字天圓之圖
有九乾天之圖俗也閼之圖之

卑

東　　西

北

3、준제구자천원지도(准提九字天圓之圖)

※ 유점사본 조상경 동국대학교 소장

既而地則覆抱理之天方方天也圖位載今
順有方彼地地此法圓之則圓前定不之改
俗天之有載外封必抱外入之人其辯異之
謔圓說天天之裹以地地於內之方要故也

보협주(寶篋呪) 흰 천에 금으로 쓴다。

법인주(法印呪) 흰 천을 가로로 황소폭자를 감싸 한 바퀴를 두르고 붉은 글씨로 마감한다。

文殊菩薩法印能消定業陀羅尼

준제주(准提呪) 흰 천을 세로로 황소폭자를 감싸 한 바퀴를 두르고 붉은 글씨로 마감한다。

七俱胝佛母大准提陀羅尼

關伽供養
알가공양

※ 조성(造成)된 후령통(喉鈴筒)을 불단 위에 올려 놓고 알가공양을 한다.

가지(加持)하고 난 뒤 알가공양(關伽供養)(불、보살에게 감로수 올리는 공양)한다. 대일경기(大日經記)에 말하기를 세간 공양은 법성공양(法成供養)에 비유하면 진흙의 향기는 더러움과 때를 맑게 하고 재앙과 번뇌를 없앤다는 의미이고 연등(燃燈)은 암전(暗傳)을 파괴하고 무궁한 등혜(燈慧)로 법계(法界)를 비춘다는 의미이다.

꽃이란 온갖 행실의 꽃에서 자비가 생겨 법계(法界)를 두루 덮는다는 의미이며、알가(關伽)는 생사(生死)의 번뇌(煩惱)를 없애 청정함을 얻는다는 의미이다.

먹는다는 것은 상상(想像)의 감로(甘露) 맛으로 불생불사(不生不死)하여 무상과(無上果)를 얻는다는 의미이다.

觀想
관상

※ 조성(造成)된 후령통(喉鈴筒)을 불단 위에 올리고 관상(觀想) 한다.

조상경에 따르면 하루에 세 번 단을 설치하고 백팔 편 혹은 천팔십 편 지송(祗送)을 한 달이나 육 개월 또는 이 년을 지속하면 최상(最上)의 실지법(悉地法)을 얻는다고 한다. 또한 이를 듣거나 가지거나 외우면 구족공삼마지를 얻는다고 한다. 이와 같은 대명주(大明呪)는 큰 공덕이 있어 최상최승(最上最勝)하고 불가사의하다. 모든 유가(瑜伽)를 수행하는 사람들이 대명문자(大命文字)를 관상하고 실지법(悉地法)을 구하고자 하면 먼저 큰 보리심(菩提心)을 발기(發起)해야 한다.

○ 腹藏物 納入
복장물 납입

알가공양과 후령통을 관상하는 절차가 끝나면 완성된 후령통을 불상 가슴 중앙에 안치한다. 후령통을 고정하기 위해 표지를 제거한 각종 경전과 다라니를 함께 넣어 불복(佛腹)을 채운다. 이는 후령통을 고정하는 역할뿐만 아니라 법사리를 채우는 의미도 포함하고 있다. 복장물을 모두 납입하면 복장 공(孔)을 복장 마개로 막은 후 오류종자로 마감한다.

복장 납입이 끝나면 점안식을 행한다. 복장물 납입을 마친 불상을 불단 위에 모신 뒤 오색실로 도량과 불상을 결계한다. 점안의식 및 점필을 거쳐야 비로소 불상은 진정한 예경 대상으로 거듭나는 것이고, 불 복장 및 점필을 마치기 전에는 조성된 불은 일개 작품에 불과한 것이다.

◎ 불상복장의식(佛像腹藏儀式)

※ 의식 집전시 보기 쉽게 한글을 크게 변환한다.

의식단정좌(儀式壇正坐)

단으로 법사 입장한다.

가장 먼저 단장이 입장하여 의식단과 의식을 행하는 법사들의 몸에 쇄수기로 물을 뿌린다. 이는 부처님의 경내에 들어가기 전 정화하는 의식을 행하는 것이다. 각 법사들은 몸을 정화한 후 단장에 들어가 차례로 정좌하며 증명법사는 단의 동쪽에, 회주는 단의 서쪽에 앉고, 송주하는 법사들도 그 곁에 앉는다. 오방법사는 각각 외우는 진언에 따라 방향대로 단에 정좌한다.

의식단결계(儀式壇結界)

이는 부처님의 경내에 들어가기 전 정화하는 의식을 행하는 것이다.

一、삼화상청(三和尚淸)

　불사를 증명하는 삼화상을 청하는 의식이다。 중앙의 불상을 중심으로 좌측에

모셔진 삼화상 단을 향해 삼화상청을 염송한다。

二、신중작법(神衆作法)

　도량을 옹호하는 신중들을 청하는 의식이다。

　불상 뒤에 장엄된 상단의 옹호 단을 향해 신중작법을 행한다。

三、증명창불(證明唱佛)

　※ 증명법사란 불보살의 점안을 증명하는 것인데、 미리 이들을 단 위에 써 붙

여 증명이 되어주기를 우러러 청하면서 명호를 부른다。

증명창불에서 청하는 불보살 명호는 다음과 같다。

佛 **번**
幡

나무대교주 청정법신 비로자나불
南無大教主 清淨法身 毘盧遮那佛

나무법계주 원만보신 노사나불
南無法界主 圓滿報身 盧舍那佛

나무사바교주 천백억화신 석가모니불
南無娑婆教主 千百億化神 釋迦牟尼佛

나무동방금강부 대원경지 가지주 아촉여래불
南無東方金剛部 大圓鏡智 加持主 阿閦如來佛

나무남방보성부 평등성지 관정주 보생여래불
南無南方寶性部 平等性智 灌頂主 寶生如來佛

나무서방연화부 묘관찰지 삼마지주 관자재여래불
南無西方蓮花部 妙灌察智 三摩地主 觀自在如來佛

나무북방비수갈마부 성소작지 광대공양주 불공성취여래불
南無北方毘首羯摩部 成所作智 廣大供養主 不空成就如來佛

보살번
菩薩幡

나무중앙적이상조부 보법갈마 사바라밀보살
南無中央寂而常照部 寶法羯摩 四婆羅密菩薩

나무동방금애자수 사대보살
南無東方金愛慈手 四大菩薩

나무남방보광당소 사대보살
南無南方普光幢笑 四大菩薩

214

나무서방법리인어 사대보살
南無西方法利因語 四大菩薩

나무북방업호아권 사대보살
南無北方業護牙眷 四大菩薩

나무구색쇄령 사섭보살
南無拘索鎖鈴 四攝菩薩

나무희만가무 내사공양보살
南無喜鬘歌舞 內四供養菩薩

나무소산등도 외사공양보살
南無燒散燈塗 外四供養菩薩

나무도량교주 관세음보살
南無道場教主 觀世音菩薩

나무오부대만다라회상제대보살마하살
南無五部大曼多羅會上諸大菩薩摩訶薩

삼화상번
三 和尚幡

나무위작증명법사 서천국 백팔대조사 제라박타존자 지공대화상
南無爲作證明法師 西天國 百八代祖師 堤羅博陀尊者 指空大和尚

나무위작증명법사 고려국 공민왕사 보제존자 나옹대화상
南無爲作證明法師 高麗國 恭愍王師 普濟尊者 懶翁大和尚

나무위작증명법사 조선국 태조왕사 묘음존자 무학대화상
南無爲作證明法師 朝鮮國 太祖王師 妙音尊者 無學大和尚

유원위작증명 성취불사
唯願爲作證明 成就佛事

香水海禮

향수해례

아금청정수 변위감로다 봉헌삼보전 (원수애납수) 삼설 3배
我今清淨水 變爲甘露茶 奉獻三寶前 願垂哀納受

나무 南無 향수해 香水海 화장계 華藏界 비로해회 毘盧海會 제불제보살 諸佛諸菩薩 (절)

나무 南無 천화대 千華臺 연장계 蓮藏界 사나해회 舍那海會 제불제보살 諸佛諸菩薩 (절)

나무 南無 천화상 千華上 백억계 百億界 석가해회 釋迦海會 제불제보살 諸佛諸菩薩 (절)

나무 南無 일월광 日月光 유리계 琉璃界 약사해회 藥師海會 제불제보살 諸佛諸菩薩 (절)

나무 南無 안양국 安養國 극락계 極樂界 미타해회 彌陀海會 제불제보살 諸佛諸菩薩 (절)

나무 南無 도솔천 兜率天 내원계 內院界 자씨해회 慈氏海會 제불제보살 諸佛諸菩薩 (절)

나무 南無 대위덕 大威德 금륜계 金輪界 소재해회 消災海會 제불제보살 諸佛諸菩薩 (절)

나무 南無 청량산 清涼山 금색계 金色界 문수해회 文殊海會 제불제보살 諸佛諸菩薩 (절)

나무 아미산 은색계 보현해회 제불제보살 (절)

南無 峨嵋山 銀色界 普賢海會 諸佛諸菩薩

나무 금강산 중량계 법기해회 제불제보살 (절)

南無 金剛山 衆 法起海會 諸佛諸菩薩

나무 낙가산 칠보계 관음해회 제불제보살 (절)

南無 落迦山 七寶界 觀音海會 諸佛諸菩薩

나무 칠진산 팔보계 세지해회 제불제보살 (절)

南無 七珍山 八寶界 勢至海會 諸佛諸菩薩

나무 염마라 유명계 지장해회 제불제보살 (절)

南無 閻摩羅 幽冥界 地藏海會 諸佛諸菩薩

나무 진허공 변법계 진사해회 제불제보살 (절)

南無 盡虛空 徧法界 塵沙海會 諸佛諸菩薩

나무 서건사칠 당토이삼 오파분류 역대전등 제대조사 천하종사

南無 西乾四七 唐土二三 五派分流 歷代傳燈 諸大祖師 天下宗師

일체미진수 제대선지식 (절)

一切微塵數 諸大善知識

유원 무진삼보 대자대비 수아정례 명훈가피력 원공법계제중생

唯願 無盡三寶 大慈大悲 受我頂禮 冥熏加被力 願共法界諸衆生

동입미타대원해 (반절)

同入彌陀大願海

五、복장의식전결계문 (腹藏儀式前結界文)

오방법사와 제 법사들이 각 단에 착석한 후 복장의식을 행하기 전에 의식문을 염송하며 각 단을 결계한다. 이 결계의식은 향을 몸에 바르고 청정수를 각 단에 뿌림으로써 단을 밝히는 의식이다.

※ 단을 가지하는 진언의 순서는 다음과 같다.

정삼업진언
淨三業眞言

옴 사바바바 수다살바 달마 사바바바 수도함 (세 번)

안위제신진언
安慰諸神眞言

나무 삼만다 못다남 옴 도로도로 지미 사바하 (세 번)

계도장진언
戒度途掌眞言

옴 아모카 자라 미망기 소로소로 사바하 각각 오방법사는 손에 향을 바른다. (세 번)

삼매야계진언
三昧耶界眞言

옴 삼매야 살따밤 (세 번)

218

발보리심진언 發菩提心眞言

옴 모지짓다 모다바나야 믹 (세 번)

쇄정호마다라니 灑淨護魔多羅尼

증방 아사리는 단에 청정수를 뿌린다.

나무 사만다 못다남 옴 호로호로 디따디따 반다반다 아나하

나 아니데 훔 바탁 (세 번)

예적대원만다라니 穢跡大圓滿多羅尼

옴 빌실구리 마하바라한내 믹직믹 혜마니 미길미

마나세 옴 자가나 오심모 구리 훔 훔 박박 박박박 사바하 (세 번)

십대명왕본존진언 十大明王本尊眞言

옴 호로호로 지따지따 반다반다 하나하나 암닐리제 옴박

소청팔부진언 召請八部眞言

옴 살바 자바나 가아라니 사바하 (세 번)

金剛心眞言

옴 오륜이 사바하 (세 번)

불공대관정염진언

不空大灌頂炎眞言

옴 아모카 베이로샤노 마카 보다라 마니 한도마 진바라 하리 바리타야 훔 (세 번)

도향진언

塗香眞言

옴 바아라 언제 혹 (세 번) 각각 오방법사는 몸에 향을 바른다.

집령진언

執鈴眞言

옴 바아라 건다 훔 (세 번) 중방 아사리는 금강령을 잡는다. (요령)

집저진언

執杵眞言

옴 바아라 건제 혹 (세 번) 중방 아사리는 금강저를 잡는다.

정법계진언

淨法界眞言

🔔 옴남 옴남 옴남 (칠 설)

🔔 선취도향좌지우도진언
先取塗香左持右塗眞言
옴 살바 다타아다 안다마니 사비라나 훔 (세 번)

🔔 개단진언
開壇眞言
옴 바아라 뇌아로 다가타야 삼마야 바라볘 사야훔 (세 번)

🔔 건단진언
建壇眞言
옴 난다난다 나지나지 난다바리 사바하 (세 번)

🔔 결계진언
結界眞言
옴 마니미야예 다라다라 훔훔 사바하 (세 번)

분향진언 동방 아사리는 향로에 향을 사른다.
焚香眞言
옴 도바시계 구로 바아리니 사바하 (세 번)

보소청진언
普召請眞言

221 복장의식

나무 보보제리 가리다리 다타 아다야 사바하 (세 번)

개통도로진언
開通道路眞言

옴 소시디 가리 아바리다 모리다예 하나하나 흠 바탁 (세 번)

불부소청진언
佛部召請眞言

나무 사만다 못다남 옴 이나이가 예혜혜 사바하 (세 번)

연화부소청진언
蓮花部召請眞言

나무 사만다 못다남 옴 아로득가 예혜혜 사바하 (세 번)

금강부소청진언
金剛部召請眞言

나무 사만다 못다남 바아라나 바바야 사바하 (세 번)

헌좌진언
獻座眞言

묘보리좌승장엄 제불좌이성정각 아금헌좌역여시 자타일시성불도
妙菩提座勝藏嚴 諸佛座已成正覺 我今獻座亦如是 自佗一時成佛道

옴 바아라 미나야 사바하 (세 번)

보례삼보진언
普禮三寶眞言
옴 살바 못다야 옴 살바 달마야 옴 살바 싱가야 (세 번)

후령통 조성
喉鈴筒 造成
결계가 끝나면 후령통을 조성하는 의식문을 염송한다.

복장의식문염송
腹藏儀式文念誦

정법계진언
淨法界眞言
옴남 (백팔 독)

삼매야계진언
三昧耶界眞言
옴 타타가토 드바바야 사바하 옴 파드라 드바바야 사바하 옴
바즈로 드바바야 사바하 (이십일 독)

🔔 **화취진언** 火聚眞言

옴 살바바바 보타나 하나 바라야 사바하 (이십일 독)

복장의 식문 염송을 마치면 신묘장구대다라니를 염송하며 생반삼분을 실행한다.
(오곡밥 세 그릇, 반찬 세 그릇, 떡 세 접시) 준비하여 대문 밖 양 옆과 정중앙 불전
앞에서 각각 일분씩 배치하여 행한다.

신묘장구대다라니
神妙章句大陀羅尼

나모라다나 다라 야야 나막알약 바로기제 새바라야 모지 사다바
야 마하사다바야 마하가로 니가야 옴 살바 바예수 다라나 가라야
다사명 나막까리다바 이맘 알야 바로기제새바라 다바 이라간타 나
막하리나야 마발타 이사미 살발타 사다남 수반 아예염 살바 보다
남 바바말아 미수다감 다냐타 옴 아로계 아로가 마지로가 지가란
제 혜혜하례 마하모지 사다바 사마라 사마라 하리나야 구로구로
갈마 사다야 사다야 도로도로 미연제 마하미연제 다라다라 다린나

224

례 새바라 자라자라 마라 미마라 아마라 몰제 예혜혜 로계 새바라

라아 미사미 나사야 나베 사미사미 나사야 모하자라 미사미 나사

야 호로호로 마라호로 하례 바나마 나바 사라사라 시리시리 소로

소로 못자못자 모다야 모다야 매다리야 니라간타 가마사 날사남

바라하리나야 마낙 사바하 싯다야 사바하 마하싯다야 사바하 싯다

유예 새바라야 니라 간타야 바하라 목하싱하 목카

야 사바하 바나마 하따야 사바하 자가라 욕타야 사바하 상카섭나

예 모다나야 사바하 마하라 구타다라야 사바하 바마사간타 이사시

체다 가릿나 이나야 사바하 먀가라 잘마 이바 사나야 사바하

나모라 다냐다라 야야 나막알야 바로기제 새바라야 사바하 (세번)

○ 생반삼분
生飯三分

※ 생반삼분(生飯三分)이란 사찰 안팎의 신선과 미물에게 부처님 모시는 것을 알리는 의식이다.

(1) 일분(一分)은 도량 밖 좌우(左右)에 배열해 공양하는 사마요괴(邪魔妖怪)를 청소(請김)하는 뜻을 표시한다. 법사는 자상신(自想身)으로 동남 명왕이 되어 요령을 흔들며 동남방명왕진언을 염송한다.

🔔 동남방명왕진언
東南方明王眞言

옴 탁기 훔 악 (세 번)

(2) 일분은 도량 안 좌우에 배열하여 공양하는 장소마다 나타나는 토지신(土地神祇)을 청소(請김)하는 뜻을 표시한다. 법사는 자상신(自想身)으로 남방명왕이 되어 요령을 흔들며 하방명왕진언을 염한다.

🔔 하방명왕진언
下方明王眞言

226

(3)

악달 바아라 다로 라아제리 로갸아라 노새 사가바라 아라타 이라비마제 가로나 능가미타 훔 (세 번)

일부은 뜰 가운데 한 좌 위에 배열하되 제자전(弟子剪)과 밥과 구이(垢膩)를 생반 가운데 둔다. 제자의 면전에 안치하여 법사는 오른손엔 금강저를 잡고 도화(稻華)를 함께 들고 제자의 몸을 다섯 번 때려 제자의 열 가지 불선업(不善業)을 없앰을 표시한다. 법사는 자상신(自想身)으로 남방명왕이 되어 요령을 흔들며 남방명왕진 언을 염송한다.

🔔 **남방명왕진언**
南方明王眞言

🔔 옴 니라 바아라 난나 훔 (세 번)

가지로 생반 삼부을 마치고 제단의 음식을 도량 밖으로 버려 날짐승이 먹을 수 있 게 한다.

후령통조성(喉鈴筒造成)

오방법사가 모두 각 방위에 맞는 오보병을 들고 오보병사를 청하며 본격적으로 오보병을 조성하기 시작한다. 오보병의 각 명칭은 동방-마노보병, 남방-마니보병 서방-산호보병 북방-유리보병 중방-수정보병이다. 모든 진언은 백팔 번씩 가지한다.

㉠ 오보병조성
五寶瓶造成

오곡부터 오금강저까지 열세 가지 (백이십이쪽) 오보병편 가지 (관정)한 품목의 물목을 오보병에 안립한다. 각단에 앉은 오방법사가 이 물목들로 오보병을 조성한다. 안립순서는 오보병을 시작으로 그 위에 (1)오곡 (2)오보 (3)오약 (4)오향 (5)오황 (6)오개자 (7)오채번 (8)오색사 (9)오시화 (10)오보리수엽 (11)오길상초 (12)오산개 (13)오금강저에 이르는 총 열세 가지 물목을 차례로 안립한다.

순서는 동방-남방-서방-북방-중앙을 따른다. 동방의 송주법사가 진언 (백팔 독을)

가지하면 중방의 아사리가 병뚜껑을 부르며 동방 청색 마노병을 건넨다. 동방법사는 응답하여 병을 받아 흠자를 수창하고 병을 쌀이 담긴 발우 가운데 안립한다. 다른 방위 법사들도 이와 같이 하여 각 방위에 맞는 보병을 받는다. 오보병이 모두 안립되면 뒤이어 각 방위에 맞는 물목들이 같은 방식으로 차례로 안치된다. 중방 아사리가 차례로 물목의 이름을 부르면 오방법사도 순서대로 응답하여 물목을 나누어 각각의 병 안에 봉안한다.

ㄴ) 오방법사오보병 五方法師五寶瓶

동방법사 (靑色) 東方法師
마노보병 대맥 생솜 인삼 청목향 대황 시라개자 채번 청색사 시화 향수잎 구사초
산개 금강저

남방법사 (赤色) 南方法師
마니보병 직 진주 감초 정향 웅황 자개자 채번 홍색사 시화 추수잎 마하구사초 산

개 금강저

서방법사 (白色)
西方法師

산호보병 도 생은 계심 곽향 소향 백개자 채번 백색사 시화 야합수엽 실리구사초

산개 금강저

북방법사 (黑色)
北方法師

유리보병 녹두 유리 아리 침향 만청개자 채번 남색사 시화 오동수엽 필추구사초 산

개 금강저

중방아사리 (黃色)
中方阿闍梨

수정보병 마자 호박 부자 유황 우황 황개자 채번 황색사 시화 성수엽 실당구사초

산개 금강저

안립된 물목들을 비단으로 감싸 실로 고정하여 오보병을 조성한다. 각 방위별로 조

성된 보병들을 하나로 모아 오색실로 묶어 완성한다. 은합 형태로 조성된 오보병은

각 방위를 대표하는 색실로 입을 묶고 몸통을 묶어 방위를 표시한다.

© 후령통내안립차제
喉 鈴 筒 內 安 立 次 第

오보병 조성을 마치면 후령통에 다른 물목들과 함께 안립한다。우선 후령통 바닥에 오륜종자―진심종자―보신주―화신주―준제구자주를 차례로 안립한다。다음으로 하면에 원경을 넣고 그 위에 오색사로 고정한 오보병을 안립한다。오보병 위에는 사리를 안 치한 사리함과 무공신주를 안립한다。그 위에는 상면 원경을 마지막으로 놓고 뚜껑을 덮기 전 오보병의 오색사를 뚜껑의 후혈 밖으로 빼낸 후 마감한다。후령통의 형태에 따라 후혈을 장엄하기도 한다。후령통 몸체 사방에는 각 방위에 맞는 오방경을 고정 시킨다。후령장엄 오보병을 고정한 다음 뚜껑을 덮어 마감 후혈을 통해 오보병을 고 정한 오색사를 빼낸다。완성된 후령통 몸체 사방에 오방경 중 사방경을 고정한다。

후령통 내부 물목구성도

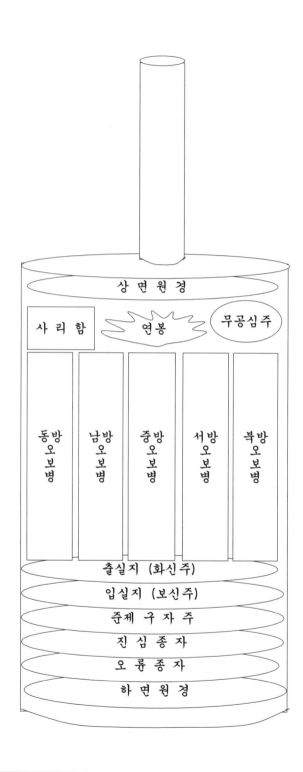

상면원경

사 리 함 　　연 봉　　무공심주

동방 오보병

남방 오보병

중방 오보병

서방 오보병

북방 오보병

출실지 (화신주)

입실지 (보신주)

준제구자주

진심종자

오륜종자

하면원경

후령장엄 오보병을 고정한 다음후 뚜껑을 덮어 마감 후혈을 통해, 오색사를 빼낸다。 빼낸 오색사로 몸체 사방에 오방경 중 사방경을 고정시킨다。

232

◎ 본불후령통

黃絹幅子 內 安立次第
황소폭자 내 안립차제

황소폭자 위에 원문(錄記文)을 놓은 후 전신사리보협인다라니 등의 다라니 류를 안립한다. 그 위에 땅을 상징하는 열금강지방도를 안치한다. 오방경 중 원형을 한 중방경을 놓고 그 위에 후령통을 안치한다. 후령통 몸체 사방에는 오방경 중 사방경이 이미 고정되어 있다. 이때 천원도가 인쇄된 면이 아래를 향하도록 한다. 후령통 위에는 팔엽대홍련도를 안치한 후 하늘을 상징하는 천원도를 안치한다. 후령통 위에 안치되는 천원도는 후령통의 바닥면에 안치된 지방도까지 덮는다. 이는 하늘이 땅을 감싸는 형상을 의미한다. 마지막으로 황소폭자의 네 귀퉁이를 묶어 후령통을 감싸 고정하고 매듭부분을 근봉지로 봉한다. 후령통 후혈로 나온 오색실로 황초폭자를 묶은 매듭 밖으로 뺀 뒤 몸통을 가로 세로 교차하여 엮어 마무리한다. 황소폭자의 바깥 면에는 사방주가 쓰여진다.

○ 황소폭자 내 물목 안립 순서 구성도

황소폭자 (黃綃幅子) 규격 (規格) 사방 (四方) 이 약 一尺 五寸 이다.

一 황소폭자

二 원문 (錄記文) 안립

三 진신사리보협다라니 안립

四 열금강지방도 안립

五 후령통 아래 중방경 안립

六 후령통 몸체 사방경 고정

七 팔엽대홍련도 안립

八 천원도가 땅을 향하도록 안치

九 천원도로 후령통 감싸기

十 황초폭자의 네 귀퉁이를 묶음

十一 후혈의 오색실로 후령통 고정

十二 근봉지 봉함

十三 매듭을 땋아 마무리

十四 후령통 조성 완료

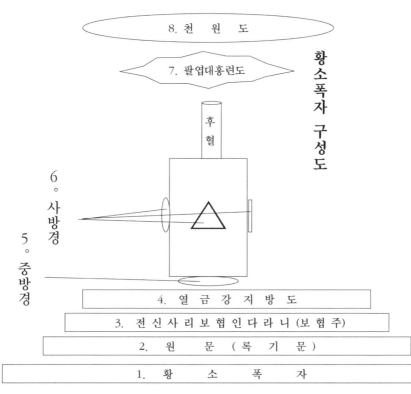

황소폭자 구성도

8. 천 원 도

7. 팔엽대홍련도

후혈

6. ○ 사방경

5. ○ 중방경

4. 열 금 강 지 방 도

3. 전 신 사 리 보 협 인 다 라 니 (보 협 주)

2. 원 문 (록 기 문)

1. 황 소 폭 자

閼伽供養
알가공양

※ 조성된 후령통을 불단 위에 올려놓고 알가공양(閼伽供養)을 한다.

加持已仍 閼伽供養 大日經記云 以世間供喩法性供 塗香能淨垢穢息
가지이잉 알가공양 대일경기운 이세간공유법성공 도향능정구예식

災煩惱義 燃燈能破暗傳 無盡燈慧照法界義 花者萬行花從慈悲生 普覆
재번뇌의 연등능파암전 무진등혜조법계의 화자만행화종자비생 보복

法界義 閼伽能際生死熱惱得淸凉義 食者上上甘露味 不生不死 獲無上
법계의 알가능제생사열뇌득청량의 식자상상감노미 불생불사 획무상

果義
과의

가지(加持)하고 난 뒤 알가공양(閼伽供養)(불、보살에게 감로수 올리는 공양)한다.

대일경기(大日經記)에 말하기를 세간 공양은 법성 공양에 비유하면 진흙의 향기는 더러
움과 때를 맑게 하고 재앙과 번뇌를 없앤다는 의미이고 연등(燃燈)은 암전(暗傳)을 파
괴하고 무궁한 등혜(燈慧)로 법계(法界)를 비춘다는 의미이다. 꽃이란 온갖 행실의 꽃
에서 자비가 생겨 법계(法界)를 두루 덮는다는 의미이다. 알가(閼伽)는 생사(生死)의 번
뇌(煩惱)를 없애 청정함을 얻는다는 의미이다. 먹는다는 것은 상상(想像)의 감로(甘露)
맛으로 불생불사(不生不死)하여 무상과(無上果)를 얻는다는 의미이다.

※ 조성된 후령통을 불단 위에 올리고 관상한다.

조상경에 따르면 하루에 세 번 단을 설치하고 혹은 천팔십 편 지송(祇送)을 한 달이

나 육 개월 또는 이 년을 지속하면 최상(最上)의 실지법(悉地法)을 얻는다고 한다. 또

한 이를 듣거나 가지거나 외우면 구족공삼마지를 얻는다고 한다.

如是大明 有大功德 最上最勝不可思議 諸修瑜伽行者 若欲觀想此大
여시대명 유대공덕 최상최승불가사의 제수유가행자 약욕관상차대

明文字 求悉地法 先當發起大菩提心
명문자 구실지법 선당발기대보리심

이와 같은 대명주(大明呪)는 큰 공덕이 있어 최상최승(最上最勝)하고 불가사의하다.

모든 유가(瑜伽)를 수행하는 사람들이 대명문자(大命文字)를 관상하고 실지법(悉地法)을

구하고자 하면 먼저 큰 보리심(菩提心)을 발기(發起)해야 한다.

○ 복장물 납입(腹藏物納入)

알가공양과 후령통을 관상하는 절차가 끝나면 완성된 후령통을 불상 가슴 중앙에

안치한다. 후령통을 고정하기 위해 표지를 제거한 각종 경전과 다라니를 함께 넣어

불복(佛腹)을 채운다. 이는 후령통을 고정하는 역할뿐만 아니라 법사리를 채우는 의
미도 포함하고 있다. 복장물을 모두 납입하면 복장 공(孔)을 복장 마개로 막은 후 오
류류종자로 마감한다.

복장 납입이 끝나면 점안식을 행한다. 복장물 납입을 마친 불상을 불단 위에 모신
뒤 오색실로 도량과 불상을 결계한다. 점안의식 및 점필을 거쳐야 비로소 불상은 진
정한 예경 대상으로 거듭나는 것이고, 불 복장 및 점필을 마치기 전에는 조성된 불은
일개 작품에 불과한 것이다.

○ 의식단 설단(儀式壇設壇)

단의 결계(壇結界)

복장이 이루어진 불상을 불단 위에 봉안한다. 법당 밖에 오척(五尺) 간대(竿坮)를 세
워 끝을 오색의 연꽃으로 장엄하며 오색실(五色絲)을 걸어 법당 안의 불상(佛像)에까
지 이르게 하여 결계(結界)한다. 법당 밖에서 오색실이 법당 안으로 내려오는 것은 도
리천(忉利天)에서 부처님이 내려오는 강생(降生)을 의미한다. 불상의 오색실은 천장으
로 이어 걸어 점안식(點眼式)을 진행(進行)할 증명법사(證明法師)、단상 위에서 다시 천
원(天圓)、팔엽대홍련지도(八葉大紅蓮之圖)、금강저(金剛杵)를 결계(結界)하여 쇄수기(灑水

器) 바로 위에 이르게 한다. 모든 결계 후 오색실은 팔 위에서 마무리한다. 불상은 한지로 고깔을 만들어 덮으며 고깔에는 경면주사로 정법계진언(淨法界眞言)을 붙인다.
점안식에서 증명(證明)하실 스님의 단상 위에 제물로 금강저, 쇄수기, 물 뿌리는 길상초, 팔을 담은 불기, 붓, 벼루, 먹, 향로, 개자씨, 거울이 놓여진다. 실제 의식에서는 증명단 주위로 병풍을 쳐서 밖의 대중들에게 보이지 않도록 한다.

安像經 所造佛像 儀相若闕 不可安
안상경 소조불상 의상약궐 불가안
像慶讚相若不圓 令波象現世未
상경찬상약불원 영파상현세미

來得大若怖 是故 一心生求造圓滿云云 若造像畢已經久時 而不得安像
래득대약포 시고 일심생구조원만운운 약조상필이경구시 이불득안상

慶讚於其後時 反獲不吉 設復有人 供養禮拜 終無福利 如無智人人相
경찬어기후시 반획불길 설복유인 공양예배 종무복리 여무지인인상

不具 令波世間而經慢 是故 造像須具相圓滿 令諸有情 得大福利
부구 영파세간이경만 시고 조상수구상원만 령제유정 득대복리

※ 안상경(安像經)에서 조성한 불상에 의상(儀相)이 부족하거나 불상을 봉안하고 경찬(慶讚)할 수 없거나 만일 상(相)이 원만하지 않으면 저들 대중에게 현세나 미래세(未來世)에서 큰 괴로움과 공포를 겪게 한다. 그러므로 한마음으로 불상조성하여 원만(圓

滿)하기를 만약 조상(造像)을 마치고도 오랜 시간이 지나도록 봉안하고 경찬할 수 없다면 그 후에 있어 반대로 불길(不吉)함을 얻게 된다. 설령 다시 어떤 사람이 공양 예배를 드리더라도 끝내 복과 이익이 없으니 이는 무지한 사람들끼리 상호(相互)도 갖추지 못해 저 세간이 업신여기게 하는 것과 같다. 이런 까닭으로 조상에는 반드시 상호를 원만하게 갖추게 하여 모든 유정(有情)들이 큰 복과 이익을 얻게 해야 한다.

※ 오색사 결계(五色絲結界)

오색실을 점안할 불상의 오른쪽 귀에 걸친 후 앞으로 늘어뜨려 왼손 검지에 감고 오른손 검지에 옮겨 걸어서 뺀 후, 밖으로부터 결계하여 불단을 결계하고 있는 오색실에 같이 묶는다. 함께 묶은 오색실은 증명법사 단상 위에서 천원、팔엽、금강저를 결계하고 단상 위 팔 위에서 마무리 짓는다.

※ 증명법사 단상 차림

증명법사의 단상은
거울 향로 쇄수기
팔 개자씨를 담은
발우가 놓인다.
법사 앞으로 의식구인
금강저 금강령이
놓이며 점필할 때
필요한 벼루 붓
경명주사 물에 갠 것
먹 오색사 등이
차려진다.

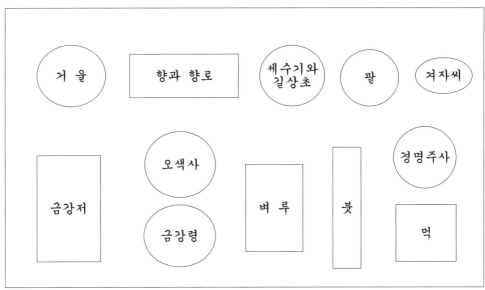

| 거 울 | 향과 향로 | 세수기와 길상초 | 팔 | 겨자씨 |

| 금강저 | 오색사 / 금강령 | 벼 루 | 붓 | 경명주사 / 먹 |

복장의식 아래 제불보살복장단편 참조

一。 준비물

점안불상의 명호 창불 및 불소

화취진언/항마진언。주요경전。금강경。관세음보살보문품。지장경。약사경

금은동。소청 또는 목화솜。봉인한 황소폭자。오색사。붉은 팔

청수(향탕수)。솔잎묶음。점붓(두 자루)。창호지。먹 벼루

경면주사(물에 갠 것)。흰 장갑。가위

※ 이와 같이 준비하여 복장단 앞에 놓고 복장을 시작한다。

二。 점안의식 아래 점안의식편 참조

불상을 점안할 때는 점안식 전에 증명창불방(百十八參照)과 점안불상의

명호。화취진언/항마진언 (百二二 參照) 등을 적어 불단 앞에 붙이고 점안에

필요한 준비물을 확인하고 복장단의식을 마친불상을 단으로 모신 다음

꼬깔을 씌워놓고 오색사를 삼지창과 연꽃 봉우리에 매달아 불상의 어깨와

좌우수에 감아 길게 늘여 놓는다。

三。 점필법
點筆法

점필은 법주의 창에 따라 증명법사가 붓으로 경면주사를 찍어 범서로 정해진
法主 唱 證明法師 鏡面朱砂 梵書

부위에 점필한다. (三百十參照)
部位 點筆

※ 開眼光名眞言을 할 때는 새붓으로 먹(墨)물을 찍어 불상에 (三百十三參照) 점필한다.

四。 복장법 (造像經 參考)
腹藏法

가。 새로 조성하여 모시는 불상에는 오경 오보병 오곡 오향 오공양 오약 오길
造成 佛像 五鏡 五寶瓶 五穀 五香 五供養 五藥 五吉

오초 오솔개 오보석 오색사 오수엽 오화 오채번
五草 五率蓋 五寶石 五色絲 五樹葉 五花 五彩幡

오백저、오개、보신입실도、화신출실도、오륜종자도、진심종자도、
五帛杵 五芥 報身入悉圖 化身出悉圖 五輪種子圖 眞心種子圖

준제구자도 팔엽대홍연도、열금강도、준제구자천도도(鏡面朱砂梵書)를
准提九子圖 八葉大紅蓮圖 列金剛圖 准提九字天圖圖

황소폭자와 후령통 봉인 복장에 넣는다.
黃綃幅子 喉鈴筒 封印 腹藏

나。 불상에 복장을 넣을 때는 복장물을 비단주머니로 싸서 불상조성록기문과 경전
佛像 腹藏 腹藏物 佛像造成錄起文 經典

다라니 등을 반드시 함께 넣는다.
陀羅尼

다。우기 복장물을 모두 준비하지 못 하였을 때。다음과 같이 할 수 있다。
_{右記腹藏物}

오보석(금 은 진주 호박 유리) 오곡(벼 보리 녹두 기장 참깨) 오약(인삼 감초 주심
_{五寶石　五穀　五藥}

아이 부자) 오색사(청 황 적 백 흑의 실이나 비단) 향、거울(鏡)과
_{五色絲　香}

보신입실도、화신출실도、오류종자도、진심종자도、
_{補身入悉圖　化身出悉圖　五輪種子圖　眞心種子圖}

준제구자도、팔엽대홍연도、열금강도(붉은색 梵書로 쓴 것)만
_{准提九字圖　八葉大紅蓮圖　列金剛圖}

준비하여 록기문、다라니、경전 등과 함께 넣으면 된다。
_{綠起文　陀羅尼　經典}

※ 근래에는 이처럼 간단하게 복장물을 넣고 있다。

五。복장물 오방위 구분법
_{腹藏物　五方位　區分法}

동 방경 청초류 보신 **전**자 화신 **한**자 청초류 **한**자 청색 마노보병 청시화 대삼
_{東方鏡 青緝輪 報身 字 化身 字 青緝輪 字 青色 瑪瑙寶瓶 青時花 大蔘}

생금 인삼 청목향 대황 시나청개 청채번 청선 향수엽 구사초 청개 청백저
_{生金 人蔘 青木香 大黄 蒔蘿青芥 青彩幡 青線 香樹葉 矩舍草 青盖 青帛杵}

남 삼각경 홍초류 **올**류 보신 **한**자 화신 **한**자 홍초류 **한**자
_{三角鏡 紅緝輪 報身 字 化身 字 紅緝輪 字}

황색 마니보병 직 진주 감초 정향 응황 자개 홍채번 홍선 홍시화 추수엽
_{黄色 摩尼寶瓶 稷 眞珠 甘草 丁香 應黄 紫芥 紅彩幡 紅線 紅時花 楸樹葉}

244

마가구사초 황개 홍백저
摩訶矩舍草 黃蓋 紅帛杵

서
西
원경 백초 류 보신 자 화신 자 백초류 자
圓鏡 白綃 輪 報身 化身 白綃

홍색 산호보병 도 생은 계심 곽향 소황 백개 백채번 백선 백시화 야합수엽
紅色 珊瑚寶瓶 稻 生銀 桂心 藿香 小黃 白芥 白彩幡 白線 白時花 夜合樹葉

실리구사초 홍개 백백저
室利矩舍草 紅蓋 白帛杵

북
北
반월경 흑초 류 보신 자 화신 자 흑초류 자
半月鏡 黑綃 輪 報身 化身 黑綃

록색 유리 보녹두 유리 아리 침향 자황 만청개자 흑채번 흑선 흑시화
綠色 琉璃 實菉豆 琉璃 阿梨 沈香 雌黃 蔓菁芥子 黑彩幡 黑線 黑時花

오동수엽 심추구사초 록개 흑백저
梧桐樹葉 芯芻矩舍草 綠蓋 黑帛杵

중
中
원경 황초 류 보신 자 화신 자 황초류 자
圓鏡 黃綃 輪 報身 化身 黃綃

백수 정보병 마자 호박 부자 유향 우황 황개 황채번 황선 황시화 정수엽
白水晶寶瓶 摩字 琥珀 附子 乳香 牛黃 黃芥 黃彩幡 黃線 黃時花 檀樹葉

실당구사초 백개 황백저
悉黨矩舍草 白蓋 黃帛杵

◎ 제불보살복장단의식편

諸佛菩薩腹藏壇儀式編

※ 법당(法堂) 좌우 편을 택하여 병풍을 치고 방석을 나란히 놓은 다음 조성(造成)한 불상(佛象)을 모십니다. 다음 불보살(佛菩薩) 명호(名號) 앞에 준비한 복장물을 가려 놓고 그 앞에 단을 만들고 촛대 향로를 놓고 동서남북 중앙에 오보병(五寶瓶) 청정수(清淨水)를 놓고 오색화(五色花) 오방보병 준비물을 오방 의식단 (동방(靑) 남방(黃) 서방 (紅) 북방(綠) 중앙(白))에 보병을 놓은 다음 오색사(五色絲)를 불보살상의 귀와 손으로 연결하여 중앙 증명아사리 오방법사 동참불자 순으로 합장으로 잡게 한 다음 복장의 식을 시작합니다.

🔔 호신피갑진언
護身被甲眞言

팔부금강호도량 공신속부보천왕 삼계제천함래집 여금불찰보정상
八部金剛護道場 空神速赴報天王 三界諸天咸來集 如今佛刹補禎祥

옹호게
擁護偈

(옹호성중을 찬탄함)

옴 바아라 아니바라 닙다야 사바하 (세 번)

용시엄신고 제마위소장 급여악심류 도지함사산
用是嚴身故 諸魔爲所障 及與惡心類 逃之咸四散

사방찬 四方讚

일쇄동방결도량 이쇄남방득청량 삼쇄서방구정토 사쇄북방영안강
一灑東方潔道場 二灑南方得清涼 三灑西方俱淨土 四灑北方永安康

화취진언 火聚眞言

옴 살바 바바 보타나 하나 바아라 사바하 (백팔 설)

도량찬 道場讚

도량청정무하예 삼보천룡강차지 아금지송묘진언 원사자비밀가호
道場清淨無暇穢 三寶天龍降此地 我今持誦妙眞言 願賜慈悲密加護

참회게 懺悔揭

백겁적집죄 일념돈탕제 여화분고초 멸진무유여
百劫積集罪 一念頓蕩除 如火焚枯草 滅盡無有餘

참회개참회 참회실참회 참회영참회 참회개실영참회
懺悔皆懺悔 懺悔悉懺悔 懺悔永懺悔 懺悔皆悉永懺悔

참회발원이 종신귀명례삼보
懺悔發願已 從身歸命禮三寶

거불
擧佛

나무 청정법신비로자나불
南無 清淨法身毘盧遮那佛

나무 원만보신노사나불
南無 圓滿報身盧舍那佛

나무 천백억화신석가모니불
南無 千百億化身釋迦牟尼佛

🔔 보소청진언
普召請辰言

나무 보보제리 가리다리 다타 아다야 (세번)

앙고편
仰告篇

앙고 시방무진삼삼보 천지일체 허공현성 불사자비 허수낭감 청정
仰告 十方無盡三寶 天地一切 虚空賢聖 不捨慈悲 許垂朗鑑 清淨

248

수월도량 원아금차 지극지정성 점안봉불재자(住所姓名) 복위 (新造
水月道場 願我今此 至極至精誠 點眼奉佛齋者 伏爲

成∴ 新書成) 모불、 존상 복장도량 개비밀교 난사의법문 고아결계 호
某佛 尊像 腹藏道場 開秘密敎 卵思議法門 故我結界 護

지불법 선신왕등 급여일체 천지영기 수의이주
持佛法 善神王等 及與一切 天地靈祇 隨意而住

정법계진언
淨法界眞言

나자색선백 공점이엄지 여피계명주 치지어정상 진언동법계 무량
羅字色鮮白 空點以嚴之 如彼髻明珠 置之於頂上 眞言同法界 無量

나무 사만다 못다남 남 (세 번)
南無 三滿多 沒多喃 覽

증죄제 일체촉예처 당가차자문
衆罪除 一切觸穢處 當加此字門

마하반야바라밀다심경
摩訶般若波羅蜜多心經

관자재보살 행심반야바라밀다시 조견오온개공 도일체고액 사리자
觀自在菩薩 行深般若波羅蜜多時 照見五蘊皆空 度一切苦厄 舍利子

색불이공 공불이색 색즉시공 공즉시색 수상행식 역부여시 사리자
色不異空 空不異色 色卽是空 空卽是色 受想行識 亦復如是 舍利子

시제법공상 불생불멸 불구부정 부증불감 시고 공중무색무수상행
是諸法空相 不生不滅 不垢不淨 不增不減 是故 空中無色無受想行

식 무안이비설신의 무색성향미촉법 무의식계 내지 무무명
識 無眼耳鼻舌身意 無色聲香味觸法 無意識界 乃至 無無明

역무무명진 내지 무노사 역무노사진 무고집멸도 무지역무득 이무
亦無無明盡 乃至 無老死 亦無老死盡 無苦集滅道 無智亦無得 以無

소득고 보리살타 의반야바라밀다 고심무가애 무유공포 원리전도
所得故 菩提薩埵 依般若波羅蜜多 故心無罣碍 無有恐怖 遠離顚倒

몽상 구경열반 삼세제불 의반야바라밀다 고득아뇩다라삼먁 삼보
夢想 究竟涅槃 三世諸佛 依般若波羅蜜多 故得阿耨多羅三藐 三菩

리 고지반야바라밀다 시대신주 시대명주 시무상주 시무등등주 능
提 故知般若波羅蜜多 是大神呪 是大明呪 是無上呪 是無等等呪 能

제일체고 진실불허 고설 반야바라밀다주 즉설주왈
除一切苦 眞實不虛 故說 般若波羅蜜多呪 卽說呪曰

「아제아제 바라아제 바라승아제 모지 사바하」 (세번)
揭諦揭諦 波羅揭諦 波羅僧揭諦 菩提 娑婆訶

묘길상다라니
妙吉祥陀羅尼

※ 이때 법주는 불보살상과 물품에 향탕수를 뿌린다.

이시 미륵보살 공설게언 백불언 세존 아등득견 차단작법 하행원
以是 彌勒菩薩 共說偈言 白佛言 世尊 我等得見 此壇作法 何行願

수차법문 세존고백 여등선수 오병관정 당위여설 비요법문 미륵보
修此法門 世尊告白 汝等先授 五瓶灌頂 當爲汝說 泌要法門 彌勒菩

살등 문시어이 백불언 세존 대자애육아 등 원수관정 세존고백 여
薩等 聞是語已 白佛言 世尊 大慈哀憫我 等 願受灌頂 世尊故白 汝

등구수관정 오위여등가지 [오병 사보말 오하수 오향미 오곡 오종
等求受灌頂 五爲汝等加持 五瓶 四寶末 五河水 五香未 五穀 五種

자오장물 오색채 오보리수엽 오시화 오길상초 오색사 오산개]
子五藏物 五色彩 五菩提樹葉 五時華 五吉祥草 五色絲 五傘盖

생반삼분 가지복장 마하반야바라밀
生飯三分 加持腹藏 摩訶般若婆羅密

오보병
五寶瓶

복장의식
腹藏儀式

※ 대일여래경의 다섯 가지 지혜의 보배를 표한 것이다.

1: 보현보살은 다함이 없는 원행의 보배병이요,

2. 자씨보살은 다함이 없이 중생을 유익하게 하는 보배병이며,

3. 제개장보살은 다함이 없는 바른 지견의 보배병이요,

4. 제악취보살은 다함이 없는 대비방편의 보배병이다라고 하였다.

5. 대일여래는 다함이 없어, 이때 법주 아사리는 오방보병, 물은 성이 청정한 보배병이다.

보병이란 만법을 함용하는 뜻으로 여래를 비유한 것이며, 또 보병이라고도 한다. 보배병에 청정한 물을 가득 채워 법주는 대중에게 뿌려 관정(灌頂)하고, 복장법사(腹藏法師)는 복장(腹藏)을 시작하고, 송주법사(誦呪法師)는 다음 송주(誦呪)를 계속한다.

※ 오색 천을 2척 오보병으로 오려 보병 명호를 써서 각 방향으로 모신다.

🔔 동방청색마노보병 금강바라밀보살진언
東方靑色瑪瑙寶甁 金剛波羅蜜菩薩眞言

이우금강박 인원수여침 명금강심인
二羽金剛縛 忍願竪如針 名金剛心印

※ 이때 법주는 동방(東方) 아사리에게 관정(灌頂)한다

금강바라밀보살진언
金剛波羅蜜菩薩眞言

옴 살다바 바아리 훔 (칠 설)

🔔

남방황색마니보병 보생바라밀보살진언
南方黃色摩尼寶瓶 寶生波羅蜜菩薩眞言

※ 이때 법주는 남방(南方) 아사리에게 관정(灌頂)한다.

불개전인상 진력부인원 명금강보인
不改前印相 進力附忍願 名金剛寶印

🔔

보생바라밀보살진언
寶生波羅蜜菩薩眞言

옴 라나나 바아리 다랑 (칠 설)

서방홍색산호보병 연화바라밀보살진언
西方紅色珊瑚寶瓶 蓮華波羅蜜菩薩眞言

이우금강장 여연화개부 진력여구형 선지역여시 봉각불상착 명
二羽金剛掌 如蓮華開敷 進力如鈎形 禪智亦如是 奉各不相着 名

금강법인
金剛法印

※ 이때 법주는 서방(西方) 아사리에게 관정(灌頂)한다.

🔔

연화바라밀보살진언
蓮華波羅蜜菩薩眞言

옴 달마 바아라 하릭 (칠설)

🔔

북방녹색유리보병 불병 갈마바라밀보살진언
北方錄色琉璃寶瓶 佛瓶 羯摩波羅蜜菩薩眞言

※ 이때 법주는 북방(北方) 아사리에게 관정(灌頂)한다.

二羽金剛縛 忍願壇慧竪 是名羯摩印

🔔

갈마바라밀보살진언
羯摩波羅蜜菩薩眞言

옴 갈마 바아리 훔 (세 번)

🔔

중앙백색수정보 불병 금강근본바라밀보살진언
中央白色水晶寶 佛瓶 金剛根本波羅蜜菩薩眞言

이우교팔도 봉교지하내 인원여보형 선지우압좌 신이부진력 이장
二羽交八度 峯交指髆內 忍願如實形 禪智右壓左 伸而附進力 二掌

허어심 시명근본인
虛於心 是名根本印

※ 이때 법주는 중앙(中央) 아사리에게 관정(灌頂)한다.

254

🔔 금강근본바라밀보살진언
金剛根本波羅蜜菩薩眞言

옴 상가리 선디가리 우타니 가타야 살발다 사다야 사바하

(백팔 설)

※ 오곡의 종자가 지수화풍으로 심전장생하여 부처님 불종자 、 법종자 、 지종자 、
보종자 、 금강종자를 하고 범부종자는 육도사생에서 순환왕래 다섯 가지 불종자이다.

오곡
五穀

동방 대맥(보리) 남방 직(기장) 서방 도(벼) 북방 녹두(콩)
東方 大麥   南方 稷   西方 稻   北方 菉豆

중앙 마자(대마)
中央 麻子

🔔 아촉여래진언
阿閦如來眞言

※ (아사리가 오곡을 한 그릇에 담고 물을 뿌려 관정한 후 동방의 곡식으로부터 차
례로 오곡의 이름을 부르면 오방법사는 차례로 응답한다。) 오곡를 나누어 다섯 병
속에 넣는다。대관정을 받음은 상주불멸의 뜻이다。

옴 약수바 훔 (백팔설)

오 보
五寶

※ 오보는 부처님의 향기를 표시하니 계정혜(戒定慧) 해탈(解脫) 지견향(智見香)의 법신(法身)을 이룬다.

동방(생금) 남방(진주) 서방(생은) 북방(유리) 중앙(호박)
東方   南方   西方   北方   中央

🔔 보생불진언
寶生佛眞言

※ (아사리가 오보를 한 그릇에 담고 물을 뿌려 관정한 후 동방의 보로부터 차례로 오방의 보를 부르면 오방법사는 역시 차례로 응답한다.) 오보를 나누어 다섯 병 속에 넣는다. 대관정을 받으면 금강의 몸을 얻는다.

옴 라다나 삼바바 다락 (백팔설)

오 약
五藥

256

※ 오약은 능히 병을 다스리고 모든 번뇌를 끊고 무량불법을 이룬다.

동방(인삼) 東方　남방(감초) 南方　서방(계심) 西方　북방(아리) 北方　중앙(부자) 中央

🔔 무량수불진언 無量壽佛眞言

옴 아미다 바 하 릭 (백팔설)

※ (아사리가 오약을 한 그릇에 담고 물을 뿌려 관정한 후 동방의 약으로부터 차례로 오방의 약 이름을 부르면 오방법사는 역시 차례로 응답한다.) 오약를 나누어 다섯 병 안에 봉안한다. 대관정을 받으면 법왕의 몸을 얻는다.

오향 五香

※ 오향은 부처님의 향으로 오분법신향을 비유한다고 한다. 계、정、혜、해탈、해탈지견향이 법신과 법계에 두루하다는 뜻이다.

🔔 불공성취불진언 不空成就佛眞言

동방(청목향) 東方　남방(정향) 南方　서방(곽향) 西方　북방(침향) 北方　중앙(유향) 中央

옴 아모가 신데 악 (백팔 설)

※ (아사리가 오향을 가지고 미세한 분말을 만들어 한 그릇에 담고 물을 뿌려 관정한 후 동방의 향으로부터 차례로 오방의 향 이름을 부르면 오방법사는 역시 차례로 응답한다.) 오향을 오향으로부터 차례로 오방의 향 이름을 부르면 오분법신향을 얻고 힘쓰는 바의 사업을 모두 성취한다. 대관정을 받으면 오분법신향을 얻고 힘쓰는 바의 사업을 모두 성취한다.

오 황
五 黃

※ 오황은 진리의 장엄물이니 향탕수로 정광하여 청정을 이룬다.

🔔 비로자나불진언
毘盧遮那佛眞言

동방(대황) 남방(응황) 서방(소황) 북방(자황) 중앙(우황)
東方   南方   西方   北方   中央

※ 다섯 장엄물은 한 소의 유락을 사용하고, 다른 소나 연유를 사용해서는 안 된다. (아사리는 똥과 소변으로 깨끗한 그릇을 가득 채우고 물을 뿌려 관정한 후 동방의 황으로부터 차례로 오방의 황 이름을 부르면 오방법사는 역시 차례로 응답한다.) 오황을 나누어 다섯 병 안에 조금씩 안치하고, 대관정을 받으면 윤회를 벗어나고 청정한 몸을 얻는다.

옴 바아라 도 도 밤 (백팔설)

오개자 五芥子

※ 오개자는 다섯 가지 개자를 우선 깨끗한 물에 씻어 찌꺼기를 깨끗이 없애고 한 그릇에 담아 물을 뿌려 관정한다. (동방의 향으로부터 차례로 오방의 개자 이름을 부르면 오방법사는 역시 차례로 응답한다.) 개자를 나누어 다섯 병 안에 열 알씩 넣고 대관정을 받으면 오력을 얻는다.

東方 동방(시라개자) 배추씨 南方 남방(자개자) 갓씨 西方 서방(백개자) 참깨 北方 북방(만청개자) 무씨 中央 중앙(황개자) 대추씨

🔔 옴 바아라 구로다 흠 흠 흠 바탁바탁 바탁 염만다 구함

🔔 동방도만달가대명왕 아촉화신진언
東方 焰蔓怛迦大明王 阿閦化身眞言

🔔 남방발라니야달가대명왕 비로화신진언
南方 發羅抳也怛迦大明王 毘盧化身眞言

바라 양 다 구함 (세번)

🔔 서방발납마달가대명왕 보생화신진언
西方 鉢納摩怛迦大明王 寶生化身眞言

바나마나 구함 (세 번)

북방미걸랑달가대명왕 아미타화신진언

北方尾屹囊怛迦大明王 阿彌陀化身眞言

미기니 다 구 (세 번)

동남방타지라야대명왕 불공화신진언

東南方陀枳羅惹大明王 不空化身眞言

옴 탁기 훔 악 (세 번)

서남방영라능나대명왕 아촉화신진언

西南方頂羅能拏大明王 阿閦化身眞言

옴 니라 바아라 나나 훔 (세 번)

서북방마라대명왕 아촉화신진언

西北方摩羅大明王 阿閦化身眞言

옴 오아라 수라야 훔 (세 번)

동북방아좌라랑타대명왕 아미타화신진언

東北方阿左羅囊他大明王 阿彌陀化身眞言

아자라 가리 마하바라 박하 훔 훔 훔 바탁 (세 번)

🔔 하방박라파다라대명왕 아미타화신진언
下方縛羅播多羅大明王 阿彌陀化身眞言
악달 바아라 다로라아 다리로 가야가라 노새사 가바라 사다미
라 비마제 가로나 능가라 가라 훔 (세 번)

🔔 상방 오슬세작 흘라박리 제대명왕 아미타 화신진언
上方 塢瑟瀝作 訖羅縛里 帝大明王 阿彌陀 化身眞言
옴 나모 사만다 가야바 가디바다 아라남 옴 슈례메 훔 사바하
(세 번)

오색채번
五色綵幡

※ 오색 채번은 다섯 부처님의 몸으로서 금강석같이 성불을 이룬다.

동방(청채번) 남방(황채번) 서방(홍채번) 북방(녹채번) 중앙(백채번)
東方　　　　南方　　　　西方　　　　北方　　　　中央

🔔 금강수보살진언
金剛手菩薩眞言

※ (아사리가 다섯 개의 채번을 한 그릇에 담고 물을 뿌려 관정한 후 동방의 번으로부터 차례로 다섯 번의 이름을 부르면 오방법사는 역시 차례로 응답한다.) 다섯 개의 병에 안치한다. 대관정을 받으면 명성과 칭찬이 멀리 소문이 나는 것을

얻으므로 일체 중생이 모두 도와서 따라 기뻐하면은 번뇌가 자연히 소멸된다.

옴 바아라 바나예 사바하 (백팔 설)

※ 오색사는 오방의 길사이며 수명과 복덕 성불을 이룬다.

오색사
五色絲

동방(청색선) 남방(황색선) 서방(홍색선) 북방(녹색선) 중앙(백색선)
東方 南方 西方 北方 中央

※ 아사리가 계단을 가지하고 오색사를 사용하여 병 입구에 매단다. 이 오색사를 한 곳에 놓고 물을 뿌려 관정한 후 오색사의 이름을 부르면 오방법사는 역시 차례로 응답한 다음 각각 그 실을 받아 병 입에 매단다. 실은 총명한 지혜를 나타내고 결계를 나타내며 일체 천마가 들어갈 수 없다.

🔔 중앙본존수구진언
中央本尊隨求眞言

옴 바아라 다도 바아라 소다라 반자 락가라 미다니 훔다 (백팔 설)

오시화
五蒔花

262

※ 오시화는 계절의 꽃이 피어 다섯 부처님을 상징으로 불신을 얻는다.

東方 동방(청시화) 南方 남방(황시화) 西方 서방(홍시화) 北方 북방(녹시화) 中央 중앙(백시화)

※ 아사리는 오시화는 우리나라에는 없으므로 좋은 때의 꽃으로 대용하여 오불신을 나타낸다. 꽃은 장엄을 나타낸다. 모든 꽃을 한 그릇에 담고 물을 뿌려 관정한 후 차례로 오시화의 이름을 부르면 오방법사는 또한 차례로 응답하고 그 꽃을 받아서 다섯 병 안에 놓는다.

옴 가알바야 훔 사바하 (백팔 설)

허공장보살진언
虛空藏菩薩眞言

※ 부처님께서 보리수나무 및 금강좌에서 정각하시고 이 땅에는 보리수나무가 없어 다섯 나무 잎으로 정각을 이루게 하리라.

오보리수엽
五菩提樹葉

東方 동방(향수엽) 향나무잎 南方 남방(추수엽) 호두나무잎 西方 서방(야합수엽) 자귀나무잎 北方 북방(오동수엽) 오동나무잎 中央 중앙(정수엽) 석류나무잎

지장보살진언
地藏菩薩眞言

※ 아사리는 우리나라에는 없으므로 다섯 나무로 대신한다. 다섯 나무 잎을 한 그릇에 담고 물을 뿌려 관정한 후 차례로 다섯 나무 이름을 부르면 오방법사는 또한 차례로 응답하고 나무 잎을 받아서 다섯 병 안에 놓는다.

옴 살바니 바라나 미설 캄 비에 훔 (백팔설)

오길상초
五吉祥草

※ 다섯 길상초를 가지하니 구사초、마하구사초、실리구사초(당나라 말로 풀의 뜻이다)는 세존께서 수행 당시 항상 세 가지 풀을 깔고 누우셨다. 필추구사초、실당구사초(당나라말로 흰색이란 뜻이다)는 세존께서 인지에서 수행하실 때 항상 두 가지 풀을 베고 누우셨다.

동방(구사초) 東方 남방(마하구사초) 서방(실리구사초) 西方
제일 풀의 밑 부분 사용하고

북방(필추구사초) 北方　중앙(실당구사초) 中央

씨에 가까운 부분의 띠 풀을 오등분해서 사용

🔔

길상초진언
吉祥草眞言

※ 서천에는 다섯 길상초가 있으나 이땅에는 없으므로 다섯 가지 묘하고 향기로운 풀로 대신한다. 다섯 가지 풀을 한 그릇에 담고 물을 뿌려 관정한 후 차례로 다섯 잎의 이름을 부르면 오방범사는 또한 차례로 응답하며 길상초를 받아서 다섯 병 안에 넣는다.

옴 바아라 마하 구사 바미 다라모 기아비 선 다망 (백팔 번)

오산개
五傘蓋

※ 오산개는 동서남북 중앙에 청, 황, 홍, 녹, 백색을 대치하여 육도중생의 해탈을 이루게 한다.

동방(청개) 東方　남방(황개) 南方　서방(홍개) 西方　북방(녹개) 北方　중앙(백개) 中央

백산개진언

※ 이미 가지를 마치면 (아사리는 차례로 산개의 위치를 바꾸어 명칭을 부르)면 오방법사는 차례로 응답하며 다섯 개의 산개를 받아 다섯 병 가운데 놓는다. 마음을 음직여 백산개로 덮어 육도에서 고뇌하는 중생을 덮어 보호하며 해탈할 수 있게 한다.

옴 살바다타 아다제 다라 보아 명가 삼모다라 사바라나 삼마예 훔 (백팔 설)

※ 오산개 진언을 끝으로 금강저형 오색비단이나 종이로 팔엽대홍련지도 (八葉大紅蓮之圖) 준제구자천도지도 (準提九字天圖之圖) 금강지방지도 (金剛地方之圖) 오륜종자도 (五輪種字圖) 진심종자도 (眞心種子圖) 준제구자도 (準提九字圖) 입실지도 (入悉地圖) 출실지도 (出悉地圖) 이와 같은 순서로 복장 (腹藏)에 넣고 준제주 (準提呪)로 근봉 (謹封)하여 상단에 봉안한 다음 오색사로 본존불 兩耳、兩手에 걸어 좌보 우보 탱화 등으로 오색사를 늘이고 불상 (佛象)에 고깔을 씌우는데 고깔을 접어 전면에 경명주사로 옴 자를 써서 불상에 씌운 다음 부동존진언 (不動尊眞言)을 한다.

부동존진언
不動尊眞言

나모 사만다 바아라 남전나 마하 노사나 스바 다야 훔 (백팔설)

三悉壇秘密悉地
삼실단비밀실지 ※ 아사리는 붓으로 다음과 같이 점필한다。

동방 □ (청)자 청색방형
東方 字 青色方形

서방 ○ (옴)자 백색원형
西方 字 白色圓形

남방 △ (옴)자 적색삼각형
南方 字 赤色三角形

북방 ◖ (훔)자 흑색반월형
北方 字 黑色半月形

중방 ○ (훔)자 황색원형
中方 字 黃色圓形

상주법계 진언궁중 반야해회 오륜보망세계 청정법신 법성신 「암
常住法界 眞言宮中 般若海會 五輪寶網世界 清淨法身 法性身 暗

밤람함캄」 대교주 비로자나불 시위대일왕여래
鍐嚂唅坎 大教主 毘盧遮那佛 是爲大日王如來

입실지 ※ 입실지 게송을 하면 불상을 단으로 올린다.
入悉地

카」법계주 노사나불 시위대일왕 만법지왕
法 法界主 盧舍那佛 是爲大日王 萬法之王

금강연화장세계 불가설 구경원만 무애대장 진사위덕신 「아바라하
金剛蓮華藏世界 不可說 究竟圓滿 無碍大藏 塵沙威德身 阿縛羅訶

출실지 ※ 이때 복장된 불상을 법단으로 올리면서 다음 게송을 한다.
出悉地

사바세계 주화현무변 불가칭수 오탁겁중 감수백세 「아라바자나」
娑婆世界 主化現無邊 不加稱數 五濁劫中 減壽百歲 阿羅縛左那

※ 복장 봉안대상불 염송 「일대교주 석가모니불」 유원자비 ○○사
一代教主 釋迦牟尼佛 唯願慈悲 ○○寺

봉불 복장 도량 강림 원만성취지대원
奉佛 腹藏 道場 降臨 圓滿成就之大願

마하반야바라밀 ※ 이와 같이 복장이 끝나면 사부대중이 함께 반야심경을
摩訶般若波羅蜜

독송하고 복장의식을 마친다.

마하반야바라밀다심경 摩訶般若波羅蜜多心經

관자재보살 행심반야바라밀다시 觀自在菩薩 行深般若波羅蜜多時

조견오온개공 도일체고액 照見五蘊皆空 度一切苦厄

사리자 舍利子

색불이공 공불이색 색즉시공 공즉시색 色不異空 空不異色 色即是空 空即是色

수상행식 역부여시 受想行識 亦復如是

사리자 舍利子

시제법공상 불생불멸 是諸法空相 不生不滅

불구부정 부증불감 시고 공중무색 무수상행 不垢不淨 不增不減 是故 空中無色 無受想行

식 무안이비설신의 識 無眼耳鼻舌身意

무색성향미촉법 무안계 내지 무의식계 무무명 無色聲香味觸法 無眼界 乃至 無意識界 無無明

역무무명진 내지 무노사 역무노사진 무고집멸도 무지역무득 이무 亦無無明盡 乃至 無老死 亦無老死盡 無苦集滅道 無智亦無得 以無

소득고 보리살타 의반야바라밀다 고심무가애 무유공포 원리전도 所得故 菩提薩埵 依般若波羅蜜多 故心無罣礙 無有恐怖 遠離顚倒

몽상 구경열반 삼세제불 의반야바라밀다 고득아뇩다라삼먁삼보리 夢想 究竟涅槃 三世諸佛 依般若波羅蜜多 故得阿耨多羅三藐三菩提

고지반야 바라밀다 시대신주 시대명주 시무상주 시무등등주 능제 故知般若波羅蜜多 是大神呪 是大明呪 是無上呪 是無等等呪 能除

일체고 진실불허 고설 반야바라밀다주 즉설주왈 一切苦 眞實不虛 故說 般若波羅蜜多呪 即說呪曰

「아제아제 바라아제 바라승아제 모지 사바하」(세 번)
揭諦揭諦 波羅揭諦 波羅僧揭諦 菩提 娑婆訶

※ 이상과 같이 복장의식을 마치게 되면 (불상과 불화가 일반 미술과 다른 차이점의 하나는 제작을 마친 다음 종교적 예배대상으로 생명력을 불어넣는 의식과 절차를 거친다는 것이다. 복장물은 불상이나 불화를 예배대상으로 변모시키기 위해 함께 봉안하는 여러 신성한 물목을 의미한다.) 이어서 힘과 권위를 부여해 종교적 생명력을 불어 넣는 점안의식을 거행하면 금빛 찬란한 불상과 화려한 색의 불화는 비로소 부처의 세계로 바뀌는 것이다.

다음 경내 및 법당에 장엄물을 장엄한 다음 먼저 삼화상청(三和尙圓)을 한 다음에 점안의식(點眼儀式)을 시작한다.

270

佛菩薩點眼儀式

◎ 불보살점안 佛菩薩點眼

삼화상청 三和尚請

보례진언 普禮眞言

아금일신중 즉현무진신 변재화상상전 일일무수례
我今一身中 卽現無盡身 邊在和尚前 一一無數禮

옴 바으라 믹 (세번)

천수경 千手經 (정구업진언-개법장진언까지만 설해도 무방하다)

거목 擧目

나무제라박타존자지공대화상
南無提納縛陀尊者提空大和尚

나무보제존자나옹대화상
南無普濟尊者懶翁大和尚

나무묘엄존자무학대화상
南無妙嚴尊者無學大和尚

보소청진언 普召請眞言

나무 보보제리 가리다리 다타 아다야 (세번)

유치 由致

앙유 위작증명 삼대법사자 삼혜구족 이리원성 역대심인종하 이
仰唯 爲作證明 三大法師者 三慧具足 二利圓成 歷代心印宗下 已

득밀전지지 시방불사문중 상작증명지위 유구개수 무원부종 시이
得密傳之旨 十方佛事門中 常作證明之位 有求皆遂 無願不從 是以

사바세계 남섬부주 동양 대한민국 (사찰주소) 취어자산시사 청정도
婆婆世界 南贍部州 東洋 大韓民國 就於玆山是寺 清淨道

량이 금월금일 건설법연 정찬공양 증명공덕 삼대존자 잠사어삼
場以 今月今日 虔設法筵 淨饌供養 證明功德 三大尊者 暫辭於三

관연대 약강어일간란야 곡조미성 앙표일심 선진삼청
關蓮臺 略降於一間蘭若 曲照微誠 仰表一心 先陳三請

청사 請詞

나무 일심봉청 지증무상 총해만류어일진 비심유정 함탈삼계어
南無 一心奉請 智證無相 摠該萬類於一眞 悲心有情 咸脫三界於

구품 왕래무애 임운등등 공화도량 수순응감 제라박타존자 지공대
九品 往來無碍 任運騰騰 空花道場 隨順應感 堤納縛陀尊者 指空大

화상 보제존자 나옹대화상 묘엄존자 무학대화상 유원자비 강림도
和尚 普濟尊者 懶翁大和尚 妙嚴尊者 無學大和尚 惟願慈悲 降臨道

량 수차공양 (세번)
場授此供養

향화청
香化請

고아일심 귀명정례
故我一心 歸命頂禮

지공화상서천호 나옹무학동국명 유원삼조작증명 성취불사도중생
指空和尚西天號 懶翁無學東國名 惟願三祖作證明 成就佛事度衆生

헌좌진언
獻座眞言

아금경설보엄좌 봉헌삼대화상전 원멸진노망상심 속원해탈보리좌
我今敬說寶嚴座 奉獻三大和尚前 願滅盡勞忘想心 速願解脫菩提座

옴 가마라 승하 사바하 (세번)

(욕건만나라선송)
欲建曼拏羅先誦

옴 남 (7×3 설)

정법계진언
淨法界眞言

옴 남 (7×3 설)

다게
恒 偈

금장감로다 봉헌증명전 감찰건간심
金將甘露茶 奉獻證明前 鑑察虔懇心

원수애납수 원수애납수 원수자비애납수
願垂哀納受 願垂哀納受 願垂慈悲哀納受

🔔 진언권공
眞言勸供

향수나열
香羞羅列

향수나열 재자건성 욕구공양지주원 수장가지지변화 앙유삼보 특
香羞羅列 齋者虔誠 欲求供養之周圓 須仗加持之變化 仰唯三寶 特

사가지
賜加持

나무상주시방불 나무상주시방법 나무상주시방승 (세 번)
南無常住十方佛 南無常住十方法 南無常住十方僧

나막 살바다타 아다 바로기제 옴 삼마라 삼마라 훔 (세 번)
無量威德自在光明勝妙力變食眞言

무량위덕자재광명승묘력 변식진언

바라소로 사바하 (세 번)
施甘露水眞言

시감로수진언

나무 소로바야 다타 아다야 다냐타 옴 소로소로 바라소로

옴 밤 밤 밤밤 대화상 (세 번)
一字水輪觀眞言 大和尙

일자수륜관진언

나무 사만다 못다남 옴 밤 (세 번)
乳海眞言

유해진언

276

운심공양진언
運心供養眞言

원향차공변법계 보공무진삼보례 자비수공증선근 영법주세보불은
願香此供邊法界 普供無盡三寶禮 慈悲受供增善根 令法住世報佛恩

나막 살바다타 아제박미 새바 몰계비약 살바다감 오나아제 바라
혜암 옴 아아나캄 사바하 (세 번)

예참
禮懺

지심정례공양 서천국백팔대조사제라박타존자지공대화상
至心頂禮供養 西天國百八代祖師堤納縛陀尊者指空大和尙

지심정례공양 고려국공민왕사보제존자나옹대화상
至心頂禮供養 高麗國恭愍王師普濟尊者懶翁大和尙

지심정례공양 조선국태조왕사묘엄존자무학대화상
至心頂禮供養 朝鮮國太祖王師妙嚴尊者無學大和尙

유원 삼대화상 강림도량 수차공양 원공법계제중생 자타일시
唯願 三大和尙 剛臨道場 受此供養 願供法界諸衆生 自他一時

성불도
成佛道

옴 아아나 삼바바 바라 훔 (세 번)

옴 삼마라 삼마라 미만나 사라마하 자가라가 훔 (세 번)

보회향진언
普回向眞言

옴 아모카 살바다라 사다야 사베 훔 (세 번)

대원성취진언
大願成就眞言

옴 호로호로 사야몰케 사바하 (세 번)

보궐진언
補闕眞言

지공화상서천호 나옹무학동국명 유원삼조작증명 성취불사도중생
指空和尙誓天號 懶翁無學東國名 惟願三祖作證明 成就佛事度衆生

고아일심 귀명정례
故我一心 歸命頂禮

祝願 (축원)

祝願

앙고 仰告 삼대화상자존 三大和尚慈尊 불사자비 不捨慈悲 위작증명 爲作證明 상래소수공덕해 上來所修功德海 회향삼 廻向三

처실원만 處悉圓滿 원아금차지극지정성 願我今此至極至精誠 점안(○○)불사 點眼佛事 동참재자 同參齋者 시회합원 示會合願

대중등 大衆等 지심봉축 至心奉祝 점안불사 點眼佛事 원만 願滿 회향성취지 回向成就至 대발원 大發願 억원 抑願 운운 云云

마하반야바라밀 摩訶般若波羅密

신중작법
神衆作法

옹호게 擁護偈 (옹호성중을 찬탄함)

팔부금강호도량 八部金剛護道場 공신속부보천왕 空神速赴報天王 삼계제천함래집 三界諸天咸來集 여금불찰보정상 如今佛刹補禎祥

요잡바라 막바라를 춘다.

거목 擧目

나무 금강회상 불보살 南無 金剛會上 佛菩薩

나무 도리회상 성현중 南無 忉利會上 聖賢衆

나무 옹호회상 영기등중 南無 擁護會上 靈祇等衆

가영 歌詠

옹호성중만허공 擁護聖衆滿虛空 도재호광일도중 都在豪光一道中 신수불어상옹호 信受佛語常擁護 봉행경전영류통 奉行經典永流通

280

故我一心 歸命頂禮
고아일심 귀명정례

茶偈
다게

淸淨茗茶藥　能除病昏沈　唯冀擁護衆
청정명다약 능제병혼침 유기옹호중

願垂哀納受　願受哀納受　願受慈悲哀納受
원수애납수 원수애납수 원수자비애납수

※ 일곱망치 종을 치고 바라를 세 번 올린다.

歎白
탄백

擁護聖衆慧鑑明　四洲人事一念知　哀愍衆生如赤子　施故我今恭敬禮
옹호성중혜감명 사주인사일념지 애민중생여적자 시고아금공경례

◎ 불상점안
佛像點眼

○ 상주권공
常住勸供

🔔 화취진언
火聚眞言

옴 살바 바바 보타나 하나 바아라 사바하 (백팔 설)

전단목주중생상 급여여래보살형 만면천두수각이 약문훈기일반향
梅檀木做衆生像 及與如來菩薩形 萬面千頭雖各異 若聞薰氣一般香

할향
喝香

계정혜해지견향 변시방찰상분복 원차향연역여시 훈현자타오분신
戒定慧解知見香 遍十方刹常忿馥 願此香烟亦如是 熏現自他五分身

등게
燈揭

삼지심
三志心

지심귀명례 시방상주 일체불타야중 (拜)
至心歸命禮 十方常住 一切佛陀耶衆

282

지심귀명례 시방상주 일체달마야중 (拜)
至心歸命禮 十方常住 一切達磨耶衆

지심귀명례 시방상주 일체승가야중 (拜)
至心歸命禮 十方常住 一切僧伽耶衆

합장게
合掌偈

합장이위화 신위공양구 성심진실상 찬탄향연복
合掌以爲花 身爲供養具 誠心眞實相 讚嘆香煙覆

고향게
告香偈

향연변부삼천계 정혜능개팔만문 유원삼보대자비 문차신향임법회
香烟遍覆三千界 定慧能開八萬門 唯願三寶大慈悲 聞此信香臨法會

개계
開啓

상부 수함청정지공 향유보훈지덕 고장법수 특훈묘향 쇄사법연성
上夫 水含清淨之功 香有普熏之德 故將法水 特熏妙香 灑斯法筵成

우정토
于淨土

쇄수게
灑水偈

관음보살대의왕 감로병중법수향 쇄탁마운생서기 소제열뇌획청량
觀音菩薩大醫王 甘露瓶中法水香 灑濯魔雲生瑞氣 消除熱惱獲淸凉

천수경
千手經

정구업진언
淨口業眞言

수리수리 마하수리 수수리 사바하 (세번)
修里修里 摩訶修里 修修里 娑婆訶

오방내외안위제신진언
五方內外安慰諸神眞言

나무 사만다 못다남 옴 도로도로 지미 사바하 (세번)
南無 三滿多 沒多喃 唵 度魯度魯 地尾 娑婆訶

개경게
開經偈

무상심심미묘법 백천만겁난조우 아금문견득수지 원해여래진실의
無上甚深微妙法 百千萬劫難遭遇 我今聞見得受持 願解如來眞實意

옴 아라남 아라다 (세 번)
唵 阿羅南 阿羅馱

천수천안 관자재보살 광대원만 무애대비심 대다라니 계청
千手千眼 觀自在菩薩 廣大圓滿 無碍大悲心 大陀羅尼 啓請

계수관음대비주 원력홍심상호신 천비장엄보호지 천안광명변관조
稽首觀音大悲呪 願力弘深相好身 千臂莊嚴普護持 千眼光明遍觀照

진실어중선밀어 무위심내기비심 속령만족제희구 영사멸제제죄업
眞實語中宣密語 無爲心內起悲心 速令滿足諸希求 永使滅除諸罪業

천룡중성동자호 백천삼매돈훈수 수지신시광명당 수지심시신통장
天龍衆聖同慈護 百千三昧頓熏修 受持身是光明幢 受持心是神通藏

세척진로원제해 초증보리방편문 아금칭송서귀의 소원종심실원만
洗滌塵勞願濟海 超證菩提方便門 我今稱誦誓歸依 所願從心悉圓滿

나무대비관세음 원아속지일체법 나무대비관세음 원아조득지혜안
南無大悲觀世音 願我速知一切法 南無大悲觀世音 願我早得智慧眼

나무대비관세음 원아속도일체중 나무대비관세음 원아조득선방편
南無大悲觀世音 願我速度一切衆 南無大悲觀世音 願我早得善方便

나무대비관세음 원아속승반야선 (南無大悲觀世音 願我速乘般若船)

나무대비관세음 원아조득월고해 (南無大悲觀世音 願我早得越苦海)

나무대비관세음 원아속득계정도 (南無大悲觀世音 願我速得戒定道)

나무대비관세음 원아조동원적산 (南無大悲觀世音 願我早同圓寂山)

나무대비관세음 원아속회무위사 (南無大悲觀世音 願我速會無爲舍)

나무대비관세음 원아조동법성신 (南無大悲觀世音 願我早同法性身)

아약향도산 도산자최절 (我若向刀山 刀山自催折)

아약향화탕 화탕자소멸 (我若向火湯 火湯自消滅)

아약향지옥 지옥자고갈 (我若向地獄 地獄自枯竭)

아약향아귀 아귀자포만 (我若向餓鬼 餓鬼自飽滿)

아약향수라 악심자조복 (我若向修羅 惡心自調伏)

아약향축생 자득대지혜 (我若向畜生 自得大智慧)

나무관세음보살마하살 (南無觀世音菩薩摩訶薩)

나무대세지보살마하살 (南無大勢至菩薩摩訶薩)

나무천수보살마하살 (南無千手菩薩摩訶薩)

나무여의륜보살마하살 (南無如意輪菩薩摩訶薩)

나무대륜보살마하살 (南無大輪菩薩摩訶薩)

나무관자재보살마하살 (南無觀自在菩薩摩訶薩)

나무정취보살마하살 (南無正趣菩薩摩訶薩)

나무만월보살마하살 (南無滿月菩薩摩訶薩)

나무수월보살마하살 南無水月菩薩摩訶薩 나무군다리보살마하살 南無軍茶利菩薩摩訶薩

나무십일면보살마하살 南無十一面菩薩摩訶薩 나무제대보살마하살 南無諸大菩薩摩訶薩

나무본사아미타불 南無本師阿彌陀佛 (세번)

신묘장구대다라니
神妙章句大陀羅尼

나모라 다나 다라 야야 나막알약 바로기제 새바라야 모지사다바

야 마하사다바야 마하가로 니가야 옴 살바 바예수 다라나 가라야

다사명 나막까리다바 이맘 알야 바로기제새바라 다바 이라간타

나막하리나야 마발타 이사미 살발타 사다남 수반 아예염 살바 보

다남 바바말아 미수다감 다냐타 옴 아로계 아로가 마지로가 지가

란제 혜혜하례 마하모지 사다바 사마라 사마라 하리나야 구로구

로 갈마 사다야 사다야 도로도로 미연제 마하미연제 다라다라 다

린나례 새바라 자라자라 마라 미마라 아마라 몰제 예혜혜 로계

새바라 라아 미사미 나사야 나베 사미사미 나사야 모하자라 미사

미 나사야 호로호로 마라호로 하례 바나마 나바 사라사라 시리시

리 소로소로 못자못자 모다야 모다야 매다리야 니라간타 가마사

날사남 바라하리나야 마낙 사바하 싯다야 사바하 마하싯다야 사

바하 싯다유예 새바라야 사바하 니라 간타야 사바하 바라하 목하

싱하 목카야 사바하 바나마 하따야 자가라 욕타야 사바하

상카섭나예 모다나야 사바하 마하라 구타다라야 사바하 바마사간

타 이사시체다 가릿나 이나야 사바하 먀가라 잘마 이바 사나야

사바하

나모라 다나다라 야야 나막알야 바로기제 새바라야 사바하 (세번)

伏請偈[복청게]

伏請大衆 同音唱和 神妙章句大陀羅尼
복청대중 동음창화 신묘장구대다라니

○ ○ ⊗ 나모라 다나 다라 야야 나막 알약 바로 기제 ●새바라야 ○ ○ ⊗ ○

○모지 ○사다 ○바야 ○마하 ○사다 ○바야 ●●마하가로 ○니가야 ●옴 ●살바 바예수 다라나

○가라야 ○다사명 ○나막 ○까리 다바 이맘 알야 ●●바로기제 새바라 다바 니라 간타

○나막 ●●하리나야 마발타 이사미 살발타 ●사다남 수반 아예염 살바 보다남 바바

○말아 ●미수다감 ●●다냐타 ●옴 아로계 아로가 마지 로가 ○지가 란제 ○혜혜 ○하례

○마하모지 ●●사다바 ●사마라 사마라 하리 나야 구로 ●●구로갈마 ○사다야 ○사다야

●도로도로 ●●미연제 마하 미연제 다라 다라 ●●다린나례 새바라 자라 자라 ●●자라마라

○미마라 아마라몰제 ●예혜혜로계 ●●새바라라야 ○미사미 나사야 ●나베 사미사미

○나사야 ●모하자라 ●미사미 ○나사야 ○호로 호로 ●●마라 호로 하례 바나마 나바

○사라 ○사라 ○시리 ○시리 ○소로 ○소로 ●●못자못자 ○모다야 ○모다야 매다 ●리야 ●●니라 간타

가마사 날사남 바라 하리 나야마낙 사바하 싯다야

○ ○ 사바하 싯다 유예 새바라야 사바하니라 간타야 사바하 바하라 목하싱하

○ ○ 목카야 사바하 바나마 하따야 사바하 자가라 욕타야 사바하 상카 섭나네

○ 모다나야 사바하 마하라구타 다라야 사바하바마 사간타이사 시체다 가릿나

○ ○ 이나야 사바하 먀가라 잘마이바 사나야 사바하

○ 나모라 다나 다라 야야 나막 알야 바로 기제 새바라야 사바하

사방찬

일쇄동방결도량 이쇄남방득청량 삼쇄서방구정토 사쇄북방영안강

도량게

도량청정、무하예 삼보천룡、강차지 아금지송、묘진언 원사자비 밀가호 끝난후

道場淸淨 無瑕穢 三寶天龍 降此地 我今持誦 妙眞言 願賜慈悲 密加護

(막바라)

290

四方讚

사방찬

一灑東方潔道場 二灑南方得淸凉 三灑西方俱淨土 四灑北方永安康

일쇄동방결도량 이쇄남방득청량 삼쇄서방구정토 사쇄북방영안강

※ 착복 (일명 나비춤)

道場讚

도량찬 (도량게)

道場淸淨無瑕穢 三寶天龍降此地 我今持誦妙眞言 願賜慈悲密加護

도량청정무하예 삼보천룡강차지 아금지송묘진언 원사자비밀가호

※ 요잡 바라

懺悔偈

참회게

我昔所造諸惡業 皆由無始貪瞋痴 從身口意之所生 一切我今皆懺悔

아석소조제악업 개유무시탐진치 종신구의지소생 일체아금개참회

懺悔眞言

참회진언

옴 살바 못자 모지 사다야 사바하 (세 번)

懺悔皆懺悔 懺悔悉懺悔 懺悔永懺悔 懺悔皆悉永懺悔 懺悔發願已

참회개참회 참회실참회 참회영참회 참회개실영참회 참회발원이

종신귀명례삼보 從身歸命禮三寶

거불 擧佛

나무 청정법신비로자나불 南無 淸淨法身毘盧遮那佛

나무 원만보신노사나불 南無 圓滿報身盧舍那佛

나무 천백억화신석가모니불 南無 千百億化身釋迦牟尼佛

보소청진언 普召請眞言

나무 보보제리 가리다리 다타 아다야 (세 번)

앙고편 仰告篇

앙고 仰告

앙고 仰告

앙고 시방무진삼보 천지일체 허공현성 불사자비 허수낭감 시이
仰告 十方無盡三寶 天地一切 虛空賢聖 不捨慈悲 許垂朗鑑 是以

사바세계 남섬부주 동양 대한민국(寺刹住所)사 청정수월도량 원아
娑婆世界 南贍部州 東洋 大韓民國 寺 淸淨水月道場 願我

금차 지극지정성 점안봉불재자(住所姓名)복위(新造成 : 新畵成 : 某佛)
今 此 至極至精誠 點眼奉佛齋者 伏爲

존상 시금강지 금욕입 점안도량 개비밀교 난사의법문 고아결계
尊像 是今剛地 金欲立 點眼道場 開秘密敎 卵思議法門 故我結界

호지불법 선신왕등 급여일체 천지영기 수의이주
護持佛法 善神王等 及與一切 天地靈祇 隨意而住

정지진언
淨地眞言

옴 나유바아라 살바달마 (세 번)

결정기세간 적광화장인 즉이정혜수 관념이진법
潔淨器世間 寂光華藏印 卽以定慧水 觀念離塵法

옴 소리마리 마마리 소소마리 사바하 (세 번)

해예진언
解穢眞言

정삼업진언
淨三業眞言

쌍슬장괴이 합장허심주 성심진진설 삼업일체중 아종과거세 유전
雙膝長跪已 合掌虛心住 誠心盡陳說 三業一切衆 我從過去世 流轉

어생사 아금대성존 진심이참회 여선불소참 아금역여시 원승가지
於生死 我今大聖尊 盡心而懺悔 如先佛所懺 我今亦如是 願承加持

력 중생실청정 이차대경고 자타획무구
力 衆生悉清淨 以此大敬故 自他獲無垢

옴 사바바바 수다살바 달마 사바바바 수도함 (세 번)

도향진언
塗香眞言

진언행보살 응당선수습 도향변도수 부용소향훈
진言行菩薩 應當善修習 塗香遍塗手 復用燒香熏

옴 바아라 언제 혹 (세 번)

정법계진언
淨法界眞言

나자색선백 공점이엄지 여피계명주 치지어정상
羅字色鮮白 空點以嚴之 如彼髻明珠 置之於頂上

진언동법계 무량중죄제 일체촉예처 당가차자문
眞言同法界 無量衆罪除 一切觸穢處 當加此字門

나무 사만다 못다남 남 (세 번)

개단진언 開壇眞言

옴 바아라 뇌로 다가다야 삼마야 바라베 사야훔 (세 번)
唵 跋折羅 糯魯 特加陀耶 三摩耶 人羅吠 舍耶 吽

건단진언 建壇眞言

옴 난다난다 나지나지 난다바리 사바하 (세 번)
唵 難多難多 那地那地 難多婆 哩 娑婆訶

결계진언 結界眞言

옴 마니 미야예 다라다라 훔훔 사바하 (세 번)

부동존진언 不動尊眞言

혹이부동존 성변일체사 호신처령정 결제방등계
惑以不動尊 成辨一切事 護身處合淨 結제方等界

나모 사만다 바아라남 전나 마하로사나 찰바다냐훔 다라다

함맘 (세 번)

호신피갑진언

용시엄신고 제마위소장 급여악심류 도지함사산

用是嚴身故 諸魔爲所障 及與惡心類 逃之咸四散

옴 바아라 아니바라 닙다야 사바하 (세 번)

항마진언 降魔眞言

※ 法主는 새로 造成한 佛象에 팥을 세 번 뿌리며 讀誦한다

아이금강삼등방편 신승금강반월풍륜 단상구방남자광명 소여무명

我以金剛三等方便 身乘金剛半月風輪 壇上具放㖃字光明 燒汝無明

소적제신 역칙천상공중지하 소유일체작제장난 불선심자개래호괴

所積諸神 亦勅天上空中地下 所有一切作諸障難 不善心者皆來胡跪

청아소설가지법음 사제포악패역지심 어불법중함기신심 옹호도량

聽我所說加持法音 捨諸暴惡悖逆至心 於佛法中咸起信心 擁護道場

역호시주 강복소재

亦護施主 降福消災

옴 소마니 소마니 훔 하리한나 하리한나 훔 하리 한나 바나야

훔 아나야혹 바아밤 바아라 훔바탁 (칠 설)

묘보리심여의보 (妙菩提心如意菩)
능만제원멸진로 (能滿諸願滅塵勞)
삼매지염유차생 (三昧智念由此生)
시고아금근수호 (是故我今勤守護)
능발소발병발사 (能發所發並發事)
여시삼발여향염 (如是三發如響焰)
원공법계제중생 (願共法界諸衆生)

동발무상보리심 (同發無上菩提心)

옴 모지짓다 모다 바나야 믹 (세 번)

집서진언 (執杵眞言)

옴 바아라 건제 흑 (세 번)

집령진언 (執鈴眞言)

옴 바아라 건다 훔 (세 번)

동령진언 (動鈴眞言)

이차진령전법어 시방불찰보문지 원차령성변법계 무변불성함래집
(以此振鈴傳法語 十方佛刹普聞知 願此鈴聲徧法界 無邊佛聖咸來集)

옴 바아라 건다도 사야훔 (세 번)

불부소청진언

佛部召請眞言

불지광대동허공 보변일체중생심 실료세간제망상 불기종종이분별

佛智廣大同虛空 普徧一切衆生心 悉了世間諸妄想 不起種種異分別

나모 사만다 못다남 옴 다타 아다야 바바야 사바하 (세번)

연화부소청진언

蓮花部召請眞言

인이대비청정수 섭취억념제중생 영어일체액난중 획득금강안온락

仁以大悲淸淨手 攝取憶念諸衆生 令於一切厄難中 獲得金剛安穩樂

나무 사만다 못다남 옴 바나마 바바야 사바하 (세번)

금강부소청진언

金剛部召請眞言

묘색담연상안락 불위시절겁소천 대성광겁행자비 획득금강불괴신

妙色湛然常安樂 不爲時節劫所遷 大聖曠劫行慈悲 獲得金剛不壞身

나무 사만다 못다남 옴 바아라나 바바야 사바하 (세번)

유치

由致

시이 사바세계 남섬부주 동양 (寺刹住所)사 청정수월도량 봉불제
是以 婆婆世界 南贍部州 東洋 寺 清淨水月道場 奉佛齊

자 (某年 某月 某日 某人)복위 경청양공(新造成、新畵成:: 某佛 某菩薩)
者 伏爲 敬請良工

존상 금기필공 안우(某山下、某寺) 청정진계(佛紀。年。月。日)특배
尊像 今既畢功 安于 清淨珍界 特排

점안법연 근비향등공구 훈근작법 점개 오안십안천안 무진안자 우
點眼法筵 謹備香燈供具 勳懃作法 點開 五眼十眼千眼 無盡眼者 右

복이 진체지체 담연무형 법신지신 소연이상 담연무형고 포함법
伏以 眞體之體 湛然無形 法身之身 蕭然離相 湛然無形故 包含法

계 소연이상고 변만태허 기포법계이위형 언유근진지상호 역변태
界 蕭然離相故 偏滿太虛 既包法界以爲形 焉有根塵之相好 亦偏太

허이작체 본무안이지명언 연욕제사계지미륜 구진방지고류 내시
虛而作體 本無眼耳之名言 然欲濟沙界之迷倫 救塵邦之苦類 乃示

현어삼십
現於三十

이상역 장엄어팔십종호 가위 삼신구이사지성 오안명이 십호족복
二相亦 莊嚴於八十種好 可謂 三身具而四智成 五眼明而 十號足 伏

원 삼신사지 오족여래 운 무연지대자민 유정지미간 함강향연증
願 三身四智 五族如來 運 無緣之大慈慜 有情之微慜 咸降香筵 證

명공덕 근병일심 선진삼청
明功德 謹秉一心 先陳三請

청사 請詞

🔔 나무일심봉청 상주법계 진언궁중 반야해회 최상무변 불가사의
南無一心奉請 常住法界 眞言宮中 般若海會 最上無邊 不可思議

오륜 보망세계 청정무염 법성해신 암밤남 함캄 대교주비로자나
五輪 補網世界 淸淨無染 法性海身 暗淰喃 含坎 大教主毘盧遮那

불 유원자비 강림도량 증명공덕
佛 唯願慈悲 降臨道場 證明功德

향화청 香花請

가영 歌詠

법신성해초삼계 묘용하방구오근 담적응연상각료 인간무수총첨은
法身性海超三界 妙用何妨具五根 湛寂凝然常覺了 人間無數總霑恩

고아일심 귀명정례
故我一心 歸命頂禮

🔔 나무일심봉청 상주법계 진언궁중 반야해회 금강연화장세계 불
南無一心奉請 常住法界 眞言宮中 般若海會 金剛蓮華藏世界 不

가설 불가설 구경원만 무애대장 아바라하카 법계주 노사나불 유
可說 不可說 究竟圓滿 無礙大藏 阿婆羅賀㗨 法界主 盧舍那佛 唯

원자비 강림도량 증명공덕
願慈悲 降臨道場 證明功德

향화청
香花請

가영
歌詠

인원과만증여여 의정장엄상호수 구경천중등보좌 보리수하현금구
因圓果滿證如如 依正莊嚴相好殊 究竟天中登寶座 菩提樹下現金軀

고아일심 귀명정례
故我一心 歸命頂禮

🔔 나무일심봉청 상주법계 진언궁중 반야해회 사바세계 화현무변
南無一心奉請 常住法界 眞言宮中 般若海會 娑婆世界 化現無邊

불가칭수 오탁겁중 감수백세 아라바좌나 일대교주 석가모니불 유
不可稱數 五濁劫中 減壽百歲 阿羅縛左那 一大教主 釋迦牟尼佛 唯

원자비 강림도량 증명공덕
願慈悲 降臨道場 證明功德

향화청 香花請

가영 歌詠

도솔야마영선서 수미타화견여래 동시동회동여차 월인천강불가시
兜率夜摩迎善逝 須彌他化見如來 同時同會同如此 月印千江不可猜

고아일심 귀명정례
故我一心 歸命頂禮

🔔

나무일심봉청 상주법계 진언궁중 반야해회 동방금강부 대원경
南無一心奉請 常住法界 眞言宮中 般若海會 東方金剛部 大圓鏡

지금강견고자성신 가지주 아촉불등 일체제불 유원자비 강림도
智金剛堅固自性身 加持主 阿閦佛等 一切諸佛 唯願慈悲 降臨道

량 증명공덕
場 證明功德

향화청 香花請

가영 歌詠

302

동방아촉무군동 東方阿閦無群動 반야궁중자성지 般若宮中自性持 상주안심환희국 常住安心歡喜國 금강경지사수미 金剛鏡智似須彌

고아일심 귀명정례 故我一心 歸命頂禮

나무일심봉청 南無一心奉請 상주법계 常住法界 진언궁중 眞言宮中 반야해회 般若海會 남방보성부 南方寶性部 평등성 平等性

지 智 복덕장엄취신 福德莊嚴取身 관정주 灌頂主 보생불등 寶生佛等 일체제불 一切諸佛 유원자비 唯願慈悲 강림도량 降臨道場

증명공덕 證明功德

향화청 香花請

가영 歌詠

남방보성여래불 南方寶性如來佛 상주보광반야중 常住寶光般若中 복덕장엄개구족 福德莊嚴皆具足 원명성지접군몽 圓明性智接群夢

고아일심 귀명정례 故我一心 歸命頂禮

🔔 나무일심봉청 南無一心奉請 상주법계 常住法界 진언궁중 眞言宮中 반야해회 般若海會 서방연화부 西方蓮華復 묘관찰 妙觀察

지 연화경애취신 智 蓮花敬愛聚身 삼마지주 三摩地主 관자재불등 觀自在佛等 일체제불 一切諸佛 유원자비 唯願慈悲 강림 降臨

도량 증명공덕 道場 證明功德

향화청 香花請

가영 歌詠

고아일심 귀명정례 故我一心 歸命頂禮

위기미타반야궁 묘관자재방신통 수연상주삼마지 운지흥비일체동
位奇彌陀般若宮 妙觀自在防神通 雖然常住三摩地 運智興悲一體同

🔔 나무일심봉청 南無一心奉請 상주법계 常住法界 진언궁중 眞言宮中 반야해회 般若海會 북방비수갈마부 北方毘首竭摩部 성 成

소작지 해운취신 所作智 海雲聚身 광대공양주 廣大供養主 불공성취불등 不空成就佛等 일체제불 一切諸佛 유원자비 唯願慈悲 강 降

림도량 증명공덕
臨道場 證命功德

향화청
香花請

가영
歌詠

진중북방지해운 운용장우이군생 해함제보심무애 반야궁중지월명
珍重北方智海雲 雲龍長雨利群生 海含諸寶深無礙 般若宮中智月明

고아일심 귀명정례
故我一心 歸命頂禮

🔔 나무일심봉청 상주법계 진언궁중 반야해회 중앙적이상조부 보
南無一心奉請 常住法界 眞言宮中 般若海會 中央寂而常照部 寶

법갈마 사바라밀보살 동방금애자수 사대보살 남방보광당 소사대
法羯摩 四波羅密菩薩 東方金愛慈手 四大菩薩 南方普光幢 笑四大

보살 서방법리인어 사대보살 북방업호아권사대보살 구색쇠령사
菩薩 西方法利因語 四大菩薩 北方業護牙眷四大菩薩 鉤索鎖鈴四

섭보살 희만가무내사공양보살 소산등도외사공양보살 오부대 만다
攝菩薩 喜鬘歌舞內四供養菩薩 燒散燈塗外四供養菩薩 五部大 曼陀

라회상 일체보살마하살 유원자비 강림도량 증명공덕
羅會上 一切菩薩摩訶薩 唯願慈悲 降臨道場 證明供德

향화청
香花請

가영
歌詠

고아일심 귀명정례
故我一心 歸命頂禮

사방사대제보살 상주금강반야궁 오부다라제성사 상지불법증원통
四方四大諸菩薩 常住金剛般若宮 五部多羅諸聖士 常持佛法證圓通

신불청
新佛請

나무일심봉청 (新畵成 新造成 重修 改金等 某佛 某菩薩) 존상 기위 유원
南無一心奉請 尊像 幾位 唯願

자비 강림도량 증명공덕
慈悲 降臨道場 證明功德

향화청
香花請

자재치성여단엄 自在熾盛與端嚴

명칭길상급존귀 名稱吉祥及尊貴

여시육덕개원만 如是六德皆圓滿

응당총호바가범 應當摠護薄伽梵

고아일심 귀명정례 故我一心 歸命頂禮

아미타불 : 阿彌陀佛
무량광중화불다 無量光中化佛多
앙첨개시아미타 仰瞻皆是阿彌陀
응신각정황금상 應身各挺黃金相
보계도선벽옥라 寶髻都旋碧玉螺

약사여래 : 藥師如來
동방세계각만월 東方世界各滿月
불호유리광교결 佛號琉璃光皎潔
두상선라청사산 頭上旋螺靑似山
미간호상향여설 尾間毫相向如雪

관음보살 : 觀音菩薩
백의관음무설설 白衣觀音無說說
남순동자불문문 南巡童子不聞聞
병상록양삼제하 瓶上錄楊三際夏
암전취죽시방춘 巖前翠竹十方春

지장보살 : 地藏菩薩
장상명주일과한 掌上明珠一顆寒
자연수색변래단 自然隨色辯來端
기회제기친분부 幾回提起親分付
암실아손향외간 暗室兒孫向外看

나한 : 羅漢
진묵겁전조성불 塵墨劫前早成佛
위도중생현세간 爲度衆生現世間
위위덕상월륜만 巍巍德相月輪滿
어삼계중작도사 於三界中作導師

시왕 : 十王
권형응적대보살 權衡應跡大菩薩
실보수인시성왕 實報酬因是聖王
위령신력하번문 威靈神力何煩問
관찰염부신전광 觀察閻浮迅電光

천왕 : 天王
사대천왕위세웅 四大天王威勢雄
호세순유처처통 護世巡遊處處通
종선유정이복음 從善有情貽福蔭
벌악군품사재융 罰惡群品賜災隆

칠성 : 七聖
위광변조시방중 威光遍照十方中
월인천강일체동 月印千江一切同
사지원명제성사 四智圓明諸聖士
분림법회이군생 賁臨法會利群生

신중 : 神衆
옹호성중만허공 擁護聖衆滿虛空
도재호광일도중 都在毫光一道中
신수불어상옹호 信受佛語常擁護
봉행경전영유통 奉行經典永流通

산신 : 山神
영산석일여래촉 靈山昔日如來囑
위진강산도중생 威鎭江山度衆生
만리백운청장리 萬里白雲靑嶂裡
운거학가임한정 雲車鶴駕任閒情

독성 : 獨聖
나반신통세소희 那畔神通世所稀
행장현화임시위 行藏現化任施爲
송암은적경천겁 松巖隱蹟經千劫
생계잠형입사유 生界潛形入四維

다게 茶偈

금장감로다 봉헌증명전 감찰건간심
金將甘露茶 奉獻證明前 鑑察虔懇心

원수애납수 원수애납수 원수자비애납수
願垂哀納受 願垂哀納受 願垂慈悲哀納受

옹호청 擁護請

나무일심봉청 상어일체 작법지처 자엄등시 위작옹호 상방대범
南無一心奉請 常於一切 作法之處 慈嚴等施 爲作擁護 上方大梵

천왕 제석천왕 동방제두 나타천왕 남방비로륵 차천왕 서방비로박
天王 帝釋天王 東方堤頭 懶吒天王 南方毘盧勒 又天王 西方毘盧博

차천왕 북방비사문천왕 하계당처 토지호법선신산천악독 일체영
又天王 北方毘沙門天王 下界當處 土地護法善神山川嶽瀆 一切靈

기등중 강림도량 옹호법연
祇等衆 降臨道場 擁護法筵

향화청 香花請

가영 歌詠

범왕제석사천왕 불법문중서원견 열위초제천만세 자연신용호금선
梵王帝釋四天王 佛法門中誓願堅 列位招堤千萬歲 自然神用護金仙

고아일심 귀명정례
故我一心 歸命頂禮

강생게 降生偈

아불석사자 종도솔천궁 강신하염부 입마야태장 원금역여시 입차
我佛釋師子 從兜率天宮 降神下閻浮 入摩耶胎藏 願今亦如是 入此

공상중 심심적연정 구주어세간 복자제중생 발무상도심 시작대불
空像中 甚深寂然定 久住於世間 福資諸衆生 發無上道心 施作大佛

사자타공성불
事自他共成佛

※ 법주가 오색사진언을 넘송할 때 화공이 오색사로 연꽃잎을 만들어 다섯 자 간격으로 꿰어서 오색실을 오른쪽 귀에 걸고 그 실틀을 부처님의 손끝까지 늘여 놓는다. 탱화의 경우에는 오른쪽에서 걸어서 탱화의 후면으로 하여 시주의 손끝에 잡게 한다。

🔔 오색사진언 五色絲眞言

옴 바아라 삼매야 소다남 아리마리 사바하 (세번)

오불례 五佛禮

나무 南無 청정법신 淸淨法身 비로자나불 毘盧遮那佛 (拜)

나무 南無 원만보신 圓滿報身 노사나불 盧舍那佛 (拜)

나무 南無 천백억화신 千百億化身 석가모니불 釋迦牟尼佛 (拜)

나무 南無 당래하생 當來下生 미륵존불 彌勒尊佛 (拜)

나무 南無 동방만월세계 東方滿月世界 약사유리광불 藥師琉璃光佛 (拜)

혁혁뇌음진 赫赫雷音振 군롱진할개 群聾盡豁開 불기영산회 不起靈山會 구담무거래 瞿曇無去來

※ 點眼唱佛:: 羅漢은 六通이고 天王과 十王은 五通五力이며 佛菩薩은 八眼이시다.

※ 佛菩薩일 때 (法主의 唱에 따라 증명법사는 팥을 뿌린다)

南無 新書成 新造成 重修 改金 等 某佛 某菩薩 各具尊像 幾位

나무 신화성 신조성 중수 개금등 모불 모보살 각구존상 기위

육안성취상 肉眼成就相 　육안청정상 肉眼清淨相 　육안성취 肉眼成就 　청정원만상 清淨圓滿相 　눈 아래에 (캄자)

천안성취상 天眼成就相 　천안청정상 天眼清淨相 　천안성취 天眼成就 　청정원만상 清淨圓滿相 　눈동자에 (함자)

혜안성취상 慧眼成就相 　혜안청정상 慧眼清淨相 　혜안성취 慧眼成就 　청정원만상 清淨圓滿相 　눈 위에 (남자)

법안성취상 法眼成就相 　법안청정상 法眼清淨相 　법안성취 法眼成就 　청정원만상 清淨圓滿相 　눈썹 위에 (밤자)

불안성취상 佛眼成就相 　불안청정상 佛眼清淨相 　불안성취 佛眼成就 　청정원만상 清淨圓滿相 　미간에 (암자)

점필법 點筆法

※ 선창:: 법주 후창:: 바라지

십안성취상 십안청정원만상
十眼成就相 十眼清淨圓滿相

십안성취 청정원만상 가슴 가운데 (훔자)
十眼成就 清淨圓滿相

천안성취상 천안청정원만상
天眼成就相 天眼清淨圓滿相

천안성취 청정원만상 입속 (아자)
天眼成就 清淨圓滿相

무진안성취상 무진안청정원만상
無盡眼成就相 無盡眼清淨圓滿相

무진안성취청정원만상정수리 (옴자)
無盡眼成就清淨圓滿相

나무 신화성 신조성 중수 개금등 (某)성상 기위 각구통명
南無 新畵成 新造成 重修 改金 等 聖像 幾位 各具通明

※ 中壇과 羅漢 尊者일 때

선창:: 법주 후창:: 바라지

천안통성취상 천안통청정원정상 (눈동자에 함자)
天眼通成就相 天眼通清淨圓相

천이통성취상 천이통청정원정상 (양발 위에 하자)
天耳通成就相 天耳通清淨圓相

타심통성취상 타심통청정원정상 (정강 가운데 사바자)
他心通成就相 他心通清淨圓相

신경통성취상 신경통청정원정상 (양쪽 겨드랑이 제자)
神境通成就相 神境通清淨圓相

숙명통성취상 숙명통청정상 (배꼽 위에 [준자])
宿命通成就相 宿命通淸淨相

누진통성취상 누진통청정상 (양 눈썹에 [레자])
漏盡通成就相 漏盡通淸淨相

나무 신화성 신조성 중수 개금등 (某)성상 기위 각구통명
南無 新畵成 新造成 重修 改金等 聖像 幾位 各具通明

※ 天王 十王 神衆 기타일 때

선창: 법주 후창: 바라지

신통력성취상 신통력청정상 (양 어깨에 [레자])
神通力成就相 神通力淸淨相

용맹력성취상 용맹력청정상 (가슴 가운데에 [주자])
勇猛力成就相 勇猛力淸淨相

자비력성취상 자비력청정상 (양 어깨에 [레자])
慈悲力成就相 慈悲力淸淨相

보살력성취상 보살력청정상 (입 가운데에 [자자])
菩薩力成就相 菩薩力淸淨相

여래력성취상 여래력청정상 (정수리에 [옴자])
如來力成就相 如來力淸淨相

나무 (某) 대왕 모 종관
南無 大王 某 從官

개안광명진언 ※ 供養 (팥죽) 올리고 개안광명진언을 한다.
開眼光明眞言

※ 꼬깔을 벗기고 證明法師는 眼睛(눈동자에 ꣼ 함자) 點筆을 한다.

옴 작수작수 삼만다 작수미 수다미 사바하 (세 번)

※ 施主가 잡고 있는 오색사를 커팅한다.

불개광명청련안 묘상장엄공덕신 인천공찬불능량 비약만류귀대해
佛開廣明青蓮眼 妙相莊嚴功德身 人天共讚不能量 比若萬流歸大海

옴 살바라도 바하리니 사바하 (세 번)
안불안진언
眼佛眼眞言

관욕편여래 강생지시 구룡토수 목욕금신 일체제불 제대보살
灌欲篇如來 降生之時 九龍吐水 沐浴金身 一切諸佛 諸大菩薩

역부여시 아금 근이청정 향수 관욕금신
亦復如是 我今 謹以清淨 香水 灌浴金身

沐浴眞言

목욕진언 ※ 증명법사가 불상을 향하여 향탕수를 세 번 뿌린다.

我今灌浴諸聖衆 正智功德莊嚴聚 五濁衆生令離垢 當證如來淨法身

아금관욕제성중 정지공덕장엄취 오탁중생영이구 당증여래정법신

◉ ●●●●◉ ◉ ●●◉ ◉ ●◉ ◉ ◉ ◉ ●◉ ◉ ●●○○ ●● ◉

나무 사만다 못다남 옴 아아나 삼마삼마 사바하

[관욕쇠]

1) ●●● √ √ 삼타

2) ● ◉ √ √ 삼타

3) ● ◉ √ √ √ 삼타

4) ● ◉ √ √ √ 삼타

5) ● ●● ◉ √ √ √ 삼타

6) ● ●● ◉ √ √ √ 삼타

관욕바라 치고

6번부터 처준다

아금지차길상수 관주일체중생정 진로열뇌실소제 자타소속법왕위

我今持此吉祥水 灌注一切衆生頂 塵勞熱惱悉消除 自他紹續法王位

옴 도니도니 가도니 사바하 (세 번)

안상진언

安相眞言

옴 소바리 지실지체 바아라 나바바야 사바하 (세 번)

삼십이상진언

三十二相眞言

옴 마하 가로나야 사바하 (세 번)

팔십종호진언

八十種好眞言

옴 마하다바 다라 모나라야 사바하 (세 번)

안장엄진언

安莊嚴眞言

옴 바아라 바라나 미보사니 사바하 (세 번)

헌좌진언 (上壇偈) 상단일 때 상단게
獻座眞言

묘보리좌승장엄 제불좌이성정각
妙菩提座勝莊嚴 諸佛坐而成正覺

아금헌좌역여시 자타일시성불도
我今獻座亦如是 自他一時成佛道

옴 바아라 미나야 사바하 (세 번)

헌좌진언 (尊者 十王 神衆 其他는 中壇偈) 중단일 때
獻座眞言

아금경설보엄좌 봉헌일체 ○○前
我今敬說寶嚴座 奉獻一切

옴 가마라 승하 사바하 (세 번)

원멸진로망상심 속원해탈보리좌
願滅盡勞妄想心 速願解脫菩提座

다게
茶偈

목여조출제호미 성도당시선래헌 아금헌공역여시 원수애납수
牧女造出醍醐味 成道當時先來獻 我今獻供亦如是 願垂哀納受

원수애납수 원수자비애납수
願垂哀納受　願垂慈悲哀納受

🔔 진언권공
眞言勸供

향수나열
香羞羅列

향수나열 재자건성 욕구공양지주원 수장가지지변화 앙유삼보 특
香羞羅列　齋者虔誠　浴求供養之周圓　須仗加持之變化　仰唯三寶　特

사가지
賜加持

나무시방불 나무시방법 나무시방승 (세번)
南無十方佛　南無十方法　南無十方僧

무량위덕 자재광명승묘력 변식진언
無量威德　自在光明勝妙力　變食眞言

나막 살바다타 아다야 바로기제 옴 삼마라 삼마라 옴 (세번)

시감로수진언
施甘露水眞言

나무소로바야 다타 아다야 다냐타 옴 소로소로 바라소로 바라

소로 사바하 (세 번)

일자수륜관진언
一字水輪觀眞言

옴 밤 밤 밤밤 (세 번)

유해진언
乳海眞言

나무 사만다 못다남 옴 밤 (세 번)

운심공양진언
運心供養眞言

원차향공변법계 보공무진삼보례 자비수공증선근 영법주세보불은
願此香供邊法界 普供無盡三寶禮 慈悲受供增善根 令法住世報佛恩

나막 살바다타 아제박미 새바 몰계비약 살바다감 오나아제 바라혜암 옴 아아나캄 사바하 (세 번)

예참
禮懺 (운운) ※ 바라지는 각청에 따라 맞추어 독송 한다.

옴 아아나 삼바바 바라 훔 〔세 번〕

보공양진언
普供養眞言

옴 삼마라 삼마라 미만나 사라마하 자가라가 훔 〔세 번〕

보회향진언
普回向眞言

나모 사만다 못다남 아바라지 하사다 사다남 다냐타 옴 카 카
카혜 카혜 훔 훔 아바라 아바라 바라아바라 바라아바라 지따
지따 지리 지리 빠다빠다 선지가 시리예 사바하 〔세 번〕

불설소재길상다라니
佛說消災吉祥陀羅尼

옴 아모카 살바다라 사다야 사베 훔 〔세 번〕

대원성취진언
大願成就眞言

322

보궐진언 補闕眞言

옴 호로호로 사야몰케 사바하 (세 번)

찰진심념가수지 刹塵心念可數知 대해중수가음진 大海中水可飮盡 허공가량풍가계 虛空可量風可繫 무능진설불공덕 無能盡說佛功德

고아일심 귀명정례 故我一心 歸命頂禮

축원 云云 祝願

羅漢 十王 天王 造塔 點眼篇
나한 시왕 천왕 조탑 점안편

옹호게 (옹호성중을 찬탄함)
擁護偈

팔부금강호도량 공신속부보천왕 삼계제천함래집 여금불찰보정상

八部金剛護道場 空神速赴報天王 三界諸天咸來集 如今佛刹補禎祥

※ 요잡바라 막바라를 춘다.

거목
擧目

나무 금강회상 불보살
南無 金剛會上 佛菩薩

나무 도리회상 성현중
南無 忉利會上 聖賢衆

나무 옹호회상 영기등중
南無 擁護會上 靈祈等衆

가영
歌詠

옹호성중만허공 도재호광일도중 신수불어상옹호 봉행경전영류통

擁護聖衆滿虛空 都在豪光一道中 信受佛語常擁護 奉行經典永流通

고아일심 귀명정례

故我一心 歸命頂禮

다게

茶 偈

청정명다약 능제병혼침 유기옹호중

清淨茗茶藥 能除病昏沈 唯冀擁護衆

원수애납수 원수애납수 원수자비애납수

願垂哀納受 願受哀納受 願受慈悲哀納受

※ 일곱 망치 종을 치고 세 번 바라를 올린다。

탄백

歎 白

옹호성중혜감명 사주인사일념지 애민중생여적자 시고아금공경례

擁護聖衆慧鑑明 四洲人事一念知 哀愍衆生如赤子 施故我今恭敬禮

◎ 나한 시왕 천왕 조탑 점안
羅漢 十王 天王 造塔 點眼

화취진언
火聚眞言

옴 살바 바바 보타나 하나 바아라 사바하 (백팔설)

할향
喝香

전단목주중생상 급여여래보살형 만면천두수각이 약문훈기일반향
栴檀木做衆生像 及與如來菩薩形 萬面千頭雖各異 若聞薰氣一般香

등게
燈偈

계정혜해지견향 변시방찰상분복 원차향연역여시 훈현자타오분신
戒定慧解知見香 遍十方刹常忿馥 願此香烟亦如是 熏現自他五分身

삼지심
三志心

지심귀명례 시방상주 일체불타야중 (拜)
至心歸命禮 十方常住 一切佛陀耶衆

지심귀명례 시방상주 일체달마야중 (拜)
至心歸命禮 十方常住 一切達磨耶衆

326

지심귀명례 시방상주 일체승가야중 (拜)
至心歸命禮 十方常住 一切僧伽耶衆

합장게
合掌偈

합장이위화 신위공양구 성심진실상 찬탄향연복
合掌以爲花 身爲供養具 誠心眞實相 讚嘆香煙覆

고향게
告香偈

향연변부삼천계 정혜능개팔만문 유원삼보대자비 문차신향임법회
香烟遍覆三天界 定慧能開八萬門 唯願三寶大慈悲 聞此信香臨法會

개계
開啓

상부 수함청정지공 향유보훈지덕 고장법수 특훈묘향 쇄사법연성
上夫 水含淸淨之功 香有普熏之德 故將法水 特熏妙香 灑斯法筵成

우정토
于淨土

쇄수게
灑水偈

관음보살대의왕 감로병중법수향 쇄탁마운생서기 소제열뇌획청량
觀音菩薩大醫王 甘露瓶中法水香 灑濯魔雲生瑞氣 消除熱惱獲淸凉

千手經

擧佛

거불

南無 청정법신비로자나불
淸淨法身毘盧遮那佛

南無 원만보신노사나불
圓滿報身盧舍那佛

南無 천백억화신석가모니불
千百億化身釋迦牟尼佛

보소청진언
普召請辰言

나무 보보제리 가리다리 다타 아다야 (세번)

앙고편
仰告篇

앙고
仰告

앙고
仰告

시방무진삼보 천지일체 허공현성 불사자비 허수낭감 시이
十方無盡三寶 天地一切 虛空賢聖 不捨慈悲 許垂朗鑑 是以

사바세계 娑婆世界 남섬부주 南贍部州 동양 東洋 대한민국(寺刹住所) 大韓民國 사 寺 청정수월도량 淸淨水月道場 원아 願我

금차 지극지정성 점안봉불재자(住所姓名)복위(新造成:新畵成)모불 존
今此 至極至精誠 點眼奉佛齋者 伏爲 某佛 尊

상 시금강지 아금욕입 점안도량 개비밀교 난사의법문 고아 결계
像 是今剛地 我金欲立 點眼道場 開秘密敎 卵思議法門 故我 結界

호지불법 선신왕등 급여일체 천지영기 수의이주
護持佛法 善神王等 及與一切 天地靈祇 隨意而住

정지진언
淨地眞言

옴 나유바아라 살바달마 (세번)

결정기세간 적광화장인 즉이정혜수 관념이진법
潔淨器世間 寂光華藏印 卽以定慧水 觀念離塵法

해예진언
解穢眞言

옴 소리마리 마마리 소소마리 사바하 (세번)

정삼업진언
淨三業眞言

쌍슬장괴이 합장허심주 성심진진설 삼업일체중 아종과거세 유전
雙膝長跪已 合掌虛心住 誠心盡陳說 三業一切衆 我從過去世 流轉

어생사 아금대성존 진심이참회 여선불소참 아금역여시 원승가지
於生死 我今大聖尊 盡心而懺悔 如先佛所懺 我今亦如是 願承加持

력 중생실청정 이차대경고 자타획무구
力 衆生悉清淨 以此大敬故 自他獲無垢

옴 사바바바 수다살바 달마 사바바바 수도함 (세 번)

도향진언
塗香眞言

진언행보살 응당선수습 도향변도수 부용소향훈
眞言行菩薩 應當善修習 塗香遍塗手 復用燒香熏

옴 바아라 언제 혹 (세 번)

정법계진언
淨法界眞言

나자색선백 공점이엄지 여피계명주 치지어정상 진언동법계 무량

羅字色鮮白 空點以嚴之 如彼髻明珠 置之於頂上 眞言同法界 無量

중죄제 일체촉예처 당가차자문

衆罪除 一切觸穢處 當加此字門

나무 사만다 못다남 남 (세 번)

南無 三滿多 沒多喃 覽

개단진언

開壇眞言

옴 바아라 뇌로 다가다야 삼마야 바라베 사야훔 (세 번)

唵 跋折羅 糯魯 特加陀耶 三摩耶 人羅吠 舍耶吽

건단진언

建壇眞言

옴 난다난다 나지나지 난다바리 사바하 (세 번)

唵 難多難多 那地那地 難多婆哩 娑婆訶

결계진언

結界眞言

옴 마니 미야예 다라다라 훔훔 사바하 (세 번)

부동존진언
不動尊眞言

혹이부동존 성변일체사 호신처령정 결제방등계
惑以不動尊 成辨一切事 護身處令淨 結제方等界

나모 사만다 바아라남 전나 마하로사나 찰바다냐훔 다라다

함맘 (세 번)

호신피갑진언
護身被甲眞言

옴 바아라 아니바라 닙다야 사바하 (세 번)

용시엄신고 제마위소장 급여악심류 도지함사산
用是嚴身故 諸魔爲所障 及與惡心類 逃之咸四散

항마진언
降魔眞言 ※ 법주는 새로 조성한 불상에 팥을 세 번 뿌리며 독송한다

옴 아이금강삼등방편 신승금강반월풍륜 단상구방남자광명 소여무명
我以金剛三等方便 身乘金剛半月風輪 壇上具放㘓字光明 燒汝無明

소적제신 역칙천상공중지하 소유일체작제장난 불선심자개래호괴
所積諸神 亦勅天上空中地下 所有一切作諸障難 不善心者皆來胡跪

청아소설가지법음 사제포악패역지심 어불법중함기신심 옹호도량
聽我所說加持法音 捨諸暴惡悖逆至心 於佛法中咸起信心 擁護道場

역호시주 강복소재
亦護施主 降福消災

옴 소마니 소마니 훔 하리한나 하리한나 훔 하리 한나바나야

훔 아나야혹 바아밤 바아 훔바탁 (칠설)

발보리심진언
發菩提心眞言

묘보리심여의보 능만제원멸진로 삼매지염유차생 시고아금근수호
妙菩提心如意菩 能滿諸願滅塵勞 三昧智念由此生 是故我今勤守護

시고아금근수호 능발소발병발사 여시삼발여향염 원공법계제중생
是故我今勤守護 能發所發並發事 如是三發如響焰 願共法界諸衆生

동발무상보리심
同發無上菩提心

옴 모지짓다 모다 바나야 믹 (세번)

집서진언 執杵眞言

옴 바아라 건제 흑 (세 번)

집령진언 執鈴眞言

옴 바아라 건다 훔 (세 번)

동령진언 動鈴眞言

옴 바아라 건다도 사야훔 (세 번)

이차진령전법어 以此振鈴傳法語
시방불찰보문지 十方佛刹普聞知
원차령성변법계 願此鈴聲偏法界
무변불성함래집 無邊佛聖咸來集

불부소청진언 佛部召請眞言

불지광대동허공 佛智廣大同虛空
보변일체중생심 普偏一切衆生心
실료세간제망상 悉了世間諸妄想
불기종종이분별 不起種種異分別

334

나모 사만다 못다남 옴 다타 아다야 바바야 사바하 (세 번)

연화부소청진언
蓮花部召請眞言

인이대비청정수 섭취억념제중생 영어일체액난중 획득금강안온락
仁以大悲淸淨手 攝取憶念諸衆生 令於一切厄難中 獲得金剛安穩樂

나무 사만다 못다남 옴 바나마 바바야 사바하 (세 번)

금강부소청진언
金剛部召請眞言

묘색담연상안락 불위시절겁소천 대성광겁행자비 획득금강불괴신
妙色湛然常安樂 不爲時節劫所遷 大聖曠劫行慈悲 獲得金剛不壞身

나무 사만다 못다남 옴 바아라나 바바야 사바하

※ 상기 의식을 하고 점안 대상에 따라 由致請詞를 한 다음 共用儀式을 한다.

나한 점안 유치
羅漢 點眼 由致

절이 이생개사 주세진인 장거말세 불리일관지진상 불입열반 화
切以 利生開士 住世眞人 長居末世 不離一貫之眞常 不入涅槃 化

도 사생지군품 두두시물 처처현형 유구개수 무원부종 금유 차일
度 四生之群品 頭頭示物 處處現形 有求皆遂 無願不從 今有 此日

시이 사바세계 남섬부주 동양 (寺刹住所)사 청정수월도량 봉불재자
是以 娑婆世界 南贍部州 東洋 寺 淸淨水月道場 奉佛齋者

(某人)복위 진경소저 특청공양(쇠는 조성 그림은 화성 중수때는 중수라
伏爲 盡傾所儲 特請供養 鑄成 畵成 重修

한다) 영산교주 석가여래 십육대아라한 오백성중존상 금기 필공
靈山敎主 釋迦如來 十六大阿羅漢 五百聖衆尊像 今旣 畢功

안우 ○○사 건설점안도량 앙표일심 선진삼청
安于 寺 虔說點眼道場 仰表一心 先陳三請

청사
請詞

나무일심봉청 상생도솔 하강염부 방대광명 조제유암 시 팔상
南無一心奉請 上生兜率 下降閻浮 放大光明 照諸幽暗 示 八相

성도호 천중천 현 십력항마 칭 성중성 광겁난우 여 우담발라화
成道 號 天中天 現 十力降魔 稱 聖衆聖 曠劫難遇 如 憂曇鉢羅華

천백억화신석가모니불 좌보처 자씨 미륵보살 우보처 제화갈라 보
千百億化身釋迦牟尼佛 左補處 慈氏 彌勒菩薩 右補處 堤華竭羅 菩

살마하살 유원자비 강림도량 증명공덕
薩摩訶薩 唯願慈悲 降臨道場 證明功德

향화청 (세번)
香花請

고아일심 귀명정례
故我一心 歸命淨禮

진묵겁전조성불 위도중생현세간 외외덕상월윤만 어삼계중작도사
塵墨劫前早成佛 爲度衆生現世間 巍巍德相月輪滿 於三界中作導師

🔔 나무일심봉청 영산당시 수불부촉 불입열반 현서선정 천상인간
南無一心奉請 靈山當時 受佛付囑 不入涅槃 現棲禪定 天上人間

응공복전 서구타니주 제일 빈두로 발라타사존자 가습미라국 제이
應供福田 西瞿陀尼州 第一 賓頭盧 跋羅墮捨尊者 迦濕彌羅國 第二

가락가 벌차존자 동승신주 제삼 가락가 발리타사존자 북구로주
伽洛伽 伐嗟尊者 東勝身州 第三 伽洛伽 跋釐墮捨尊者 北俱盧州

제사 소빈타존자 남섬부주 제오 낙구라존자 탐몰나주 제육 발타
第四 蘇頻陀尊者 南贍部州 第五 諸矩羅尊者 耽沒羅州 第六 跋陀

라존자 (羅尊者) 승가다주 (僧伽茶州) 第七 가리가존자 (伽里伽尊者) 발랄라주 (鉢剌拏州) 第八 벌사라불 다라 (伐闍羅佛 多羅)

존자 (尊者) 향취산중 (香醉山中) 第九 술박가존자 (術博伽尊者) 삼십삼천중 (三十三千中) 第十 반탁가존자 (半託伽尊者) 畢

리양구주 (利颺瞿州) 第十一 라호라존자 (怙羅羅尊者) 반도파산중 (半度波山中) 第十二 나가 서나존자 (那伽 犀那尊者)

광협산중 (廣協山中) 第十三 인계라존자 (因揭羅尊者) 가주산중 (可州山中) 第十四 벌나바사존자 (伐那婆斯尊者) 鷲

봉산중 (峰山中) 第十五 아시다존자 (阿氏多尊者) 지축산중 (持軸山中) 第十六 주다반탁가존자 (注茶半託 家尊者) 靈

산당시 여제성중 (山當時 如諸聖衆) 동공발심 감재사자 (同共發心 監齋使者) 직부사자 (直符使者) 일체현성 (一切現聖) 병종권 (並從眷省)

속 (屬) 유원자비 강림도량 증명공덕 (唯願慈悲 降臨道場 證明功德)

향화청 (세 번) — 香花請

사향사과조원성 (四向四果早圓成) 삼명육통실구족 (三明六通悉具足) 밀승아불정녕촉 (密承我佛 叮嚀囑) 주세항위진복전 (住世恒爲眞福田)

🔔 나무 (南無) 일심봉청 (一心奉請) 신조성 (新造成) 석가여래 (釋伽如來) 좌우보처 (左右補處) 양대보살 (兩大菩薩) 십육대아라 (十六大阿羅)

漢 한 오백성중 유원자비 강림도량 증명공덕
五百聖衆 唯願慈悲 降臨道場 證明功德

🔔 진언권공
眞言勸供

향수나열
香羞羅列

향수나열 재자건성 욕구공양지주원 수장가지지변화 앙유삼보 특
香羞羅列 齋者虔誠 浴求供養之周圓 須仗加持之變化 仰唯三寶 特

사가지
賜加持

나무시방불 나무시방법 나무시방승
南無十方佛 南無十方法 南無十方僧

무량위덕 자재광명승묘력 변식진언
無量威德 自在光明勝妙力 變食眞言

나막 살바다타 아다야 바로기제 옴 삼마라 삼마라 옴 (세 번)

시감로수진언
施甘露水眞言

나무소로바야 다타 아다야 다냐타 옴 소로소로 바라소로 바라

소로 사바하 (세 번)

일자수륜관진언 一字水輪觀眞言
옴 밤 밤 밤밤 (세 번)

유해진언 乳海眞言
나무 사만다 못다남 옴 밤 (세 번)

운심공양진언 運心供養眞言

원차향공변법계 願此香供邊法界 보공무진삼보례 普供無盡三寶禮 자비수공증선근 慈悲受供增善根 영법주세보불은 令法住世報佛恩
나막 살바다타 아제박미 새바 몰계비약 살바다감 오나아제 바
라혜암 옴 아아나캄 사바하 (세 번)

보공양진언 普供養眞言

옴 아아나 삼바바 바라 훔 (세 번)

보회향진언 普回向眞言

옴 삼마라 삼마라 미만나 사라마하 자가라가 훔 (세 번)

불설소재길상다라니 佛說消災吉祥陀羅尼

나모 사만다 못다남 아바라지 하사다 사다남 다냐타 옴 카카
카혜 카혜 훔 훔 아바라 아바라 바라아바라 바라아바라 지따
지따 지리 지리 빠다빠다 선지가 시리예 사바하 (세 번)

대원성취진언 大願成就眞言

옴 아모카 살바다라 사다야 사베 훔 (세 번)

보궐진언
補闕眞言

옴 호로호로 사야몰케 사바하 (세번)

찰진심념가수지 대해중수가음진 허공가량풍가계 무능진설불공덕
刹塵心念可數知 大海中水可飲盡 虛空可量風可繫 無能盡說佛功德

고 아일심 귀명정례
故我一心歸命頂禮

축원 云云
祝願

절이 위거지상 화현인간 장개방편지문 항제침륜지고 수기선악
切以 位居地上 化現人間 長開方便之門 恒濟沈淪之苦 隨其善惡

상벌 영종 유구개응 무원부종 시이 사바세계 남섬부주 동양 (寺刹
賞罰 影從 有求皆應 無願不從 是以 娑婆世界 南贍部州 東洋

住所)사 청정수월도량 봉불재자 (某年 某月 某日 某人)복위 근사진재
寺 清淨水月道場 奉佛齋者 伏爲 謹捨珍財

경청양공 신조성 (畫成) 지장대성 도명존자 무독귀왕 명부시왕 태
敬請良工 新造成 地藏大聖 道明尊者 無毒鬼王 冥府十王 泰

산부군 오도대신 십팔옥주 이십사안판관 삼십육위 귀왕 삼원장군
山府君 五道大神 十八獄主 二十四案判官 三十六位 鬼王 三元將軍

이부동자 제위사자 병종권속 제위존상 금기필공 안우(某)사 건설
二部童子 諸位使者 並從眷屬 諸位尊像 今既畢功 安于 寺 虔說

점안도량 근비 향연공구 점개신안 유기오통구족 오력소창 잠사명
點眼道場 謹備 香筵供具 點開神眼 惟冀五通具足 五力昭彰 暫辭冥

계 약강향연 근병일심 선진삼청
界 略降香筵 謹秉一心 先陳三請

🔔

나무일심봉청 권형응적 실보수인 내비보살지자비 외현천신지
南無一心奉請 權形應跡 實報酬因 內秘菩薩之慈悲 外現天神之

위맹외외 이방편난사 호호 이신통막측 어제중생 교찰선악 명분고
威猛巍巍 而方便難思 浩浩 而神通莫測 於諸衆生 校察善惡 明分苦

락 살활연촉 개실주재 대위덕주 제일 진광대왕 제이 초강대왕
樂 殺活延促 皆悉主宰 大威德主 第一 秦廣大王 第二 初江大王

제삼 송제대왕 제사 오관대왕 제오 염라대왕 제육 변성대왕 제칠
第三 宋帝大王 第四 五官大王 第五 閻羅大王 第六 變成大王 第七

태산대왕 제팔 평등대왕 제구 도시대왕 제십 오도전륜대왕 위수
泰山大王 第八 平等大王 第九 都市大王 第十 五道轉輪大王 爲首

태산부군 판관귀왕 장군동자 감제직부 이위사자 졸이제반 병종권
泰山府君 判官鬼王 將軍童子 監齊直符 二位使者 卒吏諸般 並從眷

속 유원승삼보력 강림도량 수차공양
屬 唯願承三寶力 降臨道場 受此供養

🔔

나무일심봉청 유명교주 지장보살 좌보처도명존자 우보처무독
南無一心奉請 幽冥教主 地藏菩薩 左補處道明尊者 右補處無毒

귀왕 명부시왕 태산부군 오도대신 십팔옥주 이십사위판관 삼십

鬼王 冥府十王 泰山府君 五道大神 十八獄主 二十四位判官 三十

육위귀왕 삼원장군 이부동자 제위사자 졸이아방등중 유원승삼보

六位鬼王 三元將軍 二部童子 諸位使者 卒吏阿旁等衆 唯願承三寶

력 강림도량 증명공덕

力 降臨道場 證明功德

향화청 (세 번)

香花請

가영

歌詠

권형응적대보살 실보수인시성왕 위령신력하번문 관찰염부신전광

權形應跡大菩薩 實報酬因是聖王 威靈神力何煩問 觀察閻浮迅電光

고아일심 귀명정례

故我一心 歸命頂禮

🔔 진언권공

眞言勸供

향수나열 재자건성 욕구공양지주원 수장가지지변화 앙유삼보 특

香羞羅列 齋者虔誠 浴求供養之周圓 須仗加持之變化 仰唯三寶 特

사가지

賜加持

나무시방불 南無十方佛 나무시방법 南無十方法 나무시방승 南無十方僧 (세 번)

무량위덕 자재광명승묘력 변식진언
無量威德 自在光明勝妙力 變食眞言

나막 살바다타 아다야 바로기제 옴 삼마라 삼마라 옴 (세 번)

시감로수진언
施甘露水眞言

나무소로바야 다타 아다야 다냐타 옴 소로소로 바라소로 바라 (세 번)

소로 사바하 (세 번)

일자수륜관진언
一字水輪觀眞言

옴 밤 밤 밤밤 (세 번)

유해진언
乳海眞言

옴 밤 밤 밤밤 (세 번)

나무 사만다 못다남 옴 밤 (세 번)

운심공양진언
運心供養眞言

원차향공변법계 보공무진삼보례 자비수공증선근 영법주세보불은
願此香供邊法界 普供無盡三寶禮 慈悲受供增善根 令法住世報佛恩

나막 살바다타 아제박미 새바 몰계비약 살바다감 오나아제 바
라혜암 옴 아아나캄 사바하 (세 번)

보공양진언
普供養眞言

옴 아아나 삼바바 바라 훔 (세 번)

보회향진언
普回向眞言

옴 삼마라 삼마라 미만나 사라마하 자가라가 훔 (세 번)

불설소재길상다라니
佛說消災吉祥陀羅尼

나모 사만다 못다남 아바라지 하사다 사다남 다냐타 옴 카 카

카혜 카혜 훔 훔 아바라 아바라 바라아바라 바라아바라 지따

지따 지리 지리 빠다빠다 선지가 시리예 사바하 (세번)

옴 아모카 살바다라 사다야 사베훔 (세번)

大願成就眞言
대원성취진언

옴 호로호로 사야몰케 사바하 (세번)

補闕眞言
보궐진언

찰진심념가수지 대해중수가음진 허공가량풍가계 무능진설불공덕

刹塵心念可數知 大海中水可飮盡 虛空可量風可繫 無能盡說佛功德

고아일심 귀명정례

故我一心 歸命

축원 云云

祝願

348

천왕 점안 유치
天王 點眼 由致

切以 威靈莫測 神變難思 位居天上而修禪 化現人間 而救苦 凡諸
절이 위령막측 신변난사 위거천상이수선 화현인간 이구고 범제

所求莫不響從 是以 娑婆世界 南贍部州 東洋 寺 清淨水
소구막불향종 시이 사바세계 남섬부주 동양 (寺刹住所)사 청정수

月道場 奉佛齋者 伏爲 所求如心 增延福壽之願 盡傾所儲 敬
월도량 봉불재자 (某人)복위 소구여심 증연복수지원 진경소저경

請良工 新造成 大梵天王 帝釋天王 四大天王尊像 今旣畢功
청양공 신조성 (畵成) 대범천왕 제석천왕 사대천왕존상 금기필공

眼于 寺 虔說法筵 謹備香燈 點開天眼 唯冀五通具足 五力昭彰
안우(某)사 건설법연 근비향등 점개천안 유기오통구족 오력소창

暫辭天界 略降香筵 謹秉一心 先陳三請
잠사천계 약강향연 근병일심 선진삼청

청사
請詞

南無一心奉請 常於一切 作法之處 爲作擁護 上方大梵天王 帝釋
나무일심봉청 상어일체 작법지처 위작옹호 상방대범천왕 제석

천왕 동방 지국천왕 남방 증장천왕 서방 광목천왕 북방 다문천왕

天王 東方 持國天王 南方 增長天王 西方 廣目天王 北方 多門天王

유원승삼보력 강림도량 증명공덕

唯願承三寶力 降臨道場 證明功德

향화청 (세번)

香花請

가영

歌詠

화피진방마외복 은류사계진위웅 내함보살자비력 상호장엄현육통

化被塵邦魔外伏 恩琉沙界振威雄 內含菩薩慈悲力 相好莊嚴現六通

고아일심 귀명정례

故我一心 歸命頂禮

🔔 진언권공

眞言勸供

향수나열 재자건성 욕구공양지주원 수장가지지변화 앙유삼보 특

香羞羅列 齋者虔誠 浴求供養之周圓 須仗加持之變化 仰唯三寶 特

사가지

賜加持

나무시방불 나무시방법 나무시방승 (세번)

南無十方佛 南無十方法 南無十方僧

무량위덕 자재광명승묘력 변식진언
無量威德 自在光明勝妙力 變食眞言

나막 살바다타 아다야 바로기제 옴 삼마라 삼마라 옴 (세 번)

시감로수진언
施甘露水眞言

나무소로바야 다타 아다야 다냐타 옴 소로소로 바라소로 바라

소로 사바하 (세 번)

일자수륜관진언
一字水輪觀眞言

옴 밤 밤 밤밤 (세 번)

유해진언
乳海眞言

나무 사만다 못다남 옴 밤 (세 번)

운심공양진언
運心供養眞言

願此香供邊法界 보공무진삼보례 普供無盡三寶禮 자비수공증선근 慈悲受供增善根 令法住世報佛恩

원차향공변법계 보공무진삼보례 자비수공증선근 영법주세보불은

나막 살바다타 아제박미 새바 몰계비약 살바다감 오나아제 바

라혜암 옴 아아나캄 사바하 (세 번)

예참 禮懺 ※ 바라지는 각청에 따라 맞추어 봉독한다

보공양진언 普供養眞言

옴 아아나 삼바바 바라 훔 (세 번)

보회향진언 普回向眞言

옴 삼마라 삼마라 미만나 사라마하 자가라가 훔 (세 번)

불설소재길상다라니 佛說消災吉祥陀羅尼

나모 사만다 못다남 아바라지 하사다 사다남 다냐타 옴 카 카

카혜 카혜 훔 훔 아바라 아바라 바라아바라 바라아바라 지따

지따 지리 지리 빠다빠다 선지가 시리예 사바하 (세 번)

大願成就眞言
대원성취진언

옴 아모카 살바다라 사다야 사베 훔 (세 번)

補闕眞言
보궐진언

옴 호로호로 사야몰케 사바하 (세 번)

刹塵心念可數知 大海中水可飮盡 虛空可量風可繫 無能盡說佛功德
찰진심념가수지 대해중수가음진 허공가량풍가계 무능진설불공덕

故我一心 歸命
고아일심 귀명정례

祝願
축원 云云

천왕 시왕 신중 기타 조탑 점안 유치
天王 十王 神衆 造塔 點眼 由致

개문 시멸쌍림 광화진찰 수 오색지사리 기칠보지지제 어언이서
開聞 示滅雙林 廣化塵刹 收 五色之舍利 起七寶 支支堤 於焉而西

역성라 자차이동구안열 금유차일 시이 사바세계 남섬부주 동양
域星羅 自此而東丘雁列 今有此日 是以 娑婆世界 南贍部州 東洋

(寺刹住所)사 청정수월도량 봉불재자(某年 某月 某日 某人)복위 특명
寺 清淨水月道場 奉佛齋者 伏爲 特命

양공 경성 (某)탑 (某)층일좌 (某)불 존상 건우(某)사 정중 건설 점
良工 敬成 層二座 佛 尊像 建于 寺 庭中 虔說 點

안도량 근비공구 훈근작법 앙기묘원자 우복이 보급장엄 약청련
眼道場 謹備供具 熏勲作法 仰祈妙援者 右伏以 實級莊嚴 若青蓮

지용출 자용정묘 여교월지단원 삼신구이 사지성 오안명이 십호족
之湧出 慈容正妙 如皎月之團圓 三身具而 四智成 五眼明而 十號足

시방삼보 불사자비 강부향연 근병일심 선진삼청
十方三菩 不捨慈悲 降赴香筵 謹秉一心 先陳三請

청사
請詞

나무일심봉청 상주법계 진언궁중 반야해회 최상무변 불가사의
南無一心奉請 常住法界 眞言宮中 般若海會 最上無邊 不可思議

오륜 보망세계 청정무염 법성해신 암밤남함캄 대교주 비로자나불

五輪 補網世界 淸淨無染 法性海身 暗淰喃舍 大教主 毘盧遮那佛

유원자비 강림도량 증명공덕

唯願慈悲 降臨道場 證明功德

향화청 (세 번)

香花請

가영

歌詠

고아일심 귀명정례

故我一心 歸命頂禮

법신성해초삼계 묘용하방구오근 담적응연상각료 인간무수총첨은

法身性海超三界 妙用何妨具五根 湛寂凝然常覺了 人間無數總霑恩

나무일심봉청 상주법계 진언궁중 반야해회 금강연화장세계 불가

南無一心奉請 常住法界 眞言宮中 般若海會 金剛蓮華藏世界 不可

설불가설 구경원만 무애대장 아바라하카 법계주 노사나불 유원

說不可說 究竟圓滿 無礙大藏 阿婆羅賀佉 法界主 盧舍那佛 唯願

자비 강림도량 증명공덕

慈悲 降臨道場 證明功德

향화청 (세번)
香花請

가영
歌詠

인원과만증여여 의정장엄상호수 구경천중등보좌 보리수하현금구
因圓果滿證如如 依正莊嚴相好殊 究竟天中登寶座 菩提樹下現金軀

고아일심 귀명정례
故我一心 歸命頂禮

나무일심봉청 상주법계 진언궁중 반야해회 사바세계 화현무변
南無一心奉請 常住法界 眞言宮中 般若海會 婆婆世界 化現無邊

불가칭수 오탁겁중 감수백세 아라바좌나 일대교주 석가모니불 유
不可稱數 五濁劫中 減壽百歲 阿羅縛左那 一大教主 釋迦牟尼佛 唯

원자비 강림도량 증명공덕
願慈悲 降臨道場 證明功德

향화청 (세번)
香花請

가영
歌詠

도솔야마영선서 수미타화견여래 동시동회동여차 월인천강불가시
兜率夜摩迎善逝 須彌他化見如來 同時同會同如此 月印千江不可猜

고아일심 귀명정례
故我一心 歸命頂禮

나무일심봉청 상주법계 진언궁중 반야해회 동방금강부 대원경
南無一心奉請 常住法界 眞言宮中 般若海會 東方金剛部 大圓鏡

지 금강견고자성신 가지주 아촉불등 일체제불 유원자비 강림도량
智 金剛堅固自性身 加持主 阿閦佛等 一切諸佛 唯願慈悲 降臨道場

증명공덕
證明功德

향화청 (세번)
香花請

가영
歌詠

동방아촉무군동 반야궁중자성지 상주안심환희국 금강경지사수미
東方阿閦無群動 般若宮中自性持 常住安心歡喜國 金剛鏡智似須彌

고아일심 귀명정례
故我一心 歸命頂禮

나무일심봉청 상주법계 진언궁중 반야해회 남방보성부 평등성
南無一心奉請 常住法界 眞言宮中 般若海會 南方寶性部 平等性

지 복덕장엄취신 관정주 보생불등 일체제불 유원자비 강림도량
智 福德莊嚴取身 灌頂主 寶生佛等 一切諸佛 唯願慈悲 降臨道場

증명공덕
證命功德

향화청 (세번)
香花請

가영
歌詠

남방보성여래불 상주보광반야중 복덕장엄개구족 원명성지접군몽
南方寶性如來佛 常住寶光般若中 福德莊嚴皆具足 圓明性智接群夢

고아일심 귀명정례
故我一心 歸命頂禮

나무일심봉청 상주법계 진언궁중 반야해회 서방연화부 묘관찰
南無一心奉請 常住法界 眞言宮中 般若海會 西方蓮華復 妙觀察

지연화경애취신 삼마지주 관자재불등 일체제불 유원자비 강림도
智蓮花敬愛聚身 三摩地主 觀自在佛等 一切諸佛 唯願慈悲 降臨도

량 증명공덕
場 證命功德

향화청 (세번)
香花請

가영
歌詠

위기미타반야궁 묘관자재방신통 수연상주삼마지 운지흥비일체동

位奇彌陀般若宮 妙觀自在防神通 雖然常住三摩地 運智興悲一體同

고아일심 귀명정례

故我一心 歸命頂禮

나무일심봉청 상주법계 진언궁중 반야해회 북방비수갈마부 성소

南無一心奉請 常住法界 眞言宮中 般若海會 北方毘首竭摩部 成所

작지 해운취신 광대공양주 불공성취불등 일체제불 유원자비 강림

作智 海雲聚身 廣大供養主 不空成就佛等 一切諸佛 唯願慈悲 降臨

도량 증명공덕

道場 證明功德

향화청 (세 번)

香花請

가영

歌詠

진중북방지해운 운용장우이군생 해함제보심무애 반야궁중지월명

珍重北方智海雲 雲龍長雨利群生 海舍諸寶深無礙 般若宮中智月明

고아일심 귀명정례

故我一心 歸命頂禮

나무일심봉청 상주법계 진언궁중 반야해회 중앙적이상조부 보
南無一心奉請 常住法界 眞言宮中 般若海會 中央寂而常照部 寶

법갈마 사바라밀보살 동방금애자수사대보살 남방보광당 소사대
法羯摩 四波羅密菩薩 東方金愛慈手四大菩薩 南方普光幢 笑四大

보살 서방법리인어사대보살 북방업호아권사대보살 구색쇠령사섭
菩薩 西方法利因語四大菩薩 北方業護牙眷四大菩薩 鉤索鎖令四攝

보살 희만가무내사공양보살 소산등도외사공양보살 오부대만다라
菩薩 喜鬘歌舞內四供養菩薩 燒散燈塗外四供養菩薩 五部大曼陀羅

회상 일체보살마하살 유원자비 강림도량 증명공덕
會上 一切菩薩摩訶薩 唯願慈悲 降臨道場 證明供德

향화청 (세번)
香花請

가영
歌詠

사방사대제보살 상주금강반야궁 오부다라제성사 상지불법증원통
四方四大諸菩薩 常住金剛般若宮 五部多羅諸聖士 常持佛法證圓通

고아일심 귀명정례
故我一心 歸命頂禮

신불청
新佛請

나무일심봉청 (新造成 重修 改金等)존상 기위 유원자비 강림도량
南無一心奉請 尊像 幾位 唯願慈悲 降臨道場

증명공덕
證明功德

향화청 (세 번)
香花請

가영
歌詠

자재치성여단엄 명칭길상급존귀 여시육덕개원만 응당총호바가범
自在熾盛與端嚴 名稱吉祥及尊貴 如是六德皆圓滿 應當摠護薄伽梵

고아일심 귀명정례
故我一心 歸命頂禮

다게
茶偈

금장감로다 봉헌증명전 감찰건간심
金將甘露茶 奉獻證明前 鑑察虔懇心

원수애납수 원수애납수 원수자비애납수
願垂哀納受 願垂哀納受 願垂慈悲哀納受

옹호청
擁護請

나무일심봉청 상어일체 작법지처 자엄등시 위작옹호 상방대범
南無一心奉請 常於一切 作法之處 慈嚴等施 爲作擁護 上方大梵

천왕 제석천왕 동방제두 나타천왕 남방비로 륵차천왕 서방비로
天王 帝釋天王 東方堤頭 懶咤天王 南方毘盧 勒叉天王 西方毘盧

박차천왕 북방비사문천왕 하계당처 토지호법선신 산천악독 일체
博叉天王 北方毘沙門天王 下界當處 土地護法善神 山川嶽瀆 一切

영기등중 강림도량
靈祇等衆 降臨道場

옹호법연
擁護法筵

향화청 (세번)
香花請

가영
歌詠

범왕제석사천왕 불법문중서원견 열위초제천만세 자연신용호금선
梵王帝釋四天王 佛法門中誓願堅 列位招堤千萬歲 自然神用護金仙

고아일심 귀명정례
故我一心 歸命頂禮

강생게 降生偈

아불석사자 종도솔천궁 강신하염부 입마야태장
我佛釋師子 從兜率天宮 降神下閻浮 入摩耶胎藏

원금역여시 입차공상중 심심적연정 구주어세간 복자제중생 발무
願今亦如是 入此空像中 甚深寂然定 久住於世間 福資諸衆生 發無

상도심 시작대불사 자타공성불
上道心 施作大佛事 自他共成佛

※ 법주가 오색사진언을 넘송할 때 화공이 오색사로 연꽃잎을 만들어 다섯 자 간격으로 꿰어서 색실을 천왕 시왕 신중은 오른쪽 귀에 걸어 손 끝에 걸고、탑은 상단에 걸어 탑을 돌린 후 시주의 손끝에 잡게 한다。

옴 바아라 삼매야 소다남 아리마리 사바하 (세 번)
오색사진언 五色絲眞言

오불례 五佛禮

나무 청정법신 비로자나불 (拜)
南無 淸淨法身 毘盧遮那佛

나무 원만보신 노사나불 (拜)
南無 圓滿報身 盧舍那佛

나무 천백억화신 석가모니불 (拜)
南無 千百億化身 釋迦牟尼佛

나무 당래하생 미륵존불 (拜)
南無 當來下生 彌勒尊佛

나무 동방만월세계 약사유리광불 (拜)
南無 東方滿月世界 藥師琉璃光佛

혁혁뇌음진 군룡진할개 불기영산회 구담무거래
赫赫雷音振 群聾盡豁開 不起靈山會 瞿曇無去來

나무 신조성 중수 개금등 각구 존상 기위
南無 新造成 重修 改金等 各具 尊像 幾位

※ 법주의 唱에 따라 증명법사는 고깔을 벗기고 팥을 뿌린다.

天王 十王 神衆 其他

※ 선창: 법주 후창:바라지

신통력성취상 신통력청정상 (양 어깨에
神通力成就相 神通力淸淨相

례자)

용맹력성취상 勇猛力成就相 용맹력성취상 勇猛力成就相 용맹력청정상 勇猛力清淨相 (가슴 가운데에 주자)

자비력성취상 慈悲力成就相 자비력청정상 慈悲力清淨相 (양 어깨에 례자)

보살력성취상 菩薩力成就相 보살력청정상 菩薩力清淨相 (입 가운데에 자자)

여래력성취상 如來力成就相 여래력청정상 如來力清淨相 (정수리에 옴자)

나무 모 대왕 모 종관 南無某大王某從官

※ 공양(팥죽)을 올리고 개안광명진언을 한다.

개안광명진언 開眼光明眞言

불개광대청련안 묘상장엄공덕신 인천공찬불능량 비약만류귀대해
佛開廣大青蓮眼 妙相莊嚴功德身 人天共讚不能量 比若萬流歸大海

옴 작수작수 삼만다 작수미 수다미 사바하 (세 번)

※ 시주가 잡고 있는 오색사를 커팅한다.

안불안진언
眼佛眼眞言

옴 살바라도 바하리니 사바하 (세 번)

관욕편
灌欲篇

여래 강생지시 구룡토수 목욕금신 일체제불 제대보살 역부여시
如來 降生之時 九龍吐水 沐浴金身 一切諸佛 諸大菩薩 亦復如是

아금 근이청정 향수 관욕금신
我今 謹以淸淨 香水 灌浴金身

목욕진언
沐浴眞言

※ 증명법사가 불상을 향하여 향탕수를 세 번 뿌린다.

아금관욕제성중 정지공덕장엄취 오탁중생영이구 당증여래정법신
我今灌浴諸聖衆 正智功德莊嚴聚 五濁衆生令離垢 當證如來淨法身

나무 사만다 못다남 옴 아아나 삼마삼마 사바하 (세 번)

※ 관욕쇠를 친다.

366

시수진언
施水眞言

※ 증명법사가 시주들을 향하여 향탕수를 세 번 뿌린다.

아금지차길상수 관주일체중생정 진로열뇌실소제 자타소속법왕위
我今持此吉祥水 灌注一切衆生頂 塵勞熱惱悉消除 自他紹續法王位

옴 도니도니 가도니 사바하 (세 번)
안상진언
安相眞言

옴 소바리 지실지체 바아라 나바바야 사바하 (세 번)

옴 마하 가로나야 사바하 (세 번)
삼십이상진언
三十二相眞言

옴 마하다바 다라 모나라야 사바하 (세 번)
팔십종호진언
八十種好眞言

367 불보살점안의식

안장엄진언 安莊嚴眞言

옴 바아라 바라나 미보사니 사바하 (세 번)

헌좌진언 獻座眞言 (佛、菩薩은 上壇偈)

묘보리좌승장엄 제불좌이성정각 아금헌좌역여시 자타일시성불도
妙菩提座勝莊嚴 諸佛坐而成正覺 我今獻座亦如是 自他一時成佛道

옴 바아라 미나야 사바하 (세 번)

헌좌진언 獻座眞言 (尊者 十王 神衆 其他는 中壇偈)

아금경설보엄좌 봉헌일체○○전 원멸진로망상심 속원해탈보리좌
我今敬說實嚴座 奉獻一切○○前 願滅盡勞妄想心 速願解脫菩提座

옴 가마라 승하 사바하 (세 번)

다게 茶偈

목여조출제호미 牧女造出醍醐味 성도당시선래헌 成道當時先來獻 아금헌공역여시 我今獻供亦如是 원수자비애납수 願垂慈悲哀納受

🔔

진언권공 眞言勸供

향수나열 香羞羅列

향수나열 재자건성 욕구공양지주원 수장가지지변화 앙유삼보 특
香羞羅列 齋者虔誠 浴求供養之周圓 須仗加持之變化 仰唯三寶 特

사가지 賜加持

나무시방불 나무시방법 나무시방승 (세번)
南無十方佛 南無十方法 南無十方僧

무량위덕 자재광명승묘력 변식진언
無量威德 自在光明勝妙力 變食眞言

나막 살바다타 아다야 바로기제 옴 삼마라 삼마라 옴 (세번)

시감로수진언 施甘露水眞言

나무소로바야 다타 아다야 다냐타 옴 소로소로 바라소로 바라

369 불보살점안의식

소로 사바하 (세 번)

일자수륜관진언
一字水輪觀眞言

옴 밤 밤 밤밤 (세 번)

유해진언
乳海眞言

나무 사만다 못다남 옴 밤 (세 번)

운심공양진언
運心供養眞言

원차향공변법계 보공무진삼보례 자비수공증선근 영법주세보불은
願此香供邊法界 普供無盡三寶禮 慈悲受供增善根 令法住世報佛恩

나막 살바다타 아제박미 새바 몰계비약 살바다감 오나아제 바라혜암 옴 아아나캄 사바하 (세 번)

보공양진언
普供養眞言

370

옴 아아나 삼바바 바라 훔 (세 번)

보회향진언
普回向眞言

옴 삼마라 삼마라 미만나 사라마하 자가라가 훔 (세 번)

불설소재길상다라니
佛說消災吉祥陀羅尼

나모 사만다 못다남 아바라지 하사다 사다남 다냐타 옴 카카

카혜 카혜 훔 훔 아바라 아바라 바라아바라 바라아바라 지따

지따 지리 지리 빠다빠다 선지가 시리예 사바하 (세 번)

대원성취진언
大願成就眞言

옴 아모카 살바다라 사다야 사베 훔 (세 번)

보궐진언
補闕眞言

옴 호로호로 사야몰케 사바하 (세 번)

찰진심념가수지 대해중수가음진 허공가량풍가계 무능진설불공덕

刹塵心念可數知　大海中水可飮盡　虛空可量風可繫　無能盡說佛功德

고 아일심 귀명정례

故我一心 歸命頂禮

축원 云云

祝願

삼보통청

三寶通請

보례진언

普禮眞言

아금일신중 즉현무진신 편재삼보전 일일무수례

我今一身中 卽現無盡身 遍在三寶殿 一一無數禮

옴 바아라 믹 (세 번)

※ 정구업진언에서~개법장진언까지만 봉독해도 무방하다.

거불 擧佛

나무 불타부중 광림법회
南無 佛陀部衆 光臨法會

나무 달마부중 광림법회
南無 達摩部衆 光臨法會

나무 승가부중 광림법회
南無 僧伽部衆 光臨法會

보소청진언 普召請眞言

나무 보보제리 가리다리 다타 아다야 (세 번)

유치 由致

앙유 삼보대성자 종진정계 흥 대비운 비 신현신 포신운 어삼천
仰唯 三寶大聖者 從眞淨界 興 大悲雲 非 身現身 布身雲 於三千

세계 무법설법 쇄법우 어 팔만진로 개종종 방편지문 도망망 사계
世界 無法說法 灑法雨 於 八萬塵勞 開種種 方便之門 導茫茫 沙界

지중 유구개수 여공곡지전성 무원부종 약징담지인월
之衆 有求皆遂 如空谷之傳聲 無願不從 若澄潭之印月

시이 사바세계 남섬부주 동양 대한민국 ○○ 점안 청정수월도량
是以 沙婆世界 南贍部州 東洋 大韓民國 點眼 淸淨水月道場

원아금차지극지정성(점안불공) 동참 발원 제자 각각등보체 이차인
願我今此至極至精誠 同參 發願 諸者 各各等保體 以此因

연공덕 점안법회 동참발원공덕 일체병고액난 영위소멸 사대강건
緣功德 點眼法會 同參發願功德 一切病苦厄難 永爲消滅 四大強健

육근청정 심중소구소원 여의원만성취 대발원 이 금월금일 건설
六根淸淨 心中所求所願 如意圓滿成就 大發願 以 今月今日 虔說

법연 정찬공양 제망중중 무진 삼보자존 훈근작법 앙기 묘원자 우
法延 淨饌供養 帝網重重 無盡 三寶慈尊 薰懃作法 仰祇 妙援者 右

복이 설 명향이예청 정옥립 이수재 재체수미 건성가민 기회자감
伏以 爇 茗香以禮請 呈玉粒 而修齋 齋體受微 虔誠可愍 冀回慈鑑

곡조미성 근병일심 선진삼청
曲照微誠 謹秉一心 先陳三請

청사
請詞

🔔 나무일심봉청 이대자비 이위체고 구호중생 이위자량 어제병고
南無一心奉請 以大慈悲 而爲體故 救護衆生 以爲資糧 於諸炳苦

위작양의 어 실도자 시기정로 어 암야중 위작광명 어 빈궁자 영
爲作良醫 於 失道者 示其正路 於 闇夜中 爲作光明 於 貧窮者 永

득복장 평등요익 일체중생 청정법신비로자나불 원만보신노사나불
得福藏 平等饒益 一切衆生 清淨法身毘盧遮那佛 圓滿報身盧舍那佛

천백억화신 석가모니불 서방교주아미타불 당래교주미륵존불 시방
千百億化身 釋迦牟尼佛 西方教主阿彌陀佛 當來教主彌勒尊佛 十方

상주 진여불보 일승원교 대화엄경 대승실교 묘법화경 삼처전심
常住 眞如佛寶 一乘圓教 大華嚴經 大乘實教 妙法華經 三處傳心

격외선전 시방상주 심심법보 대지문수사리보살 대행보현보살 대
格外禪詮 十方常住 甚深法寶 大智文殊師利菩薩 大行普賢菩薩 大

비관세음보살 대원본존지장보살 전불심등 가섭존자 유통교해 아
悲觀世音菩薩 大願本尊地藏菩薩 傳佛心燈 迦葉尊者 流通教海 阿

난존자 시방상주 청정승보 여시삼보 무량무변 일일주변 일일진찰
難尊者 十方常住 清淨僧寶 如是三寶 無量無邊 一一周遍 一一塵刹

유원자비 강림도량 수차공양
唯願慈悲 降臨道場 受此供養

향화청 (세 번)
香花請

불신보변시방중 佛身普遍十方中 삼세여래일체동 三世如來一體同 광대원운항부진 廣大願雲恒不盡 왕양각해묘난궁 汪洋覺海渺難窮

고아일심 귀명정례 故我一心 歸命頂禮

헌좌진언
獻座眞言

묘보리좌승장엄 妙菩提座勝莊嚴 제불좌이성정각 諸佛座已成正覺 아금헌좌역여시 我今獻座亦如是 자타일시성불도 自他一時成佛道

옴 바아라 미나야 사바하 (세번)

다게
茶 偈

금장감로다 봉헌삼보전 감찰건간심 今將甘露茶 奉獻三寶前 鑑察虔懇心

원수애납수 願垂哀納受 원수애납수 願垂哀納受 원수자비애납수 願垂慈悲哀納受

진언권공
眞言勸供

향수나열(香羞羅列) 재자건성(齋者虔誠) 욕구공양지주원(浴求供養之周圓) 수장가지지변화(須仗加持之變化) 앙유삼보(仰唯三寶) 특(特)

사가지(賜加持)

나무시방불(南無十方佛) 나무시방법(南無十方法) 나무시방승(南無十方僧) (세 번)

무량위덕 자재광명승묘력 변식진언(無量威德 自在光明勝妙力 變食眞言)

나막 살바다타 아다야 바로기제 옴 삼마라 삼마 옴 (세 번)

시감로수진언(施甘露水眞言)

나무소로바야 다타 아다야 다냐타 옴 소로소로 바라소로 바라 (세 번)

소로 사바하 (세 번)

일자수륜관진언(一字水輪觀眞言)

옴 밤 밤 밤밤 (세 번)

유해진언 乳海眞言

나무 사만다 못다남 옴 밤 (세번)

운심공양진언 運心供養眞言

원차향공변법계보공무진삼보례 자비수공증선근 영법주세보불은
願此香供邊法界普供無盡三寶禮 慈悲受供增善根 令法住世報佛恩

오나아제 바라혜암 옴 아아나캄 사바하 (세번)

보공양진언 普供養眞言

옴 아아나 삼바바 바라 훔 (세번)

보회향진언 普回向眞言

옴 삼마라 삼마라 미만나 사라마하 자가라가 훔 (세번)

佛說消災吉祥陀羅尼
불설소재길상다라니

나모 사만다 못다남 아바라지 하사다 사다남 다냐타 옴 카카

카혜 카혜 훔 훔 아바라 아바라 바라아바라 바라아바라 지따

지리 지리 빠다빠다 선지가 시리예 사바하 (세번)

大願成就眞言
대원성취진언

옴 아모카 살바다라 사다야 사베 훔 (세번)

補闕眞言
보궐진언

옴 호로호로 사야몰케 사바하 (세번)

刹塵心念可數知
찰진심념가수지 大海中水可飮盡 대해중수가음진 虛空可量風可繫 허공가량풍가계 無能塵說佛功德 무능진설불공덕

故我一心 歸命
고아일심 귀명정례

축원 祝願

앙고(仰告) 시방삼세(十方三世) 제망중중(帝網重重) 무진삼보자존(無盡三寶慈尊) 불사자비(不捨慈悲) 허수낭감(虛垂郎鑑) 상래(上來)

소수(所修) 불공공덕(佛功功德) 회향삼처(回向三處) 실원만(悉圓滿) 내지(乃至) 천하태평(天下太平) 불일증휘(佛日增輝) 법륜전(法輪轉) 법(法)

륜상전(輪常轉) 어(於) 무궁국계(無窮國界) 항안어만세(恒安於萬歲) 시이(是以) 사바세계(沙婆世界) 남섬부주(南贍部州) 동양(東洋) 대(大)

한민국(韓民國) ○○사점안(點眼) 청정수월도량(淸淨水月道場) 원아금차(願我今此) 지극지정성(모불공등)(至極至精誠)

헌공발원재자(獻供發願齋者) 각각등(各各等) 보체(保體) 이차인연공덕(以此因緣功德) 앙몽(仰夢) 삼보대성존(三寶大聖尊) 가호지(加護之)

묘력(妙力) 일체고난(一切苦難) 영위소멸(永爲消滅) 각기(各其) 동서사방(東西四方) 출입왕환(出入往還) 상봉길경(常逢吉慶) 불봉(不逢)

재해(災害) 관재구설(官災口舌) 삼재팔난(三災八難) 사백사병(四百四病) 일체소멸(一切消滅) 사대강건(四大强健) 육근청정(六根淸淨)

신강철석(身强鐵石) 심약태산(心若泰山) 가내화합(家內和合) 안과태평(安過太平) 무병장수(無病長壽) 자손창성(子孫昌盛) 부귀영(富貴榮)

화(華) 만사여의원만(萬事如意圓滿) 성취지대발원(成就至大發願) 금선자의단독로(今禪者疑團獨露) 염불자삼매현전(念佛者三昧現前)

간경자혜안통투 看經者慧眼通透

불사자복덕구족 佛事者福德具足

병고자즉득쾌차 病苦者卽得快差

운전자안전운행 運轉者安全運行

박복자오복충만 薄福者五福充滿

빈궁자영득복장 貧窮者永得福藏

학업자지혜총명 學業者智慧聰明

사업자사업번창 事業者事業繁昌

농업자오곡풍성 農業者五穀豊盛

공업자안전조업 工業者安全操業

상업자재수대통 商業者財數大通

직무자수분성취 職務者隨分成就

시험자합격등과 試驗者合格等科

미혼자속득인연 未婚者續得因緣

재소자무죄석방 在所者無罪釋放

등 각기 심중소 等 各其 心中所

구소원 만사여의 원만 성취지대원 求所願 萬事如意 願滿 成就 至大願

억일지극지정성(모불공등)헌공발원재자 각각등 보체 抑日至極至精誠(某佛供等)獻供發願齋者 各各等 保體

참원(망축)영가축원 생략시 연후원으로 바로 간다. 參願

원아금차 지극지정성 헌공발원재자 각각등 복위 영가위주 상세선 願我今此 至極至精誠 獻供發願齋者 各各等 伏爲 靈駕爲主 上世先

망 사존부모 다생사장 누대종친 제형숙백 자매질손 원근친척 일 亡 師尊父母 多生師長 累代宗親 弟兄叔伯 姉妹姪孫 遠近親戚 一

체애혼 불자등 각열위열명영가 금일불공 이차인 연 공덕 가호지
切哀魂 佛子等 各列爲列名靈駕 今日佛供 以此因緣 功德 加護之

묘력으로 서방정토 극락정토 왕생극락 성취발원
妙力 西方淨土 極樂淨土 往生極樂 成就發願

연후원 항사법계 무량불자등 동유화장장엄해 동입보리대도량
然後願 恒沙法界 無量佛子等 同遊華藏莊嚴海 同入菩提大道場

상봉화엄불보살 항몽제불대광명 소멸무량중죄장 획득무량대지혜
常逢華嚴佛菩薩 恒蒙諸佛大光明 消滅無量衆罪障 獲得無量大智慧

돈성무상최정각 광도법계제중생 이보제불막대은 세세상행보살도
頓成無上最正覺 廣度法界諸衆生 以報諸佛莫大恩 世世常行菩薩道

구경원성살바야 마하반야바라밀 마하반야바라밀 마하반야바라밀
究竟圓成薩婆若 摩訶般若婆羅蜜 摩訶般若婆羅蜜 摩訶般若婆羅蜜

석가모니불 석가모니불 시아본사석가모니불
釋迦牟尼佛 釋迦牟尼佛 是我本師釋迦牟尼佛

관음청 觀音請

보례진언 普禮眞言

아금일신중 즉현무진신 변재관음전 일일무수례
我今一身中 卽現無盡身 遍在觀音殿 一一無數禮

옴 바아라 믹 (세 번)

千手經 云云

나무 원통교주 관세음보살
南無 圓通敎主 觀世音菩薩

나무 도량교주 관세음보살
南無 道場敎主 觀世音菩薩

나무 원통회상 불보살
南無 圓通會上 佛菩薩

보소청진언 普召請眞言

나무 보보제리 가리다리 다타 아다야 (세 번)

앙유 관음대성자 자용심묘 비원우심 위접인중생 내 상처미타불
仰唯 觀音大聖者 慈容甚妙 悲願尤深 爲接引衆生 乃 常處彌陀佛

찰입 적정삼매 우불이 백화도량 보응시방 성성구고 불리 일보 찰
刹入 寂靜三昧 又不離 白花道場 普應十方 聲聲救苦 不離 一步 刹

찰현신 약신 공양지의 필차 감통지념 유구개수 무원부종
刹現身 若申 供養之儀 必借 感通之念 有求皆遂 無願不從

시이 사바세계 남섬부주 동양 대한민국(사암주소) 점안도량 청정수
是以 沙婆世界 南贍部州 東洋 大韓民國 點眼道場 清淨水

월도량 원아금차 지극지정성(모불공등) 동참발원재자 각각등 보체
月道場 願我今此 至極至精誠 同參發願齋者 各各等 保體

이차인연공덕 점안법회 동참발원공덕 일체병고액난 영위소멸 사
以此因緣功德 點眼法會 同參發願功德 一切病苦厄難 永爲消滅 四

대강건 육근청정 심중소구소원 만사 여의원만성취 대발원 하며
大強健 六根清淨 心中所求所願 萬事 如意圓滿成就 大發願

이 금월금일 건설법연 정찬공양 원통교주 관세음보살 훈근작법
以 今月今日 虔設法筵 淨饌供養 圓通教主 觀世音菩薩 勤懃作法

앙기묘원자 우복이 친소편혜 표심향 무화이보훈 앙고자문 청면월
仰祈妙援者 右伏以 親燒片慧 表心香 無火而普熏 仰古慈門 請面月

384

이공이곡조 잠사 어보굴 청부 어향연 앙표일심 선진삼청

離空而曲照 暫辭 於寶窟 請赴 於香筵 仰表一心 先陳三請

청사

請辭

🔔 나무 일심봉청 해안고절처 보타낙가산 도량교주 삼십이응신

南無 一心奉請 海岸孤絶處 寶陀洛迦山 道場教主 三十二應身

십사무외력 사불사의덕 수용무애 팔만사천 삭가라수 팔만사천모

十四無畏力 四不思議德 受用無碍 八萬四千 爍迦羅首 八萬四千母

타라비 팔만사천 청정보목 혹자혹위 분형산체 응제중생 심소원구

陀羅臂 八萬四千 清淨寶目 或慈或威 分形散體 應諸衆生 心所願求

발고여락 대자대비 관자재보살 유원자비 강림도량 수차공양

拔苦與樂 大慈大悲 觀自在菩薩 唯願慈悲 降臨道場 受此供養

향화청 (세번)

香花請

백의관음무설설 남순동자불문문 병상녹양삼제하 암전취죽시방춘

白衣觀音無說說 南巡童子不聞聞 瓶上錄楊三際夏 岩前翠竹十方春

고아일심 귀명정례

故我一心 歸命頂禮

헌좌진언

獻座眞言

묘보리좌승장엄 제불좌이성정각 아금헌좌역여시 자타일시성불도
妙菩提座勝莊嚴 諸佛坐已成正覺 我今獻座亦如是 自他一時成佛道

옴 바아라 미나야 사바하 (세 번)

다게
茶偈

금장감로다 봉헌관음전 감찰건간심
今將甘露茶 奉獻觀音前 鑑察虔懇心

원수애납수 원수애납수 원수자비애납수
願垂哀納受 願垂哀納受 願垂慈悲哀納受

🔔 진언권공
眞言勸供

향수나열 재자건성 욕구공양지주원 수장가지지변화 앙유삼보
香羞羅列 齋者虔誠 浴求供養之周圓 須仗加持之變化 仰唯三寶

특사가지
特賜加持

나무시방불 나무시방법 나무시방승 (세 번)
南無十方佛 南無十方法 南無十方僧

무량위덕 자재광명승묘력 변식진언
無量威德 自在光明勝妙力 變食眞言

나막 살바다타 아다야 바로기제 옴 삼마라 삼마라 옴 (세 번)

시감로수진언
施甘露水眞言

나무소로바야 다타 아다야 다냐타 옴 소로소로 바라소로 바라
소로 사바하 (세 번)

일자수륜관진언
一字水輪觀眞言

옴 밤 밤 밤밤 (세 번)

유해진언
乳海眞言

나무 사만다 못다남 옴 밤 (세 번)

운심공양진언
運心供養眞言

원차향공변법계 보공무진삼보례 자비수공증선근 영법주세보불은
願此香供邊法界 普供無盡三寶禮 慈悲受供增善根 令法住世報佛恩

나막 살바다타 아제박미 새바 몰계비약 살바다감 오나아제 바

라혜암 옴 아아냐캄 사바하 (세번)

보공양진언 普供養眞言

옴 아아나 삼바바 바라 훔 (세번)

보회향진언 普回向眞言

옴 삼마라 삼마라 미만나 사라마하 자가라가 훔 (세번)

불설소재길상다라니 佛說消災吉祥陀羅尼

나모 사만다 못다남 아바라지 하사다 사다남 다냐타 옴 카 카

카혜 카혜 훔 훔 아바라 아바라 바라아바라 바라아바라 지따

지따 지리 지리 빠다빠다 선지가 시리예 사바하 (세 번)

大願成就眞言
대원성취진언

옴 아모카 살바다라 사다야 시베 훔 (세 번)

補闕眞言
보궐진언

옴 호로호로 사야몰케 사바하 (세 번)

精勤
정근

南無 普門示現 願力弘深 大慈大悲 救苦救難 觀世音菩薩
나무 보문시현 원력홍심 대자대비 구고구난 관세음보살

觀世音菩薩 滅 業障眞言
관세음보살 멸 업장진언

옴 아로륵계 사바하 (세 번)

원멸 사생육도 법계유정 다겁생래 죄업장 아금참회계수례 원제

願滅 四生六道 法界有情 多劫生來 罪業障 我今懺悔稽首禮 願諸

죄장실소제 세세상행보살도 (세 번)

罪障悉消除 世世上行菩薩道

구족신통력 광수지방편 시방제국토 무찰불현신

具足神通力 廣修智方便 十方諸國土 無刹佛現身

고아일심 귀명정례

故我一心 歸命頂禮

지장청 地藏 請

보례진언 普禮眞言

아금일신중 즉현무진신 편재지장전 일일무수례
我今一身中 卽現無盡身 遍在地藏殿 一一無數禮

옴 바아라 믹 (세 번)

千手經 云云

거불 擧佛

나무 유명교주 지장보살
南無 幽冥教主 地藏菩薩

나무 남방화주 지장보살
南無 南方化主 地藏菩薩

나무 대원본존 지장보살
南無 大願本尊 地藏菩薩

보소청진언 普召請眞言

나무 보보제리 가리다리 다타 아다야 (세번)

유치
由致

앙유 지장대성자 만월진용 징강정안 장마니 이 시원과위 제함담
仰唯 地藏大聖者 滿月眞容 澄江淨眼 掌摩尼 而 示圓果位 蹄菡萏

이 유섭인문 보방자광 상휘혜검 조명음로 단멸죄근 당절귀의 해
而 猶躡因門 普放慈光 常揮慧劍 照明陰路 斷滅罪根 倘切歸依 奚

지감응 시이 사바세계 남섬부주 동양 대한민국 ○○ 점안 청정수
遲感應 是以 沙婆世界 南贍部州 東洋 大韓民國 點眼 淸淨水

월도량 원아금차 지극지정성(모불공등)동참발원재자 각각등 보체
月道場 願我今此 至極至精誠 同參發願齋者 各各等 保體

이차인연공덕 점안법회 동참발원공덕 일체병고액난 영위소멸 사
以此因緣功德 點眼法會 同參發願功德 一切病苦厄難 永爲消滅 四

대강건 육근청정 심중소구소원 만사 여의원만성취 대발원 하며
大强健 六根淸淨 心中所求所願 萬事 如意圓滿成就 大發願

건설법연 정찬공양 남방화주 지장대성 서회자감 곡조미성
虔設法筵 淨饌供養 南方化主 地藏大聖 庶廻慈鑑 曲照微誠

앙표일심 선진삼청
仰表一心 先陳三請

🔔 나무 일심봉청 자인적선 서구중생 수중금석 진개지옥지문 장상
南無 一心奉請 慈因積善 誓救衆生 手中金錫 振開地獄之門 掌上

명주 광섭대천지계 염왕전상 업경대전 위 남염부제중생 작 개증
明珠 光攝大天之界 閻王殿上 業鏡臺前 爲 南閻浮提衆生 作 個證

명공덕주 대비대원 대성대자본존 지장왕보살 마하살 유원자 비
明功德主 大悲大願 大聖大慈本尊 地藏王菩薩 摩訶薩 唯願慈悲

강림도량 수차공양
降臨道場 受此供養

향화청 (세 번)
香花請

장상명주일과한 자연수색변래단 기회제기친분부 암실아손향외간
掌上明珠一顆寒 自然隨色辨來端 幾回提起親分付 暗室我孫向外看

고아일심 귀명정례
故我一心 歸命頂禮

헌좌진언
獻座眞言

묘보리좌승장엄 제불좌이성정각 아금헌좌역여시 자타일시성불도
妙菩提座勝莊嚴 諸佛座已成正覺 我今獻座亦如是 自他一時成佛道

옴 바아라 미나야 사바하 (세 번)

다게 茶偈

금장감로다 今將甘露茶
봉헌지장전 奉獻地藏前
감찰건간심 鑑察虔懇心

원수애납수 願垂哀納受
원수애납수 願垂哀納受
원수자비애납수 願垂慈悲哀納受

진언권공 眞言勸供

향수나열 香羞羅列
재자건성 齋者虔誠
욕구공양지주원 浴求供養之周圓
수장가지지변화 須仗加持之變化
앙유삼보 仰唯三寶

특사가지 特賜加持

나무시방불 南無十方佛
나무시방법 南無十方法
나무시방승 南無十方僧 (세 번)

무량위덕 無量威德
자재광명승묘력 自在光明勝妙力
변식진언 變食眞言

나막 살바다타 아다야 바로기제 옴 삼마라 삼마 옴 (세 번)

시감로수진언
施甘露水眞言

나무소로바야 다타 아다야 다냐타 옴 소로소로 바라소로

바라소로 사바하 (세 번)

일자수륜관진언
一字水輪觀眞言

옴 밤 밤밤 (세 번)

유해진언
乳海眞言

나무 사만다 못다남 옴 밤 (세 번)

운심공양진언
運心供養眞言

원차향공변법계 보공무진삼보례 자비수공중선근 영법주세보불은
願此香供邊法界 普供無盡三寶禮 慈悲受供增善根 令法住世報佛恩

나막 살바다타 아제박미 새바 몰계비약 살바다감 오나아제 바

라혜암 옴 아아나캄 사바하 (세 번)

보공양진언
普供養眞言

옴 아아나 삼바바 바라 훔 (세 번)

보회향진언
普回向眞言

옴 삼마라 삼마라 미만나 사라마하 자가라가 훔 (세 번)

불설소재길상다라니
佛說消災吉祥陀羅尼

나모 사만다 못다남 아바라지 하사다 사다남 다냐타 옴 카 카
카혜 카혜 훔 훔 아바라 아바라 바라아바라 바라아바라 지따
지따 지리 지리 빠다빠다 선지가 시리예 사바하 (세 번)

대원성취진언
大願成就眞言

옴 아모카 살바다라 사다야 사베 훔 (세 번)

보궐진언 補闕眞言

옴 호로호로 사야몰케 사바하 (세번)

나무 南無 남방화주 南方化主 대원본존 大願本尊 지장보살 地藏菩薩 ○○○○○○○○

옴 바라 마니다니 사바하 (세번)

지장보살 地藏菩薩 멸 滅 정업다라니 定業陀羅尼

지장대성위신력 地藏大聖威神力 항하사겁설난진 恒河沙怯說難盡 견문첨례일념간 見聞瞻禮一念間 이익인천무량사 利益人天無量事

고아일심 故我一心 귀명정례 歸命頂禮

축원 祝願 云云

중단퇴공
中壇退供

이차청정향운공 봉헌옹호성중전 감찰재자건간
以此淸淨香雲供 奉獻擁護聖衆殿 鑑察齋者虔懇

원수애납수 원수애납수 원수자비애납수
願垂哀納受 願垂哀納受 願垂慈悲哀納受

지심정례공양 : 진법계 허공계 화엄회상 욕색제천중
至心頂禮供養 盡法界 虛空界 華嚴會上 欲色諸天衆

지심정례공양 : 진법계 허공계 화엄회상 팔부사왕중
至心頂禮供養 盡法界 虛空界 華嚴會上 八部四王衆

지심정례공양 : 진법계 허공계 화엄회상 호법선신중
至心頂禮供養 盡法界 虛空界 華嚴會上 護法仙神衆

유원신장 애강도량 불사자비 수차공양 실개수공발보리 시작불사
唯願神將 哀降道場 不捨慈悲 受此供養 悉皆受供發菩提 施作佛事

도중생 자타일시성불도
度衆生 自他一時成佛道

보공양진언
普供養眞言

옴 아아나 삼바바 바아라 훔 (세 번)

보회향진언 普回向眞言
옴 삼마라 삼마라 미만나 사라마하 자가라바 훔 (세 번)

불설소재길상다라니 佛說消災吉祥陀羅尼
나무 사만다 못다남 아바라지 하다사 사나남 다냐타 옴 카 카
카혜 카혜 훔훔 아바라 아바라 바라아바라 바라아바라 지따 지
따 지리 지리 빠다빠다 선지가 시리예 사바하 (세 번)

대원성취진언 大願成就眞言
옴 아모카 살바다라 사다야 시베훔 (세 번)

보궐진언 補闕眞言
옴 호로호로 사야모케 사바하 (세 번)

華嚴聖衆慧鑑明 四州人事一念知 哀愍衆生如赤子 是故我今恭敬禮

화엄성중혜감명 사주인사일념지 애민중생여적자 시고아금공경례

祝願

축원

切以 華嚴會上 諸大賢聖 歛垂憐愍 之至情 各房神通至妙力 願我

절이 화엄회상 제대현성 첨수연민 지지정 각방신통지묘력 원아

今此 至極之精誠 點眼 法會同參 發願齋者 一門家族 各

금차 지극지정성 ○○점안 법회동참 발원재자 일문가족 ○○각

各等普體 仰蒙 諸大聖衆 加護之妙力 所申情願則 日日有千祥之慶

각등보체 앙몽 제대성중 가호지묘력 소신정원즉 일일유천상지경

時時無 百害之災 心衆所求 所望所願 如意圓滿 亨通之大願 然後願

시시무 백해지재 심중소구 소망소원 여의원만 형통지대원 연후원

處世間 如虛空 如連花 不着水 心淸情 超於彼 稽首禮 無上尊 俱護

처세간 여허공 여련화 불착수 심청정 초어피 계수례 무상존 구호

吉祥 摩訶般若波羅密

길상 마하반야바라밀

◎ 화엄시식
華嚴施食

나무 아미타불
南無 阿彌陀佛

나무 관세음보살
南無 觀世音菩薩

나무 대세지보살
南無 大勢至菩薩

※ 법주 요령 세 번 흔든 후 잠시 있다가.

불신충만어법계 佛身充滿於法界
보현일체중생전 普賢一切衆生前
수연부감미부주 隨緣赴感靡不周
이항처차보리좌 而恒處此菩提座

거사 바 세계 據娑婆世界 남섬부주 南贍部州 동양 東洋 대한민국 大韓民國 (○○거주) 居住 점안 點眼 청정수월 清淨水月

도량 道場 원아금차지극지정성 願我今此至極至精誠 점안제재지신 點眼濟齋之辰 천혼재자 薦魂齋者 ○○사암 寺庵 ○○

복위 伏爲 영가위주 靈駕爲主 상세선망 上世先亡 사존부모 師尊父母 다생사장 多生師長 누대종친 累代宗親 제형숙백 弟兄叔伯

자매질손 姉妹姪孫 원근친척 遠近親戚 일체애혼 一切哀魂 제 佛子 불자등 等 각열위열명영가 各列爲列名靈駕 철위산 鐵圍山

간(間) 오무간옥(五無間獄) 일일일야(一日一夜) 만사만생(萬死萬生) 수고함영등(受苦含靈等) 각열위열명영가(各列位列名靈駕) 내(乃)

지(至) 겸급법계(兼及法界) 보여군생(普輿群生) 사생칠취(四生七趣) 삼도팔난(三途八難) 사은삼유(四恩三有) 일체(一切) 유정무(有情無)

정(情) 애혼(哀魂) 불자등(佛子等) 각열위열명영가(各列位列名靈駕)

억원(抑願) 금차(今此) 최초(最初) 창건이래(創建以來) 중건중수(重建重修) 조불조탑(造佛造塔) 불량등촉(佛糧燈燭) 불전내외(佛前內外)

일용(日用) 범제집물(凡諸什物) 사사시주등(私事施主等) 각열위열명영가(各列位列名靈駕) 차도량궁내외(此道宮內外) 동상동(洞上洞)

하(下) 침혼체백(沈魂滯白) 유주무주(有主無主) 일체애혼(一切哀魂) 제불자등(諸佛子等) 각열위열명영가(各列位列名靈駕) 승불(承佛)

신력(神力) 내예향단(來詣香壇) 동첨법공(同沾法空) 증오무생(證悟無生)

보방광명향장엄(普放光明香莊嚴) 종종묘향집위장(種種妙香集爲帳) 보산시방제국토(普散十方諸國土) 공양일체대덕존(供養一切大德尊)

보방광명다장엄(普放光明茶莊嚴) 종종묘다집위장(種種妙茶集爲帳) 보산시방제국토(普散十方諸國土) 공양일체영가중(供養一切靈駕衆)

보방광명미장엄 종종묘미집위장 보산시방제국토 공양일체제불법
普放光明米莊嚴 種種妙米集爲帳 普散十方諸國土 供養一切諸佛法

우방광명법자재 차광능각일체중 영득무진다라니 실지일체제불법
又放光明法自在 遮光能覺一切衆 令得無盡陀羅尼 悉持一切諸佛法

법력난사의 대비무장애 입립변시방 보시주법계 금이소수복 보첨
法力難思議 大悲無障碍 粒粒邊十方 普施周法界 今以所修福 普沾

어귀취 식이면극고 사신생락처
於鬼趣 食已免極苦 捨身生樂處

나막 살바다타 아다 바로기제 옴 삼마라 삼마라 훔 (세 번)

무량위덕 자재광명 승묘력 변식진언
無量威德 自在光明 勝妙力 變食眞言

나무 소로바야 다타 아다야 다냐타 옴 소로소로 바라소로 바라

시감로수진언
施甘露水眞言

소로 사바하 (세 번)

일자수륜관진언
一字水輪觀眞言

옴 밤 밤 밤밤 (세 번)

나무 사만다 못다남 옴 밤 (세 번)

유해진언 乳海眞言

관자재보살 觀自在菩薩

마하반야바라밀다심경 摩訶般若波羅蜜多心經

행심반야바라밀다시 조견오온개공 도 일체고액 사리
行深般若波羅蜜多時 照見五蘊皆空 度 一切苦厄 舍利

자색불이공 공불이색 색즉시공 공즉시색 수상행식 역부여시 사
子色不異空 空不異色 色卽是空 空卽是色 受想行識 亦復如是 舍

리자 시제법공상 불생불멸 불구부정 부증불감 시고 공중무색 무
利子 是諸法空相 不生不滅 不垢不淨 不增不減 是故 空中無色 無

수상행식 무안이비설신의 무색성향미촉법 무안계 내지 무의식계
受想行識 無眼耳鼻舌身意 無色聲香味觸法 無眼界 乃至 無意識界

무무명 역무무명진 내지 무노사 역무노사진 무고집멸도 무지역무
無無明 亦無無明盡 乃至 無老死 亦無老死盡 無苦集滅道 無智亦無

득 이무소득고 보리살타 의반야바라밀다 고심무가애 무유공포 원
得 以無所得故 菩提薩埵 依般若波羅蜜多 故心無罣碍 無有恐怖 遠

리전도몽상 究竟涅槃 삼세제불 依般若波羅蜜 의반야바라밀다 故得阿耨 고득아뇩다라삼먁
離顛倒夢想 涅槃 三世諸佛 般若波羅蜜 多 耨多羅三藐

삼보리 故知般若波羅 시대신주 시대명주 시무상주 시무등등
三菩提 般若波羅 蜜多 是大神呪 是大明呪 是無上呪 是無等等

주 능제일체고 진실불허 고설 반야바라밀다주 즉설주왈
呪 能除一切苦 眞實不虛 故說 般若波羅蜜多呪 卽說呪曰

「아제아제 바라아제 바라승아제 모지 사바하」(세 번)
揭諦揭諦 波羅揭諦 波羅僧揭諦 菩提 娑婆訶

원차가지식 보편만시방 식자제기갈 득생안락국
願此加持食 普遍滿十方 食者除飢渴 得生安樂國

시귀식진언
施鬼食眞言

옴 미기미기 야야미기 사바하 (세 번)

시무차법식진언
施無遮法食眞言

옴 목역능 사바하 (세 번)

옴 아아나 삼바바 바아라 훔 (세 번)
普供養眞言 보공양진언

옴 삼마라 미만나 삼마라 사라마하 자가라바 훔 (세 번)
普回向眞言 보회향진언

○ 십념 十念

나무청정법신비로자나불 南無淸淨法身毘盧遮那佛

원만보신노사나불 圓滿報身盧舍那佛

천백억화신석가모니불 千百億化身釋迦牟尼佛

구품도사아미타불 九品導師阿彌陀佛

당래하생미륵존불 堂來下生彌勒尊佛

시방삼세일체불 十方三世一切佛

시방삼세일체존법 十方三世一切尊法

대지문수사리보살 大智文殊舍利菩薩

대행보현보살 大行普賢菩薩

대비관세음보살 大悲觀世音菩薩

제존보살마하살 諸尊菩薩摩訶薩

대원지장보살 大願地藏菩薩

마하반야바라밀 摩訶般若婆羅密

◎ 가사점안
裂娑點眼

◎ 삼화상청
三和尚請
※ 이때 三和尚請을 한 다음 가사점안에 들어간다.

아금일신중 즉현무진신 변재삼화상전 일일무수례
我今一身中 即現無盡身 遍在三和尚前 一一無數禮

보례진언
普禮眞言

옴 바으라 믹 (세 번)

천 수 경 운운
千手經 云云

거목
擧目

나무제라박타존자지공대화상
南無堤羅縛陀尊者提空大和尚

나무보제존자나옹대화상
南無普濟尊者懶翁大和尚

나무묘엄존자무학대화상
南無妙嚴尊者無學大和尚

♪ 보소청진언

나무 보보제리 가리다리 다타 아다야 (세 번)

普召請眞言

유치
由致

앙유 위작증명 삼대법사자 삼혜구족 이리원성 역대심인종하
仰惟 爲作證明 三大法師者 三慧具足 二利圓成 歷代心仁宗下

이득밀전지지 시방불사문중 상작증명지위 유구개수 무원부종
已得密傳之旨 十方佛事門中 常作證明之位 有求皆遂 無願不從

시이 사바세계 남섬부주 동양 (寺刹住所) 사 청정수월도량 가사점안
是以 娑婆世界 南贍部州 東洋 寺 淸淨水月道場 袈裟點眼

동참 발원재자 (某年 某月 某日 某人) 보체 이차인연공덕 금일불공 발원
同參 發願齋者 保體 以此因緣功德 今日佛空 發願

공덕 으로 심중소구소원과 (某)사 대작불사 원만성취발원
功德 心中所求所願 寺 大作佛事 圓滿成就發願

금월금일 건설법연 정찬공양 증명공덕 삼대존자 잠사 어 삼관연
今月今日 虔設法緣 淨饌供養 證明功德 三大尊者 暫辭 於 三關蓮

대 약강어일간란야 곡조미성 앙표일심 선진삼청
臺 略降於一間蘭若 曲照微誠 仰表一心 先陳三請

408

청사 (請詞)

나무(南無) 일심봉청(一心奉請) 지증무상(智證無相) 총해만류어일진(總該萬類於一眞) 비심유정(非心有情) 함탈삼계어구(咸脫三界於九)

품(品) 왕래무애(往來無碍) 임운등등(任運騰騰) 공화도량(空花道場) 수순응감(隨順應感) 제랍박타존자(提納縛陀尊者) 지공대화(指空大和)

상(尙) 보제존자(普濟尊者) 나옹대화상(懶翁大和尙) 묘엄존자(妙嚴尊者) 무학대화상(無學大和相) 유원자비(唯願慈悲) 강림도량(降臨道場)

수차공양(受此供養) (세 번)

향화청(香花請) (세 번)

지공화상서천호(指空和尙西天號) 나옹무학동국명(懶翁無學東國名) 유원삼조작증명(唯願三祖作證明) 성취불사도중생(成就佛事度衆生)

고아일심 귀명정례(故我一心 歸命頂禮)

헌좌진언(獻座眞言)

아금경설보엄좌 봉헌삼대화상전 원멸진로망상심 속원해탈보리과

我今敬說寶嚴座 奉獻三大和尚前 願滅塵勞妄想心 速願解脫菩提果

옴 가마라 승하 사바하 (세 번)

(욕건만나라선송) 정법계진언

欲建蔓拏羅先誦 政法界眞言

옴 남 (3×7설)

다게

茶偈

금장감로다 봉헌증명전 감찰건간심

今將甘露茶 奉獻證明前 鑑察虔懇心

원수애납수 원수애납수

願垂哀納受 願垂哀納受

원수자비애납수

願垂慈悲哀納受

🔔 진언권공

眞言勸供

향수나열 재자건성 욕구공양지주원 수장가지지변화 앙유삼보 특

香羞羅說 齋者虔誠 欲求供養之周圓 須仗加持之變化 仰唯三寶 特

사가지

賜加持

410

南無常主十方佛 나무상주시방불

南無常主十方法 나무상주시방법

南無常主十方僧 나무상주시방승 (세 번)

無場威德 自在光明勝妙力 變食眞言
무량위덕 자재광명승묘력 변식진언

나막 살바다타 아다 바로기제 옴 삼마라 삼마라 훔 (세 번)

施甘露水眞言 시감로수진언

나무 소로바야 다타 아다야 다냐타 옴 소로소로 바라소로 바라 소로 사바하 (세 번)

一字水輪觀眞言 일자수륜관진언

옴 밤 밤 밤밤 (세 번)

乳海眞言 유해진언

나무 사만다 못다남 옴 밤 (세 번)

운심공양진언
運心供養眞言

원차향공변법계 보공무진삼보례 자비수공증선근 영법주세보불은
願此香供邊法界 普供無盡三寶禮 慈悲受供增善根 令法住世報佛恩

나막 살바다타 아제박미 새바 몰계비약 살바다감 오나아제 바

라혜암 옴 아아나캄 사바하 (세 번)

예참
禮懺

지심정례공양 조선국태조왕사묘엄존자무학대화상
至心頂禮供養 朝鮮國太祖王師妙嚴尊者無學大和尙

지심정례공양 고려국공민왕사보제존자나옹대화상
至心頂禮供養 高麗國恭愍王師普濟尊者懶翁大和尙

지심정례공양 서천국백팔대조사제라박타존자지공대화상
至心頂禮供養 西天國百八大祖師提納縛陀尊者指空大和尙

유원 삼대화상 강림도량 수차공양 원공법계제중생 자타일시성
唯願 三大和尙 降臨道場 受此供養 願供法界諸衆生 自他一時成

불 佛
도 道

보공양진언
普供養眞言

옴 아아나 삼바바 바라 훔 (세 번)

보회향진언
普回向眞言

옴 삼마라 삼마라 미만나 사라마하 자가라가 훔 (세 번)

대원성취진언
大願成就眞言

옴 아모카 살바다라 사다야 사베 훔 (세 번)

보궐진언
補闕眞言

옴 호로호로 사야몰케 사바하 (세 번)

지공화상서천호 指空和尚西天號 나옹무학동국명 懶翁無學東國名 유원삼조작증명 唯願三祖作證明 성취불사도중생 成就佛事道衆生

고아일심 귀명정례 故我一心 歸命頂禮

祝願
축원

앙고 삼대화상자존 불사자비 위작증명 상래소수불공덕 회향삼처
仰告 三大和尚慈尊 不捨慈悲 爲作證明 上來所修佛功德 廻向三處

실원만 시이 사바세계 남섬부주 동양 대한민국 (寺刹住所) 사 청정
悉圓滿 是以 娑婆世界 南贍部州 東洋 大韓民國 寺 清淨

수월도량 봉불재자 (某年 某月 某日 某人) 보체 원아금차지극지정성
水月道場 奉佛齋者 保體 願我今此至極之情誠

앙몽 삼대화상 가호지묘력 점안(袈裟)불사 동참재자 시회합원 대
仰蒙 三大和尚 加護之妙力 點眼 佛事 同參齋者 時會合院 大

중등 지심봉축 점안불사 원만 회향성취지 대발원 연후원 云云
衆等 至心奉祝 點眼佛事 圓滿 廻向成就之 大發願 然後願

마하반야바라밀
摩訶般若波羅蜜

414

◎ 가사점안 피봉식 裂裟點眼 皮封式

※ 가사를 잘 포장하여 다음과 같이 글씨를 써서 부처님전에 봉안해둔다.

봉헌시방삼자존전 奉獻十方三慈尊前

경조 敬造

승가리 僧伽梨 (四長一短 二十五條 上品上 一領)

증명 (某大和尚) 證明

송주 (某人) 誦呪

양공 (某人) 良工

화주 (某人) 化主

시주 (某)生(某人) 施主

퇴수 (某和尚) 退受

불기 佛記　년 월 일 年 月 日　○○○사 근봉 寺 謹封

◎ 가사 이운
袈裟 移運

※ 가사이운은 신중단 앞에 가사상을 놓고 신중작법부터 시작한다.

신중작법
神衆作法

擁護偈
옹호게 (옹호성중을 찬탄함)

팔부금강호도량 공신속부보천왕 삼계제천함래집 여금불찰보정상
八部金剛護道場 空神速赴報天王 三界諸天咸來集 如今佛刹補禎祥

※ 요잡바라 막바라를 춘다.

거목
擧目

나무 금강회상 불보살
南無 金剛會上 佛菩薩

나무 도리회상 성현중
南無 忉利會上 聖賢衆

나무 옹호회상 영기등중
南無 擁護會上 靈祈等衆

가영 歌詠

옹호성중만허공 擁護聖衆滿虛空 도재호광일도중 都在豪光一道中 신수불어상옹호 信受佛語常擁護 봉행경전영류통 奉行經典永流通

고아일심 귀명정례 故我一心 歸命頂禮

다게 茶偈

※ 일곱 망치 종을 치고 세 번 바라를 올린다.

원수애납수 願垂哀納受 원수애납수 願受哀納受 원수자비애납수 願受慈悲哀納受

청정명다약 淸淨茗茶藥 능제병혼침 能除病昏沈 유기옹호중 唯冀擁護衆

탄백 歎白

옹호성중혜감명 擁護聖衆慧鑑明 사주인사일념지 四洲人事一念知 애민중생여적자 哀愍衆生如赤子 시고아금공경례 施故我今恭敬禮

가사송 袈裟頌

불조전래지차의 아손천재신귀의 열봉조엽분명재 천상인간하자희
佛祖傳來只此衣 兒孫千載信歸依 裂縫條葉分明在 天上人間荷者稀

산화락 (세번) ※ 북을 크게 세 번 친다.
散花落

※ 거령산을 인성소리로 하면서 법당(上壇)으로 가사를 이운한다.

나무영산회상불보살
南無靈山會上佛菩薩

헌불게
獻佛偈

※ 가사를 상단 앞에 놓고 상단을 향해서 한다.

여래수승복 봉헌제불전 인간표복전
如來殊勝服 奉獻諸佛前 人間表福田
원수애납수 원수애납수 원수자비애납수
願垂哀納受 願垂哀納受 願垂慈悲哀納受

헌좌게
獻座偈

묘보리좌승장엄 제불좌이성정각 아금헌좌역여시 자타일시성불도
妙菩提座勝莊嚴 諸佛坐而成正覺 我今獻座亦如是 自他一時星佛道

정법계진언
淨法界眞言

옴 남 (3×7설)

다게 茶偈

금장감로다 今將甘露茶 봉헌삼보전 奉獻三寶前 감찰건간심 鑑察虔懇心

원수애납수 願垂哀納受 원수애납수 願垂哀納受 원수자비애납수 願垂慈悲哀納受

가사통문불 袈裟通門佛

나무 南無 가사당세계 袈裟幢世界 상품회상 上品會上 제일금강당불 第一金剛幢佛 제이아미타불 第二阿彌陀佛 제삼석 第三釋

가모니불 迦牟尼佛 제사미륵존불 第四彌勒尊佛 제오아촉불 第五阿閦佛 제육묘색신불 第六妙色身佛 제칠묘음성불 第七妙音聲佛

제팔향적광불 第八香積光佛 제구대통지승여래불 第九大通智勝如來佛

나무 南無 가사당세계 袈裟幢世界 중품회상 中品會上 제일유위불 第一維衛佛 제이시기불 第二尸棄佛 제삼패엽불 第三貝葉佛

제사구루손불 第四拘留孫佛 제오구나함모불 第五拘那含牟佛 제육가섭불 第六迦葉佛 제칠교주석가모니불 第七教主釋迦牟尼佛

나무가사당세계 하품회상 제일청정법신비로자나불 제이원만보 신

南無袈裟幢世界 下品會上 第一淸淨法身毘盧遮那佛 第二圓滿報 身

노사나불 제삼천백억화신석가모니불 제사구품도사 아미타불 제오

盧舍那佛 第三千百億化身釋迦牟尼佛 第四九品導師 阿彌陀佛 第五

당래하생미륵존불 나무 위작증명법사 삼대화상 유원삼보 대자대

當來下生彌勒尊佛 南無 爲作證明法師 三大和尚 唯願三寶 大慈大

비 위작증명 성취불사

悲 爲作證明 成就佛事

거불 擧佛

나무 청정법신비로자나불

南無 淸淨法身毘盧遮那佛

나무 원만보신노사나불

南無 圓滿報身盧舍那佛

나무 천백억화신석가모니불

南無 千百億化身釋迦牟尼佛

🔔 보소청진언

普召請眞言

나무 보보제리 가리다리 다타 아다야 (세번)

앙유 가사자 여래상복 보살대의 피지자 능작복전 성지자 이위승
仰唯 袈裟者 如來上腹 菩薩大衣 被之者 能作福前 成之者 易為勝

과 대범제석 좌 남북이옹호 사방천왕 입사유이시위 용왕괘체 금
果 大梵帝釋 坐 南北而擁護 四方天王 立四維而侍衛 龍王掛體 禽

무독해지심 엽사피신 수유공경 지념 발원자 천재설소 조성자 백
無毒害之心 葉土被身 獸有恭敬 之念 發願者 千災雪消 造成者 百

복운흥 금유차일 시이 사바세계 남섬부주 동양 대한민국 (寺刹住
福雲興 今有此日 是以 娑婆世界 南瞻部州 東洋 大韓民國

所)사 청정수월도량 원아금차 지극지정성 가사불사 동참 발원재자
寺 淸淨水月道場 願我今此 至極至情誠 袈裟佛事 同參 發願齋者

(某年 某月 某日 某人) 각각등 보체 금월금일 건성노력
各各等 保體 今月今日 虔誠努力

불석진재 경조승가리 가사 사장일단(某)조(某) 령잉정옥입 시설명
不惜珍財 敬造僧伽梨 袈裟 四長一短 條 領仍呈玉粒 時設若

향 헌우시방 무진삼삼보 불사자비 함강향연 근병일심 선진삼청
香 獻于十方 無盡三寶 不捨慈悲 咸降香筵 謹秉一心 先陳三請

🔔

나무일심봉청 연화장세계 청정법신 비로자나불 천화대 연장계
南無一心奉請 蓮華藏世界 清淨法身 毗盧遮那佛 天花臺 蓮藏界

원만보신 노사나불 천화상 백억계 천백억화신 석가모니불 가사당
圓滿報身 盧舍那佛 天花上 百億界 千百億化身 釋迦牟尼佛 袈裟幢

세계 금강견고불등 일체제불 동방유리세계 약사유리광불 일체 제
世界 金剛堅固佛等 一切諸佛 東方琉璃世界 藥師琉璃光佛 一切 諸

불 서방극락세계 사십팔원 아미타불등 일체제불 도솔천 내원궁
佛 西方極樂世界 四十八願 阿彌陀佛等 一切諸佛 兜率天 內院宮

자씨미륵불등 일체제불 진허공변법계 과거 현재 미래 불법승 삼
慈氏彌勒佛等 一切諸佛 盡虛空遍法界 過去 現在 未來 佛法僧 三

보 유원자비 강림도량 증명공덕
寶 唯願慈悲 降臨道場 證明功德

향화청 (세 번)
香花請

가영
歌詠

불신보변시방중 삼세여래일체동 광대원운항부진 왕양각해묘난궁
佛身普遍十方中 三世如來一切同 廣大雲恒不盡 汪洋覺海妙難窮

고 아일심 귀명정례
故我一心 歸命頂禮

옹 호 청
擁護請

🔔 나무일심봉청 상어일체 작법지처 자엄등시 위작옹호 상방대범
南無一心奉請 常於一切 作法之處 慈嚴等施 爲作擁護 上方大梵

천왕 제석천왕 동방지국천왕 남방증장천왕 서방광목천왕 북방다
天王 帝釋天王 東方持國天王 南方增長天王 西方廣目天王 北方多

문천왕 하계당처 토지가람 호법선신 일체영기등중 유원승삼보력
聞天王 下界當處 土地伽藍 護法善神 一切靈祇等衆 唯願承三寶力

강림도량 수차공양
降臨道場 受此供養

향화청 (세번)
香花請

가영
歌詠

범왕제석사천왕 불법문중서원견 열입초제천만세 자연신용호금선
梵王帝釋四天王 佛法門中誓願堅 列立招堤千萬歲 自然神用護金仙

고 아일심 귀명정례
故我一心 歸命頂禮

헌좌진언
獻座眞言

묘보리좌승장엄 제불좌이성정각 아금헌좌역여시 자타일시성불도
妙菩提座勝莊嚴 諸佛座已成正覺 我今獻座亦如是 自他一時成佛道

옴 바아라 미나야 사바하 (세 번)

욕건만나라 선송
欲建蔓拏羅 先誦

정법계진언
政法界眞言

옴남옴남 옴남옴남 옴남옴남 옴남 (세 번)

다게
茶偈

금장감로다 봉헌지장전 감찰건간심
今將甘露茶 奉獻地藏前 鑑察虔懇心

원수애납수 원수애납수 원수자비애납수
願垂哀納受 願垂哀納受 願垂慈悲哀納受

진언권공
眞言勸供

향수나열 재자건성 욕구공양지주원 수장가지지변화 앙유삼보 특
香羞羅列 齋者虔誠 浴求供養之周圓 須仗加持之變化 仰唯三寶 特

사가지
賜加持

南無十方佛 나무시방불 南無十方法 나무시방법 南無十方僧 나무시방승 (세 번)

무량위덕 자재광명승묘력 변식진언
無量威德 自在光明勝妙力 變食眞言

나막 살바다타 아다야 바로기제 옴 삼마라 삼마라 옴 (세 번)

시감로수진언
施甘露水眞言

나무소로바야 다타 아다야 다냐타 옴 소로소로 바라소로 바라
소로 사바하 (세 번)

일자수륜관진언
一字水輪觀眞言

옴 밤 밤 밤밤 (세 번)

유해진언 乳海眞言
나무 사만다 못다남 옴 밤 (세 번)

운심공양진언 運心供養眞言
원차향공변법계 願此香供遍法界 보공무진삼보례 普供無盡三寶禮 자비수공증선근 慈悲受供增善根 영법주세보불은 令法住世報佛恩

나막 살바다타 아제박미 새바 몰계비약 살바다감 오나아제 바
라혜암 옴 아아나캄 사바하 (세 번)

예참 禮懺

지심정례공양 至心頂禮供養 삼계도사 三界導師 사생자부 四生慈父 시아본사 是我本師 석가모니불 釋迦牟尼佛

지심정례공양 至心頂禮供養 삼계도사 三界導師 사생자부 四生慈父 시아본사 是我本師 석가모니불 釋迦牟尼佛

지심정례공양 至心頂禮供養 시방삼세 十方三世 제망찰해 帝網刹海 상주일체 常住一切 불타야중 佛陀耶衆

지심정례공양

至心頂禮供養

시방삼세 十方三世 제망찰해 帝網刹海 상주일체 常住一切 달마야중 達魔耶衆

지심정례공양

至心頂禮供養

대지문수 大智文殊 사리보살 師利菩薩 대행 大行 보현보살 普賢菩薩 대비관세음 大悲觀世音

보살 菩薩 대원본존 大願本尊 지장보살 地藏菩薩 마하살 摩訶薩

지심정례공양

至心頂禮供養

영산당시 靈山當時 수불부촉 受佛付囑 십대제자 十大第子 십육성 十六聖 오백성 五百聖

독수성 獨修聖 내지 乃至 천이백 千二百 제대아라한 諸大阿羅漢 무량 無量 자비성중 慈悲聖衆

지심정례공양

至心頂禮供養

서건동진 西乾東震 급아해동 及我海東 역대전등 歷代傳燈 제대조사 諸大祖師 천하종사 天下宗師

일체 一切 미진수 微塵數 제대 諸大 선지식 善知識

지심정례공양

至心頂禮供養

시방삼세 十方三世 제망찰해 帝網刹海 상주일체 常住一切 승가야중 僧伽耶衆

유원 有願 무진 無盡 삼보 三寶 대자대비 大慈大悲 수차공양 受此供養 명훈 冥熏 가피력 加被力 원공법계 願供法界

제중생 諸衆生 자타일시 自他一時 성불도 成佛道

옴 아아나 삼바바 바라 훔 (세 번)
普供養眞言
보공양진언

옴 삼마라 삼마라 미만나 사라마하 자가라가 훔 (세 번)
普回向眞言
보회향진언

옴 아모카 살바다라 사다야 사베 훔 (세 번)
大願成就眞言
대원성취진언

옴 호로호로 사야몰케 사바하 (세 번)
補闕眞言
보궐진언

刹塵心念可數知 大海中水可飮盡 虛空可量風可繫 無能盡說佛功德
찰진심념가수지 대해중수가음진 허공가량풍가계 무능진설불공덕

故我一心 歸命頂禮
고아일심 귀명정례

시수진언 ※ 증명법사는 향탕수를 가사에 먼저 뿌리고 대중에게도
施水眞言
뿌린다。

아금지차길상수 관주일체중생정 진로열뇌실소제 자타소속법왕위
我今持此吉詳水 灌注一切衆生頂 塵勞熱惱悉消除 自他紹續法王位

옴 도니도니 가도니 사바하 (세 번)

가사 정대게 ※ 시주가 가사를 머리에 이고 법당을 돈다。
袈裟 頂戴偈

인이대비청정수 섭취억념제중생 영어일체액난중 획득무우안온락
仁以大悲清淨手 攝取憶念諸衆生 令於一切厄難中 獲得無憂安穩樂

(○○○)보체획복원 조성가사금정대 현증복수무재해 화곡풍등일
保體獲福願 造成袈裟今頂戴 現增福壽無災害 禾穀豊登日

점흥 일문권속이제난 동득이익영청정
漸興 一門眷屬離諸難 同得利益令清淨

※ 시주자와 스님이 마주서서 가사를 주고 받는다。

수가사
受袈裟

대덕일심 염아제자(某)차 승가리(某)장(某)단 (某)조 (某)품 일령 할
大德一心念我第子 此 僧伽梨 長 短 條 品 一領割

대의지
戴衣之

정대게
頂戴偈

※ 가사를 받은 스님은 가사를 머리 위로 올렸다가 수한다.

옴 마하 가바바다 숫제 사바하 (세 번)

선재해탈복 무상복전의 아금정대수 세세상득피
善哉解脫腹 無上福田衣 我今頂戴受 世世常得被

※ 가사를 수하고 나서 시주와 함께 절한다.

축원
祝願

앙고 시방삼세 제망중중 무진삼보자존 불사자비 허수낭감 상래
仰告 十方三世 帝網重重 無盡三寶慈尊 不捨慈悲 虛垂郎鑑 上來

소수 불공덕 회향삼처 실원만
所修 佛功德 回向三處 悉圓滿

시이(是以) 사바세계(沙婆世界) 남섬부주(南贍部州) 동양(東洋) 대한민국(大韓民國) (某)사(寺) 청정수월도량(清淨水月道場) 원(願)

아금차(我今此) 지극지정성(至極至精誠) 가사점안법회동참(袈裟點眼法會同參) 발원재자(發願齋者) (동참자주소성명) 보체(保體)

이차인연공덕(以此因緣功德) 앙몽(仰夢) 삼보대성존(三寶大聖尊) 가호지묘력(加護之妙力) 일체고난(一切苦難) 영위소멸(永爲消滅) 각(各)

기(其) 동서사방(東西四方) 출입왕환(出入往還) 상봉길경(常逢吉慶) 불봉재해(不逢災害) 관재구설(官災口舌) 삼재팔난(三災八難) 사(四)

백사병(百四病) 일체소멸(一切消滅) 사대강건(四大强健) 육근청정(六根清淨) 신강철석(身强鐵石) 심약태산(心若泰山) 가내화(家內和)

합(合) 안과태평(安過太平) 무병장수(無病長壽) 자손창성(子孫昌盛) 부귀영화(富貴榮華) 만사여의원(萬事如意圓) 성취지대(成就至大)

발원(發願) 연후원(然後願) 항사법계(恒沙法界) 무량불자등(無量佛子等) 동유화장장엄해(同遊華藏莊嚴海) 동입보리대도(同入菩提大道)

량(場) 상봉화엄불보살(常逢華嚴佛菩薩) 항몽제불대광명(恒蒙諸佛大光明) 소멸무량중죄장(消滅無量衆罪障) 획득무량대(獲得無量大)

지혜(智慧) 돈성무상최정각(頓成無上最正覺) 광도법계제중생(廣度法界諸衆生) 이보제불막대은(以報諸佛莫大恩) 세세상행(世世常行)

보살도(菩薩道) 구경원성살바야(究竟圓成薩婆若) 마하반야바라밀(摩訶般若婆羅蜜) 마하반야바라밀(摩訶般若婆羅蜜) 마하반야(摩訶般若)

婆羅蜜 석가모니불 석가모니불 시아본사석가모니불
바라밀 釋迦牟尼佛 釋迦牟尼佛 是我本師釋迦牟尼佛

◎ 이운편
移運編

(一) 괘불이운
掛佛 移運

옹호게
擁護偈

팔부금강호도량 八部金剛護道場
공신속부보천왕 空神速赴報天王
삼계제천함래집 三界諸天咸來集
여금불찰보정상 如今佛刹補禎祥

찬불게
讚佛偈

진묵겁전조성불 塵墨劫前早成佛
위도중생현세간 爲度衆生現世間
외외덕상월윤만 巍巍德相月輪滿
어삼계중작도사 於三界中作導師

출산게
出山偈

외외락락정나나 巍巍落落淨裸裸
독보건곤수반아 獨步乾坤誰伴我
약야산중봉자기 若也山中逢子期
기장황엽하산하 豈將黃葉下山下

염화게 拈花偈

보살제화헌불전 유래차법자서천 인인본구종난시 만행신개대복전

菩薩堤花獻佛前 由來此法自西天 人人本具終難恃 萬行新開大福田

산화락 (세 번) 散花落

나무영산회상불보살
南無靈山會上佛菩薩

등상게 登床偈

변등사자좌 공임시방계 준준제중생 인도연화계

遍登獅子坐 公臨十方界 蠢蠢諸衆生 引導蓮花界

사무량게 四無量偈

대자대비민중생 대희대사제함식 상호광명이자엄 중등지심귀명례

大慈大悲憫衆生 大喜大捨濟含識 相好光明以自嚴 衆等至心歸命禮

영산지심 靈山至心

지심귀명례 영산회상 염화시중 시아본사 석가모니불 유원자비수

至心歸命禮 靈山會上 拈花示衆 是我本師 釋迦牟尼佛 唯願慈悲受

아정례 我頂禮

헌좌게 獻座偈

묘보리좌승장엄 妙菩提座勝莊嚴 제불좌이성정각 諸佛坐已成正覺 아금헌좌역여시 我今獻座亦如是 자타일시성불도 自他一時成佛道

옴 바아라 미나야 사바하 (세 번)

다게 茶偈

금장묘약급명다 今將妙藥及名茶 봉헌영산대법회 奉獻靈山大法會 부감단나건간심 赴鑑壇羅虔懇心

원수애납수 願垂哀納受 원수애납수 願垂哀納受 원수자비애납수 願垂慈悲哀納受

진언권공 云云 眞言勸供

옹호게　擁護偈

봉청시방제현성 범왕제석급제천 가람팔부신기중 불사자비원강림
奉請十方諸賢聖　梵王帝釋及諸天　伽藍八部新祈衆　不捨慈悲元降臨

사리게　舍利偈

학수잠휘시적멸 금강사리방광명 염부처처지제재 차시여래오분향
鶴樹潛輝示寂滅　金剛舍利放光明　閻浮處處支提在　此是如來五分香

염화게　拈花偈

영축염화시상기 긍동부목접맹구 음광불시미미소 무한청풍부여수
靈鷲拈花示上機　肯同浮木接盲龜　歟光不是微微笑　無限淸風付與誰

산화락 （세 번）　散花落

나무영산회상불보살　南無靈山會上佛菩薩

헌좌게　獻座偈

묘보리좌승장엄 제불좌이성정각 아금헌좌역여시 자타일시성불도

妙菩提座勝莊嚴 諸佛坐已成正覺 我今獻座亦如是 自他一時成佛道

옴 바아라 미나야 사바하 (세 번)

다게 茶偈

금장감로다 봉헌보탑전 감찰건간심

今將甘露茶 奉獻寶塔前 鑑察虔懇心

원수애납수 원수애납수 원수자비애납수

願垂哀納受 願垂哀納受 願垂慈悲哀納受

진언권공 云云

眞言勸供

(三) 고승사리 이운
高僧舍利 移運

행보게
行步偈

정대낭함입보련 선동전인범운수 악음찬패헌산악 화우종천만점수
頂戴琅函入寶輦 仙童前引梵倫隨 樂音讚唄喧山礐 花雨從天滿點垂

※ 精勤하면서 서서히 걸어서 부도(浮屠)가 있는곳으로 이동한다.

정근
精勤

나무 서방정토 극락세계 아등도사 무량수 여래불 나무아미타불.
南無 西方淨土 極樂世界 我等導師 無量壽 如來佛 南無阿彌陀佛.

등상게
登床偈

※ 浮屠塔에 舍利를 奉安한다。

행도영롱묘탑하 보엄상상가등림 수배다요아손례 연후안서솔도심
行到瑛瓏妙搭下 寶嚴床上可登臨 數盃茶了兒孫禮 然後安棲率兜心

헌좌게
獻座偈

묘보리좌승장엄 제불좌이성정각 아금헌좌역여시 자타일시성불도
妙菩提座勝莊嚴 諸佛坐已成正覺 我今獻座亦如是 自他一時成佛道

옴 바아라 미나야 사바하 (세 번)

다게 茶偈

금장감로다 봉헌보탑전 감찰건간심
今將甘露茶 奉獻寶塔前 鑑察虔懇心

원수애납수 원수애납수 원수자비애납수
願垂哀納受 願垂哀納受 願垂慈悲哀納受

진언권공 云云
眞言勸供

(四) 금은전 이운

金銀錢 移運

이운게

移運偈

조성전산산경수 造成錢山山鏡秀
봉헌명부시왕전 奉獻冥府十王前
안열종관고사중 安列從官庫司衆
수차건성대인연 受此虔誠大因緣

헌전게

獻錢偈

지조전산겸비수 祗造錢山兼備數
헌상염라열성전 獻上閻羅列聖前
종관고사권속등 從官庫司眷屬等
불사자비애납수 不捨慈悲哀納受

옴 아자나훔 사바하 (세 번)

본운송

本云頌

수도금은산부동 誰道金銀山不動
불번천제명과아 不煩天帝命夸娥
인수지작명간보 人誰紙作冥間寶
진시여래묘력다 儘是如來妙力多

화지성전겸비수 化紙成錢兼備數
퇴퇴정사백은산 堆堆正似白銀山
금장봉헌명간전 今將奉獻冥間前
물기망망광야간 勿棄茫茫曠野間

진언권공 云云

眞言勸供

（五） 경함 이운 　經函 移運

묘법하수별처토　화화초초로전기　인인불식원주재　야사능인권폐의

妙法何須別處討　花花草草露全機　人人不識圓珠在　也使能人捲藏衣

동경게　動經偈

주위산진등정안　약인요병사금병　대승법력난사의　약천망영전차경

珠爲山珍登淨案　藥因療病瀉金瓶　大乘法力難思議　若薦亡靈轉此經

진언권공　云云　眞言勸供

※ 종을 치고 바라를 올린 다음

자강천궁시본연　纏降天宮示本緣
주행칠보우중선　周行七步又重宣
지천지지무인회　指天指地無人會
독진뢰음변대천　獨震雷音遍大千

세존당입설산중　世尊當入雪山中
일좌부지경육년　一坐不知經六年
인견명성운오도　因見明星云悟道
언전소식변삼천　言詮消息遍三千

법신변만백억계　法身遍滿百億界
보방금색조인천　普放金色照人天
응물현형담저월　應物現形潭底月
체원정좌보련대　體圓正坐寶蓮臺

헌좌게　獻座偈

아금경설보엄좌　我今敬說寶嚴座
봉헌제대법사전　奉獻諸大法師前
원멸진로망상심　願滅塵勞妄想心
속원해탈보리과　速願解脫菩提果

옴 가마라 승하 사바하 （세 번）

다게　茶偈

금장감로다　今將甘露茶
봉헌법사전　奉獻法師前
감찰건간심　鑑察虔懇心

원수애납수 원수애납수 원수자비애납수
願垂哀納受 願垂哀納受 願垂慈悲哀納受

출산게
出山偈

외외낙낙정나나 독보건곤수반아 약야산중봉자기 기장황엽하산하
巍巍落落淨裸裸 獨步乾坤誰伴我 若也山中逢子期 豈將黃葉下山下

영축염화시상기 긍동부목접맹구 음광불시미미소 무한청풍부여수
靈鷲拈花示上機 肯同浮木接盲龜 飮光不是微微笑 無限淸風付與誰

산화락 (세번)
散花落

등상게
登床偈

사자좌고광 인중사자등 정명신력재 방장기다승
獅子座高廣 人中獅子登 淨名神力在 方丈幾多昇

좌불게
坐佛偈

세존좌도량 청정대광명 비어천일출 조요대천계
世尊坐道場 淸淨大光明 比於千日出 照曜大千界

진언권공 운운
眞言勸供

442

(七) 시주 이운 施主 移運

봉청시방제현성 奉請十方諸賢聖
범왕제석급제천 梵王帝釋及諸天
가람팔부신기중 伽藍八部神祇衆
불사자비원강림 不捨慈悲願降臨

헌좌게 獻座偈

옴 가마라 승하 사바하 (세번)

아금경설보엄좌 我今敬設寶嚴座
봉헌일체성현전 奉獻一切聖賢前
원멸진로망상심 願滅塵勞妄想心
속원해탈보리과 速願解脫菩提果

다게 茶偈

금장감로다 今將甘露茶
봉헌법사전 奉獻法師前
감찰건간심 鑑察虔懇心
원수애납수 願垂哀納受
원수애납수 願垂哀納受
원수자비애납수 願垂慈悲哀納受

행보게 行步偈

이행천리만허공 移行千里滿虛空
귀도정망도정방 歸道情妄度淨邦
삼업투성삼보례 三業投誠三寶禮
성범동회법왕궁 聖凡同會法王宮

산화락 (세 번)
散花落

나무대성인로왕보살 (세 번)
南無大聖引路王菩薩

영축염화시상기 궁동부목접맹구 음광불시미미소 무한청풍부여수
靈鷲拈花示上機 肯同浮木接盲龜 飮光不是微微笑 無限淸風付與誰

보례삼보
普禮三寶

보례시방상주불 보례시방상주법 보례시방상주승 (세 번)
普禮十方常住佛 普禮十方常住法 普禮十方常住僧

○ 상주권공
常住勸供

（시방삼세 항상 계신 삼보님께 공양하는 의식으로
먼저 시련에서부터 재대령을 하고 할향부터 한다）

할향
喝香

봉헌일편향 덕용난사의 근반진사계 엽부오수미
奉獻一片香　德用難思議　根盤塵沙界　葉覆五須彌

등게
燈揭

계정혜해지견향 변시방찰상분복 원차향연역여시 훈현자타오분신
戒定慧解知見香　遍十方刹常忿馥　願此香烟亦如是　熏現自他五分身

정례
頂禮

귀명시방상주불 귀명시방상주법 귀명시방상주승 （세번）
歸命十方常住佛　歸命十方常住法　歸命十方常住僧

합장게
合掌偈

합장이위화 신위공양구 성심진실상 찬탄향연복

合掌以爲花　身爲供養具　誠心眞實相　讚嘆香煙覆

고향게

告香偈

향연변부삼천계 정혜능개팔만문 유원삼보대자비 문차신향임법회

香烟遍覆三千界　定慧能開八萬門　唯願三寶大慈悲　聞此信香臨法會

상부 수함청정지공 향유보훈지덕 고장법수 특훈묘향 쇄사법연 성

上夫　水含清淨之功　香有普熏之德　故將法水　特熏妙香　灑斯法筵　成

우정토

于淨土

쇄수게

灑水偈

관음보살대의왕 감로병중법수향 쇄탁마운생서기 소제열뇌획청량

觀音菩薩大醫王　甘露瓶中法水香　灑濯魔雲生瑞氣　消除熱惱獲清凉

◎ 파불 및 파화

옹호게
擁護 偈

옹호성중을 찬탄함

팔부금강호도량 공신속부보천왕 삼계제천함래집 여금불찰보정상
八部金剛護道場 空神速赴報天王 三界諸天咸來集 如今佛刹補禎祥

요잡바라 막바라를 춘다.

거목
擧目

나무 금강회상 불보살
南無 金剛會上 佛菩薩

나무 도리회상 성현중
南無 忉利會上 聖賢衆

나무 옹호회상 영기등중
南無 擁護會上 靈祈等衆

가영
歌詠

옹호성중만허공 도재호광일도중 신수불어상옹호 봉행경전영류통
擁護聖衆滿虛空 都在豪光一道中 信受佛語常擁護 奉行經典永流通

고아일심 귀명정례
故我一心 歸命頂禮

다게
茶偈

청정명다약 능제병혼침 유기옹호중
清淨茗茶藥 能除病昏沈 唯冀擁護衆

원수애납수 원수애납수 원수자비애납수
願垂哀納受 願受哀納受 願受慈悲哀納受

※ 일곱망치 종을치고 세 번 바라를 올린다.

탄백
歎白

옹호성중혜감명 사주인사일념지 애민중생여적자 시고아금공경례
擁護聖衆慧鑑明 四洲人事一念知 哀愍衆生如赤子 施故我今恭敬禮

할향
喝香

전단목주중생상 급여여래보살형 만면천두수각이 약문훈기일반향
栴檀木做衆生像 及與如來菩薩形 萬面千頭雖各異 若聞薰氣一般香

등게 燈揭

계정혜해지견향 戒定慧解知見香 변시방찰상분복 遍十方刹常忿馥 원차향연역여시 願此香烟亦如是 훈현자타오분신 熏現自他五分身

삼지심 三志心

지심귀명례 至心歸命禮 시방상주 十方常住 일체불타야중 一切佛陀耶衆 (拜)

지심귀명례 至心歸命禮 시방상주 十方常住 일체달마야중 一切達磨耶衆 (拜)

지심귀명례 至心歸命禮 시방상주 十方常住 일체승가야중 一切僧伽耶衆 (拜)

합장게 合掌偈

합장이위화 合掌以爲花 신위공양구 身爲供養具 성심진실상 誠心眞實相 찬탄향연복 讚嘆香煙覆

고향게 告香偈

향연변부삼천계 香烟遍覆三千界 정혜능개팔만문 定慧能開八萬門 유원삼보대자비 唯願三寶大慈悲 문차신향임법회 聞此信香臨法會

개계 開啓

상부 수함청정지공 향유보훈지덕 고장법수 특훈묘향 쇄사법연
上夫 水舍清淨之功 香有普熏之德 故將法水 特熏妙香 灑斯法筵

성우정토 成于淨土

쇄수게 灑水偈

관음보살대의왕 감로병중법수향 쇄탁마운생서기 소제열뇌획청량
觀音菩薩大醫王 甘露瓶中法水香 灑濯魔雲生瑞氣 消除熱惱獲清涼

보례진언 普禮眞言

아금일신중 즉현무진신 편재지장전 일일무수례
我今一身中 即現無盡身 遍在地藏殿 一一無數禮

옴 바아라 믹 (세 번)

천수경 云云 千手經

파불청
破佛請

거불
擧佛

나무 청정법신비로자나불
南無 淸淨法身毘盧遮那佛

나무 원만보신노사나불
南無 圓滿報身盧舍那佛

나무 천백억화신석가모니불
南無 千百億化身釋迦牟尼佛

나무 보보제리 가리다리 다타 아다야 (세 번)

🔔 보소청진언
普召請辰言

유치
由致

앙고 시방무진삼보 천지일체 허공현성 불사자비 허수낭감
仰告 十方無盡三寶 天地一切 虛空賢聖 不捨慈悲 許垂朗鑑

시이 사바세계 남섬부주 동양 대한민국 (寺刹住所) 사암 청정수월
是以 娑婆世界 南贍部州 東洋 大韓民國 寺庵 淸淨水月

도량 원아금차 지극지정성 파불재자 (住所姓名) 복위
道場 願我今此 至極至精誠 破佛齋者 伏爲

파불 (某 佛∷ 某 菩薩∷ 某 佛畫) 제 불전
破佛 諸佛前

🔔 진언권공
眞言 勸供

향수나열
香羞羅列

향수나열 재자건성 욕구공양지주원 수장가지지변화 앙유삼보 특
香羞羅列 齋者虔誠 浴求供養之周圓 須仗加持之變化 仰唯三寶 特

사가지
賜加持

나무시방불 나무시방법 나무시방승 (세 번)
南無十方佛 南無十方法 南無十方僧

무량위덕 자재광명승묘력 변식진언
無量威德 自在光明勝妙力 變食眞言

나막 살바다타 아다야 바로기제 옴 삼마라 삼마라 옴 (세 번)

시감로수진언
施甘露水眞言

나무소로바야 다타 아다야 다냐타 옴 소로소로 바라소로 바라

소로 사바하 (세 번)

一字水輪觀眞言
일자수륜관진언

옴 밤 밤 밤밤

옴 밤 밤 밤밤 (세 번)

乳海眞言
유해진언

나무 사만다 못다남 옴 밤

나무 사만다 못다남 옴 밤 (세 번)

運心供養眞言
운심공양진언

願此香供邊法界 普供無盡三寶禮 慈悲受供增善根 令法住世報佛恩
원차향공변법계 보공무진삼보례 자비수공증선근 영법주세보불은

나막 살바다타 아제박미 새바 몰계비약 살바다감 오나아제 바

라혜암 옴 아아나캄 사바하 (세 번)

禮懺
예참

지심정례공양 삼계도사 사생자부 시아본사 석가모니불

至心頂禮供養 三界導師 四生慈父 是我本師 釋迦牟尼佛

지심정례공양 시방삼세 제망찰해 상주일체 불타야중

至心頂禮供養 十方三世 帝網刹海 常住一切 佛陀耶衆

지심정례공양 시방삼세 제망찰해 상주일체 달마야중

至心頂禮供養 十方三世 帝網刹海 常住一切 達魔耶衆

지심정례공양 대지문수 사리보살 대행 보현보살 대비관세음보

至心頂禮供養 大智文殊 師利菩薩 大行 普賢菩薩 大悲觀世音菩

살 대원본존 지장보살 마하살

薩 大願本尊 地藏菩薩 摩訶薩

지심정례공양 영산당시 수불부촉 십대제자 십육성 오백성 독수

至心頂禮供養 靈山當時 受佛付囑 十大第子 十六聖 五百聖 獨修

성 내지 천이백 제대아라한 무량 자비성중

聖 乃至 千二百 諸大阿羅漢 無量 慈悲聖衆

지심정례공양 서건동진 급아해동 역대전등 제대조사 천하종사

至心頂禮供養 西乾東震 及我海東 歷代傳燈 諸大祖師 天下宗師

일체 미진수 제대 선지식

一切 微塵數 諸大 善知識

지심정례공양 시방삼세 제망찰해 상주일체 승가야중

至心頂禮供養 十方三世 帝網刹海 常住一切 僧伽耶衆

유원 무진 삼보 대자대비 수차공양 명훈 가피력 원공법계 제중
有願 無盡 三寶 大慈大悲 受此供養 冥熏 加被力 願供法界 諸衆

생 자타일시 성불도
生 自他一時 成佛道

보공양진언 普供養眞言

옴 아아나 삼바바 바라 훔 (세번)

보회향진언 普回向眞言

옴 삼마라 삼마라 미만나 사라마하 자가라가 훔 (세번)

불설소재길상다라니 佛說消災吉祥陀羅尼

나모 사만다 못다남 아바라지 하사다 사다남 다냐타 옴 카카 카혜 카혜 훔 훔 아바라 아바라 바라아바라 바라아바라 지따 지따 지리 지리 빠다빠다 선지가 시리예 사바하 (세번)

대원성취진언 大願成就眞言

옴 아모카 살바다라 사다야 사베 훔 (세 번)

보궐진언 補闕眞言

옴 호로호로 사야몰케 사바하 (세 번)

찰진심념가수지 대해중수가음진 허공가량풍가계 무능진설불공덕
刹塵心念可數知 大海中水可飲盡 虛空可量風可繫 無能盡說佛功德

고아일심 귀명정례 故我一心 歸命頂禮

파불 소 破佛 召

앙고 시방삼세 제망중중 무진삼보자존 불사자비 허수낭감 상래
仰告 十方三世 帝網重重 無盡三寶慈尊 不捨慈悲 虛垂郎鑑 上來

소수 불공덕 회향삼처 실원만 시이 사바세계 남섬부주 동양 대
所修 佛功德 回向三處 悉圓滿 是以 沙婆世界 南贍部州 東洋 大

한민국 (住所∶名稱)파불 청정수월도량 원아금차 아이청정심 분소고
韓民國 破佛 清淨水月道場 願我今此 我以清淨心 焚燒古

공덕 원차향연염 변성향운개 변만시방계 공양무량불 제법종연생

功德 願此香烟焰 變成香雲蓋 偏滿十方界 供養無量佛 諸法從緣生

역종인연멸 아불대사문 상작여시설

亦從因緣滅 我佛大沙門 常作如是說

옴 미로마라 사바하 (세 번)

※ 파불할 것(불보살 및 불화)들을 모두 옮겨서 소각한다.

부정편수 이소진위한

不定篇數 以燒盡爲限

십악참회

十惡懺悔

살생중죄금일참회 투도중죄금일참회 사음중죄금일참회 망어중죄

殺生重罪今日懺悔 偸盜重罪今日懺悔 邪淫重罪今日懺悔 忘語重罪

금일참회 기어중죄금일참회 양설중죄금일참회

今日懺悔 綺語重罪今日懺悔 兩舌重罪今日懺悔

악구중죄금일참회 탐애중죄금일참회 진애중죄금일참회 치암중죄

惡口重罪今日懺悔 貪愛重罪今日懺悔 瞋恚重罪今日懺悔 痴暗重罪

금일참회

今日懺悔

백겁적집죄 일념돈탕제 여화분고초 멸진무유여
百劫積集罪 一念頓蕩除 如火焚枯草 滅盡無有餘

죄무자성종심기 심약멸시죄역망 죄망심멸양구공 시즉명위진참회
罪無自性從心起 心若滅時罪亦亡 罪亡心滅兩俱空 是則名爲眞懺悔

참회진언
懺悔眞言

옴 살바못자 모지 사다야 사바하 (세번)
唵 薩婆菩陀 菩提 薩陀耶 娑婆訶

대원성취진언
大願成就眞言

옴 아모카 살바다라 사다야 사베 훔 (세번)

보궐진언
補闕眞言

옴 호로호로 사야몰케 사바하 (세번)

불설소재길상다라니
佛說消災吉祥陀羅尼

나무 삼만다 못다남 아바라지 하다사 사나남 다냐타 홈 카카

카혜 훔 훔 아바라 아바라 바라아바라 바라아바라 지따지따 지
리 지리 빠다빠다 선지가 시리에 사바하 (세 번)

계수서방안락찰 접인중생대도사 아금발원원앙생 유원자비
애섭수

고아일심 귀명정례
故我一心 歸命頂禮

마하반야바라밀다심경
摩訶般若波羅蜜多心經

관자재보살 행심반야바라밀다시 조견오온개공 도일체고액 사리
觀自在菩薩 行深般若波羅蜜多時 照見五蘊皆空 度一切苦厄 舍利
자 색불이공 공불이색 색즉시공 공즉시색 수상행식 역부여시 사
子 色不異空 空不異色 色卽是空 空卽是色 受想行識 亦復如是 舍
리자 시제법공상 불생불멸 불구부정 부증불감 시고 공중무색 무
利子 是諸法空相 不生不滅 不垢不淨 不增不減 是故 空中無色 無
수상행식 무안이비설신의 무색성향미촉법 무안계 내지 무의식계
受想行識 無眼耳鼻舌身意 無色聲香味觸法 無眼界 乃至 無意識界
무무명 역무무명진 내지 무노사 역무노사진 무고집멸도 무지역무
無無明 亦無無明盡 乃至 無老死 亦無老死盡 無苦集滅道 無智亦無

득
<ruby>이무소득고<rt>得以無所得故</rt></ruby> <ruby>보리살타<rt>菩提薩埵</rt></ruby> <ruby>의반야바라밀다<rt>依般若波羅蜜多</rt></ruby> <ruby>고심무가애<rt>故心無罣碍</rt></ruby> <ruby>무유공포<rt>無有恐怖</rt></ruby> <ruby>원<rt>遠</rt></ruby>

<ruby>리전도몽상<rt>離顚倒夢想</rt></ruby> <ruby>구경열반<rt>究竟涅槃</rt></ruby> <ruby>삼세제불<rt>三世諸佛</rt></ruby> <ruby>의반야바라밀다<rt>依般若波羅蜜多</rt></ruby> <ruby>고득아뇩다라삼먁<rt>故得阿耨多羅三藐</rt></ruby>

<ruby>삼보리<rt>三菩提</rt></ruby> <ruby>고지반야바라밀다<rt>故知般若波羅蜜多</rt></ruby> <ruby>시대신주<rt>是大神呪</rt></ruby> <ruby>시대명주<rt>是大明呪</rt></ruby> <ruby>시무상주<rt>是無上呪</rt></ruby> <ruby>시무등등<rt>是無等等</rt></ruby>

<ruby>주<rt>呪</rt></ruby> <ruby>능제일체고<rt>能除一切苦</rt></ruby> <ruby>진실불허<rt>眞實不虛</rt></ruby> <ruby>고설<rt>故說</rt></ruby> <ruby>반야바라밀다주<rt>般若波羅蜜多呪</rt></ruby> <ruby>즉설주왈<rt>卽說呪曰</rt></ruby>

「<ruby>아제아제<rt>揭諦揭諦</rt></ruby> <ruby>바라아제<rt>波羅揭諦</rt></ruby> <ruby>바라승아제<rt>波羅僧揭諦</rt></ruby> <ruby>모지<rt>菩提</rt></ruby> <ruby>사바하<rt>娑婆訶</rt></ruby>」 (세 번)

※ 破佛儀式 終

제불보살복장점안의식

초판 1쇄 인쇄 2025년 4월 18일 | 초판 1쇄 발행 2025년 4월 30일
편저 원철 | 펴낸이 김시열
펴낸곳 도서출판 운주사

(02832) 서울시 성북구 동소문로 67-1 성심빌딩 3층
전화 (02) 926-8361 | 팩스 0505-115-8361
http://cafe.daum.net/unjubooks 〈다음카페: 도서출판 운주사〉

ISBN 978-89-5746-872-2 93220

값 30,000원